교정 관계 법령 해설

세상에서 가장 쉬운
교정관계법령 해설

초판 1쇄 발행 2021년 7월 1일

편저 법알못
펴낸이 장길수
펴낸곳 지식과감성#
출판등록 제2012-000081호

교정 김혜련
디자인 박예은
편집 박예은
검수 정은지, 윤혜성
마케팅 고은빛, 정연우

주소 서울시 금천구 벚꽃로298 대륭포스트타워6차 1212호
전화 070-4651-3730~4
팩스 070-4325-7006
이메일 ksbookup@naver.com
홈페이지 www.knsbookup.com

ISBN 979-11-6552-931-4(03360)
값 18,000원

• 이 책의 판권은 지은이와 지식과감성#에 있습니다.
• 이 책 내용의 전부 또는 일부를 재사용하려면 반드시 양측의 서면 동의를 받아야 합니다.
• 잘못된 책은 구입하신 곳에서 바꾸어 드립니다.

지식과감성#
홈페이지 바로가기

세상에서 가장 쉬운

교정
관계
법령
해설

법알못 편저

법알못
네이버 카페

지식공감

세상에서 가장 쉬운
교정관계법령 해설

수록 법령

형의집행 및 수용자 처우에 관한 법률 (법률 제16925호, 2020. 2. 4.)
형의집행 및 수용자 처우에 관한 법률 시행령 (대통령령 제30909호, 2020. 8. 5.)
형의집행 및 수용자 처우에 관한 법률 시행규칙 (법무부령 제976호, 2020. 8. 5.)

교정 관련 행정규칙

분류처우 업무지침 (법무부예규 제1252호, 2020. 5. 13.)
가석방 업무지침 (법무부예규 제1274호, 2020. 12. 31.)
수용자 의료관리지침 (법무부예규 제1221호, 2019. 4. 24.)
수용자 교육교화 운영지침 (법무부예규 제1277호, 2021. 3. 36.)
수용자 사회복귀지원 등에 관한 지침 (법무부예규 제1261호, 2020. 9. 3.)
심리치료 업무지침 (법무부예규 제1260호, 2020. 7. 8.)
보관금품 관리지침 (법무부예규 제1263호, 2020. 9. 21.)
수용자 인권업무 처리지침 (법무부예규 제1229호, 2019. 6. 25.)
수용자 청원 처리지침 (법무부예규 제1272호, 2020. 12. 30.)

교정 관련 주요판례

헌법재판소 주요판례 요약정리 (1990년 ~ 2021년)
대법원 주요판례 요약정리 (1990년 ~ 2021년)
국가인원위원회 진정사건 결정문 요약정리

프롤로그

『형의 집행 및 수용자 처우에 관한 법률』, 일명 '형집행법'은 누구를 위해 만들어진 법일까?

필자는 이런 질문을 스스로에게 자주 던져 보곤 합니다. 교도소나 구치소에 수용된 사람들의 처우와 권리를 담은 법인데 정작 그들은 잘 알지 못하는 법이라는 생각 때문입니다. 형집행법은 교도관이 되려는 수험생이 시험과목 중 하나로 공부해야 하는 과목이고 교도관이 업무수행을 위해 알아야 하는 법이기 때문에 수험생이나 교도관을 위해 만들어진 법인가 하는 생각도 하게 합니다. 형사사건을 전문으로 하는 법무법인에 소속되어 형사피의자와 피고인을 돕는 카페를 운영하면서 수용생활에 관한 질문을 의뢰인이나 그들 가족으로부터 받는 때가 있습니다. 질문을 받게 되면 형집행법을 찾아 거기에 나열된 권리들을 자세히 설명해 줍니다. 그리고 답변을 들은 사람들은 형집행법에 이런 것도 나오나요? 하고 제게 되묻습니다. 그들은 마치 형집행법이 범죄자를 처벌하기 위해 만든 법으로 여기고 있었던 것 같았습니다.

그래서 생각한 것이 교도소, 구치소에 수용된 사람들도 쉽게 이해할 수 있도록 형집행과 관련된 법률과 행정규칙을 내용별로 모아 정리하면 좋겠다는 생각을 했습니다.

『세상에서 가장 쉬운 교정관계법령 해설』은 법을 공부하지 않은 수용자와 그 가족들도 쉽게 이해할 수 있도록 정리하였습니다. 법률인 『형의 집행 및 수용자 처우에 관한 법률』과 시행령, 시행규칙을 중심으로 수용생활 중 꼭 알아야 할 **분류처우 업무지침, 가석방 업무지침** 그리고 **의료관리지침**과 같은 것들을 주제별로 엮어 함께 정리했습니다. 거기에 더하여 수용자 처우와 관련된 최근 **헌법재판소 판례**와 **대법원 판례**, 그리고 **국가인권위원회 진정사건의 결정**도 주제에 맞게 추가했습니다.

형사피고인은 누라 뭐래도 무죄추정을 받는 사람들입니다. 원활한 재판 진행을 위해서 구속되어 있지만 형이 확정될 때까지는 국민이 누려야 할 권리들을 누려야 하며 과도하게 이 권리들이 침해되는 일은 없어야 합니다. 적절한 의료처우를 받는 것은 가장 기본적인 것이고, 헤어져 있는 가족들과 편지를 주고받는 일이나 접견을 하는 일에 있어서도 그 제한은 가장 덜 침해되는 방식으로 법률에 따라 이루어져야 합니다. 아는 만큼 요구할 수 있고 지킬 수 있는 것이 수용자의 권리라는 생각에 이 책을 출간하게 되었습니다.

이 책은 수용자뿐만 아니라 교도관을 위한 지침서이기도 합니다. 형을 집행한다는 것은 매우 조심스러운 일이고 신중해야 하는 일입니다. 특히, 무죄추정을 받는 미결수용자의 경우는 그 인격과 존엄성이 훼손되지 않도록 신중해야 할 필요가 있습니다. 사명감을 갖고 열심히 일하는 교도관님들도 단지 처벌의 도구로서가 아니라 안정된 수용생활을 돕고자 하는 형집행법 본연의 취지를 잘 이행해 가는 데 이 책을 사용해 주기 바랍니다.

또한, 형사사건을 다루는 변호사님들에게도 이 책은 유용할 것입니다. 형사재판에서 깊이 다루지 않는 수용자의 처우와 권리를 이해하는 것은 변호사가 구속 피고인을 단지 내용 면에서만 보지 않고 전인격적으로 이해하고 변호해 가는 데 필수적인 요소가 될 것입니다.

『형의 집행 및 수용자 처우에 관한 법률』 제4조는 형집행법의 목적을 이렇게 정의합니다.

> 제4조(인권의 존중) 이 법을 집행하는 때에 수용자의 인권은 최대한으로 존중되어야 한다.

이 목적에 부합하는 인권적 처우가 교도소, 구치소에서 온전히 실현되기를 기대하면서 출간인사를 드립니다. 끝으로 이 책을 집필하는 동안 도움을 주신 오크나무 카페 운영자님과 법무법인 청 곽준호 변호사님, 그리고 법알못 카페의 운영진 분들께도 깊은 감사를 드립니다.

법알못 네이버 카페 운영자
http://cafe.naver.com/law6415

법알못 네이버 카페는 형사사건으로 힘들어하는 회원 여러분에게 재판절차 및 수용생활에 관한 다양한 정보를 제공하는 든든한 조력자가 되고 있습니다.

목차

프롤로그　5

제1편 총칙　12

제1장 목적 —————————————————— 12
제2장 교정시설(순회점검, 참관, 시찰) —————— 16

제2편 수용자의 처우　18

제1장 수용 ————————————————— 18
제1절 구분수용·분리수용
제2절 독거수용·혼거수용
제3절 수용거실의 지정
제4절 신입자의 수용
제5절 수용자의 이송

제2장 물품지급 ——————————————— 30
제1절 생활용품 지급
제2절 음식물의 지급
제3절 물품의 자비구매

제3장 금품관리 ——————————————— 37
제1절 보관금·품의 관리
제2절 수용자 물품소지 및 금품교부
제3절 유류금품의 교부

제4장 위생과 의료 — 44
제1절 보건·위생관리
제2절 건강검진 및 감염병 관리
제3절 의료행위
제4절 외부의료시설 진료
제5절 진료 및 의료조치

제5장 접견·편지수수 및 전화통화 — 55
제1절 접견
제2절 편지수수
제3절 전화통화

제6장 종교와 문화 — 71
제1절 종교행사 등
제2절 도서·신문
제3절 라디오·텔레비전
제4절 집필

제7장 특별한 보호 — 79
제1절 여성수용자
제2절 노인수용자
제3절 장애인수용자
제4절 외국인수용자
제5절 소년수용자

제8장 수형자의 처우 — 88
제1절 수형자 처우
제2절 취업지원협의회
제3절 분류심사
제4절 수형자 처우등급
제5절 수형자의 처우등급별 구분
제6절 분류처우위원회
제7절 교육과 교화프로그램
제8절 교화프로그램
제9절 작업과 직업훈련
제10절 귀휴
제11절 귀휴심사위원회

제9장 미결수용자의 처우 — 145
제1절 미결수용자 처우
제2절 미결수용자의 접견
제3절 미결수용자의 작업과 교화

제10장 사형확정자 — 155

제11장 안전과 질서 — 158
제1절 출입과 검사 등
제2절 전자장비
제3절 보호실과 진정실
제4절 보호장비
제5절 강제력의 행사 및 보안장비
제6절 무기 사용
제7절 재난 시의 조치
제8절 엄중관리대상자
제9절 조직폭력수용자
제10절 마약류수용자
제11절 관심대상수용자

제12장 규율과 징벌·조사 — 191
제1절 규율 및 포상
제2절 규율과 징벌
제3절 징벌의 종류
제4절 조사 및 징벌의 부과
제5절 징벌의 집행
제6절 징벌집행의 정지·감경·면제·유예·실효

제13장 권리구제 — 211
제1절 소장면담
제2절 청원
제3절 정보공개청구

제3편 수용의 종료 — 216

제1장 가석방 — 216
제1절 가석방 심사
제2절 가석방 적격심사
제3절 가석방의 취소

제2장 석방 — 227

제3장 사망 — 232

제4편 교정자문위원회 등 — 234

제1장 교정자문위원회 — 234

제2장 교정위원 — 237

제5편 벌칙 — 239

에필로그 242

제1편 총칙

제1장 목적

제1조(목적) 이 법은 수형자의 교정교화와 건전한 사회복귀를 도모하고, 수용자의 처우와 권리 및 교정시설의 운영에 관하여 필요한 사항을 규정함을 목적으로 한다.

시행령 제1조 (목적)
이 영은 「형의 집행 및 수용자의 처우에 관한 법률」에서 위임된 사항과 그 시행에 필요한 사항을 규정함을 목적으로 한다.

제2조(정의) 이 법에서 사용하는 용어의 뜻은 다음과 같다.
1. "수용자"란 수형자·미결수용자·사형확정자 등 법률과 적법한 절차에 따라 교도소·구치소 및 그 지소(이하 "교정시설"이라 한다)에 수용된 사람을 말한다.
2. "수형자"란 징역형·금고형 또는 구류형의 선고를 받아 그 형이 확정되어 교정시설에 수용된 사람과 벌금 또는 과료를 완납하지 아니하여 노역장 유치명령을 받아 교정시설에 수용된 사람을 말한다.
3. "미결수용자"란 형사피의자 또는 형사피고인으로서 체포되거나 구속영장의 집행을 받아 교정시설에 수용된 사람을 말한다.
4. "사형확정자"란 사형의 선고를 받아 그 형이 확정되어 교정시설에 수용된 사람을 말한다.

제3조(적용범위) 이 법은 교정시설의 구내와 교도관이 수용자를 계호하고 있는 그 밖의 장소로서 교도관의 통제가 요구되는 공간에 대하여 적용한다.

제4조(인권의 존중) 이 법을 집행하는 때에 수용자의 인권은 최대한으로 존중되어야 한다.

관련판례

■ 구치소 내 과밀수용행위 위헌확인(2013헌마142)
1인당 수용면적이 지나치게 협소하다면 인간으로서의 존엄과 가치를 침해한다.
교정시설의 1인당 수용면적이 수형자의 인간으로서의 기본 욕구에 따른 생활조차 어렵게 할 만큼 지나치게 협소하다면, 이는 그 자체로 국가형벌권 행사의 한계를 넘어 수형자의 인간의 존엄과 가치를 침해하는 것이다. 구인이 인간으로서 최소한의 품위를 유지할 수 없을 정도로 과밀한 공간에서 이루어진 이 사건 수용행위는 청구인의 인간으로서의 존엄과 가치를 침해한다.

수용자 처우에 관한 유엔최저기준규칙

제1조 모든 수용자는 인간의 존엄성과 가치에 입각하여 존중을 받아야 한다. 어떠한 수용자도 고문, 기타 잔인하거나 비인간적이거나 모욕적인 처우 또는 처벌을 받지 않도록 보호되어야 하고 어떠한 경우도 이를 정당화할 수 없다. 수용자와 직원, 용역 제공자, 방문자들의 안전과 보안은 항시 유지되어야 한다.

제5조(차별금지) 수용자는 합리적인 이유 없이 성별, 종교, 장애, 나이, 사회적 신분, 출신지역, 출신국가, 출신민족, 용모 등 신체조건, 병력, 혼인 여부, 정치적 의견(정치적 신분-X) 및 성적지향 등을 이유로 차별받지 아니한다.

수용자 처우에 관한 유엔최저기준규칙

제2조 ① 본 규칙은 공평하게 적용되어야 한다. 수용자의 인종, 피부색, 성별, 언어, 종교, 정치적 또는 그 밖의 견해, 국적, 사회적 신분, 재산, 출생 또는 그 밖의 지위에 의하여 차별이 있어서는 안 된다. 수용자의 종교적 신념과 도덕률은 존중되어야 한다.

② 차별금지의 원칙을 적용하기 위해 교정당국에서는 수용자 개인의 필요(특히 교정시설의 환경에서 가장 취약한 부분에 대하여)를 고려해야 한다. 특수한 필요를 가진 수용자들을 보호하고 그들의 권리를 존중하기 위한 조치들은 필요한 것으로서 차별로 간주되지 않는다.

제5조의2(기본계획의 수립) ① 법무부장관은 이 법의 목적을 효율적으로 달성하기 위하여 5년마다 형의 집행 및 수용자 처우에 관한 기본계획(이하 "기본계획"이라 한다)을 수립하고 추진하여야 한다.

② 기본계획에는 다음 각호의 사항이 포함되어야 한다.

1. 형의 집행 및 수용자 처우에 관한 기본 방향
2. 인구·범죄의 증감 및 수사 또는 형 집행의 동향 등 교정시설의 수요 증감에 관한 사항
3. 교정시설의 수용 실태 및 적정한 규모의 교정시설 유지 방안
4. 수용자에 대한 처우 및 교정시설의 유지·관리를 위한 적정한 교도관 인력 확충 방안
5. 교도작업과 직업훈련의 현황, 수형자의 건전한 사회복귀를 위한 작업설비 및 프로그램의 확충 방안
6. 수형자의 교육·교화 및 사회적응에 필요한 프로그램의 추진방향
7. 수용자 인권보호 실태와 인권 증진 방안
8. 교정사고의 발생 유형 및 방지에 필요한 사항
9. 형의 집행 및 수용자 처우와 관련하여 관계 기관과의 협력에 관한 사항
10. 그 밖에 법무부장관이 필요하다고 인정하는 사항

③ 법무부장관은 기본계획을 수립 또는 변경하려는 때에는 법원, 검찰 및 경찰 등 관계 기관과 협의하여야 한다.

④ 법무부장관은 기본계획을 수립하기 위하여 실태조사와 수요예측 조사를 실시할 수 있다.

⑤ 법무부장관은 기본계획을 수립하기 위하여 필요하다고 인정하는 경우에는 관계 기관의 장에게 필요한 자료를 요청할 수 있다. 이 경우 자료를 요청받은 관계 기관의 장은 특별한 사정이 없으면 요청에 따라야 한다.

제5조의3(협의체의 설치 및 운영) ① 법무부장관은 형의 집행 및 수용자 처우에 관한 사항을 협의하기 위하여 법원, 검찰 및 경찰 등 관계 기관과 협의체를 설치하여 운영할 수 있다.

② 제1항에 따른 협의체의 설치 및 운영 등에 필요한 사항은 대통령령으로 정한다.

시행령 제1조의2 (협의체의 구성 및 운영 등)

① 「형의 집행 및 수용자의 처우에 관한 법률」(이하 "법"이라 한다) 제5조의3에 따른 협의체(이하 "협의체"라 한다)는 위원장을 포함하여 12명의 위원으로 구성한다.

② 협의체의 위원장은 법무부차관이 되고, 협의체의 위원은 다음 각호의 사람이 된다.

   1. 기획재정부, 교육부, 법무부, 국방부, 행정안전부, 보건복지부, 고용노동부, 경찰청 및 해양경찰청 소속 고위공무원단에 속하는 공무원(국방부의 경우에는 고위공무원단에 속하는 공무원 또는 이에 상당하는 장성급 장교를, 경찰청 및 해양경찰청의 경우에는 경무관 이상의 경찰공무원을 말한다) 중에서 해당 소속 기관의 장이 지명하는 사람 각 1명
   2. 법원행정처 소속 판사 또는 3급 이상의 법원일반직공무원 중에서 법원행정처장이 지명하는 사람 1명
   3. 대검찰청 소속 검사 또는 고위공무원단에 속하는 공무원 중에서 검찰총장이 지명하는 사람 1명

③ 협의체의 위원장은 협의체 회의를 소집하며, 회의 개최 7일 전까지 회의의 일시·장소 및 안건 등을 각 위원에게 알려야 한다.

④ 협의체의 위원장은 협의체의 회의 결과를 위원이 소속된 기관의 장에게 통보해야 한다.

제2장 교정시설(순회점검, 참관, 시찰)

제6조(교정시설의 규모 및 설비) ① 신설하는 교정시설은 수용인원이 500명 이내의 규모가 되도록 하여야 한다. 다만, 교정시설의 기능·위치나 그 밖의 사정을 고려하여 그 규모를 늘릴 수 있다.

② 교정시설의 거실·작업장·접견실이나 그 밖의 수용생활을 위한 설비는 그 목적과 기능에 맞도록 설치되어야 한다. 특히, 거실은 수용자가 건강하게 생활할 수 있도록 적정한 수준의 공간과 채광·통풍·난방을 위한 시설이 갖추어져야 한다.

③ 법무부장관은 수용자에 대한 처우 및 교정시설의 유지·관리를 위한 적정한 인력을 확보하여야 한다.

제7조(교정시설 설치·운영의 민간위탁) ① 법무부장관은 교정시설의 설치 및 운영에 관한 업무의 일부를 법인 또는 개인에게 위탁할 수 있다.

② 제1항에 따라 위탁을 받을 수 있는 법인 또는 개인의 자격요건, 교정시설의 시설기준, 수용대상자의 선정기준, 수용자 처우의 기준, 위탁절차, 국가의 감독, 그 밖에 필요한 사항은 따로 법률로 정한다.

제8조(교정시설의 순회점검) 법무부장관은 교정시설의 운영, 교도관의 복무, 수용자의 처우 및 인권실태 등을 파악하기 위하여 매년 1회 이상 교정시설을 순회점검하거나 소속 공무원으로 하여금 순회점검하게 하여야 한다.

제9조(교정시설의 시찰 및 참관) ① 판사와 검사는 직무상 필요하면 교정시설을 시찰할 수 있다.

② 제1항의 판사와 검사 외의 사람은 교정시설을 참관하려면 학술연구 등 정당한 이유를 명시하여 교정시설의 장의 허가를 받아야 한다.

시행령 제2조 (판사 등의 시찰)

① 판사 또는 검사가 법 제9조제1항에 따라 교도소·구치소 및 그 지소(이하 "교정시설"이라 한다)를 시찰할 경우에는 미리 그 신분을 나타내는 증표를 교정시설의 장(이하 "소장"이라 한다)에게

제시해야 한다.

② 소장은 제1항의 경우에 교도관에게 시찰을 요구받은 장소를 안내하게 해야 한다.

시행령 제3조 (참관)

① 소장은 법 제9조제2항에 따라 판사와 검사 외의 사람이 교정시설의 참관을 신청하는 경우에는 그 성명·직업·주소·나이·성별 및 참관 목적을 확인한 후 허가 여부를 결정하여야 한다.

② 소장은 외국인에게 참관을 허가할 경우에는 미리 관할 지방교정청장의 승인을 받아야 한다.

③ 소장은 제1항 및 제2항에 따라 허가를 받은 사람에게 참관할 때의 주의사항을 알려주어야 한다.

제10조(교도관의 직무) 이 법에 규정된 사항 외에 교도관의 직무에 관하여는 따로 법률로 정한다.

제2편 수용자의 처우

제1장 수용

제1절 구분수용·분리수용

> **제11조(구분수용)**
> ① 수용자는 다음 각호에 따라 구분하여 수용한다.
>   1. 19세 이상 수형자: 교도소
>   2. 19세 미만 수형자: 소년교도소
>   3. 미결수용자: 구치소
>   4. 사형확정자: 교도소 또는 구치소. 이 경우 구체적인 구분 기준은 법무부령으로 정한다.
> ② 교도소 및 구치소의 각 지소에는 교도소 또는 구치소에 준하여 수용자를 수용한다.

시행규칙 제150조 (구분수용 등)

① 사형확정자는 사형집행시설이 설치되어 있는 교정시설에 수용하되, 다음 각호와 같이 구분하여 수용한다.

  1. 교도소: 교도소 수용 중 사형이 확정된 사람, 교도소에서 교육·교화프로그램 또는 신청에 따른 작업을 실시할 필요가 있다고 인정되는 사람
  2. 구치소: 구치소 수용 중 사형이 확정된 사람, 교도소에서 교육·교화프로그램 또는 신청에 따른 작업을 실시할 필요가 없다고 인정되는 사람

② 사형확정자의 심리적 안정 도모 또는 교정시설의 안전과 질서유지를 위하여 특히 필요하다고 인정하는 경우에는 제1항 각호에도 불구하고 교도소에 수용할 사형확정자를 구치소에 수용할 수 있고, 구치소에 수용할 사형확정자를 교도소에 수용할 수 있다.

③ 소장은 사형확정자의 자살·도주 등의 사고를 방지하기 위하여 필요한 경우에는 사형확정자와

미결수용자를 혼거수용할 수 있고, 사형확정자의 교육·교화프로그램, 작업 등의 적절한 처우를 위하여 필요한 경우에는 사형확정자와 수형자를 혼거수용할 수 있다.

④ 사형확정자의 번호표 및 거실표의 색상은 붉은색으로 한다.

> **제12조(구분수용의 예외)**
> ① 다음 각호의 어느 하나에 해당하는 사유가 있으면 교도소에 미결수용자를 수용할 수 있다.
>   1. 관할 법원 및 검찰청 소재지에 구치소가 없는 때
>   2. 구치소의 수용인원이 정원을 훨씬 초과하여 정상적인 운영이 곤란한 때
>   3. 범죄의 증거인멸을 방지하기 위하여 필요하거나 그 밖에 특별한 사정이 있는 때
>
> ② 취사 등의 작업을 위하여 필요하거나 그 밖에 특별한 사정이 있으면 구치소에 수형자를 수용할 수 있다.
>
> ③ 수형자가 소년교도소에 수용 중에 19세가 된 경우에도 교육·교화프로그램, 작업, 직업훈련 등을 실시하기 위하여 특히 필요하다고 인정되면 23세가 되기 전까지는 계속하여 수용할 수 있다.
>
> ④ 소장은 특별한 사정이 있으면 제11조의 구분수용 기준에 따라 다른 교정시설로 이송하여야 할 수형자를 6개월을 초과하지 아니하는 기간 동안 계속하여 수용할 수 있다.

관련판례

■ **폭행사망사고와 구별수용**(대법94다 22569, 94.10.11)

소년미결수를 수용함에 있어 강도 상해범과 과실범을 동일 거실에 수용하여 부득이 구분 없이 혼거 수용하는 경우에는 그에 따라 발생할 수 있는 폭력에 의한 사적 제재 등 제반 사고를 예상하여 감시와 시찰을 철저히 할 주의의무가 있음에도 교도소 측이 이를 다하지 않은 책임이 있다.

> **제13조(분리수용)** ① 남성과 여성은 **분리**하여 수용한다.
>
> ② 제12조에 따라 수형자와 미결수용자, 19세 이상의 수형자와 19세 미만의 수형자를 같은 교정시설에 수용하는 경우에는 서로 분리하여 수용한다.

시행령 제7조 (여성수용자에 대한 시찰)

소장은 특히 필요하다고 인정하는 경우가 아니면 남성교도관이 야간에 수용자거실에 있는 여성수용자를 시찰하게 하여서는 아니 된다.

제2절 독거수용·혼거수용

> **제14조(독거수용)** 수용자는 독거수용한다. 다만, 다음 각호의 어느 하나에 해당하는 사유가 있으면 혼거수용할 수 있다.
> 1. 독거실 부족 등 시설여건이 충분하지 아니한 때
> 2. 수용자의 생명 또는 신체의 보호, 정서적 안정을 위하여 필요한 때
> 3. 수형자의 교화 또는 건전한 사회복귀를 위하여 필요한 때

 관련판례

■ **교도소 내 독거수용 거부 위헌확인**(18헌마1016, 18.10.30.)

교정시설을 어떻게 활용할 것인지의 문제는 수용자와 교도인력의 숫자와 비율, 교정시설의 규모와 수준, 교도행정의 효율성 등 제반 사정을 고려하여 교정시설의 장이 결정할 것이라 할 것이고, 수용자가 독거수용을 요청할 경우 교정시설의 장인 피청구인이 이를 허용해야 할 작위의무가 헌법의 문언이나 해석 등에서 도출된다고 할 수 없다.

시행령 제4조 (독거실의 비율)

교정시설을 새로 설치하는 경우에는 법 제14조에 따른 수용자의 거실수용을 위하여 독거실과 혼거실의 비율이 적정한 수준이 되도록 한다.

시행령 제5조 (독거수용의 구분)

독거수용은 다음 각호와 같이 구분한다.

1. 처우상 독거수용: 주간에는 교육·작업 등의 처우를 위하여 일과에 따른 공동생활을 하게 하고 휴업일과 야간에만 독거수용하는 것을 말한다.
2. 계호상 독거수용: 사람의 생명·신체의 보호 또는 교정시설의 안전과 질서유지를 위하여 항상 독거수용하고 다른 수용자와의 접촉을 금지하는 것을 말한다. 다만, <u>수사·재판·실외운동·목욕·접견·진료</u> 등을 위하여 필요한 경우에는 그러하지 아니하다.

시행령 제6조 (계호상 독거수용자의 시찰)

① 교도관은 계호상 독거된 수용자를 수시로 시찰하여 건강상 또는 교화상 이상이 없는지 살펴야 한다.

② 교도관은 제1항의 시찰 결과, 계호상 독거수용자가 건강상 이상이 있는 것으로 보이는 경우에는 교정시설에 근무하는 의사에게 즉시 알려야 하고, 교화상 문제가 있다고 인정하는 경우에는 소장에게 지체 없이 보고하여야 한다.

③ 의무관은 제2항의 통보를 받은 즉시 해당 수용자를 상담·진찰하는 등 적절한 의료조치를 하여야 하며, 계호상 독거수용자를 계속하여 독거수용하는 것이 건강상 해롭다고 인정하는 경우에는 그 의견을 소장에게 즉시 보고하여야 한다.

④ 소장은 계호상 독거수용자를 계속하여 독거수용하는 것이 건강상 또는 교화상 해롭다고 인정하는 경우에는 이를 즉시 중단하여야 한다.

시행령 제8조 (혼거 수용 인원의 기준)

혼거 수용 인원은 3명 이상으로 한다. 다만, 요양이나 그 밖의 부득이한 사정이 있는 경우에는 예외로 한다.

시행령 제9조 (혼거 수용의 제한)

소장은 노역장 유치 명령을 받은 수형자와 징역형·금고형 또는 구류형을 선고받아 형이 확정된 수형자를 혼거 수용해서는 아니 된다. 다만, 징역형·금고형 또는 구류형의 집행을 마친 다음에 계속해서 노역장 유치 명령을 집행하거나 그 밖에 부득이한 사정이 있는 경우에는 그러하지 아니하다.

제3절 수용거실의 지정

제15조(수용거실 지정) 소장은 수용자의 거실을 지정하는 경우에는 죄명·형기·죄질·성격·범죄전력·나이·경력 및 수용생활 태도, 그 밖에 수용자의 개인적 특성을 고려하여야 한다.

시행령 제10조 (수용자의 자리 지정)

소장은 수용자의 생명·신체의 보호, 증거인멸의 방지 및 교정시설의 안전과 질서유지를 위하여 필요하다고 인정하면 혼거실·교육실·강당·작업장, 그 밖에 수용자들이 서로 접촉할 수 있는 장소에서 수용자의 자리를 지정할 수 있다.

관련판례

■ **교정시설 내 특정취침자세 강요행위 위헌확인**(2012헌마750)

교도관들이 청구인에게 '취침 시 출입구 쪽으로 머리를 두면 취침하는 동안 CCTV나 출입문에 부착된 시찰구를 통해서도 얼굴 부위를 확인할 수 없으므로, 출입구 반대 방향인 화장실 방향으로 머리를 두라'고 한 행위는 수용자의 생명을 보호하기 위해 지도·교육한 것에 불과하고, 그에 불복하는 경우 수용자가 어떠한 불리한 처우를 받는다고도 볼 수 없으며, 그 밖에 청구인의 취침자세 등에 대하여 강제하는 구체적인 규제나 침해행위도 없어 헌법소원심판의 대상인 공권력의 행사라고 보기 어렵다.

시행령 제11조 (거실의 대용금지)

수용자 거실을 작업장으로 사용해서는 아니 된다. 다만, 수용자의 심리적 안정, 교정교화 또는 사회적응능력 함양을 위하여 특히 필요하다고 인정하면 그러하지 아니하다.

시행령 제12조 (현황표 등의 부착 등)

① 소장은 수용자거실에 면적, 정원 및 현재인원을 적은 현황표를 붙여야 한다.

② 소장은 수용자거실 앞에 이름표를 붙이되, 이름표 윗부분에는 수용자의 성명·출생연도·죄명·형명 및 형기를 적고, 그 아랫부분에는 수용자번호 및 입소일을 적되, 윗부분의 내용이 보이지 않도

록 해야 한다.

③ 소장은 수용자가 법령에 따라 지켜야 할 사항과 수용자의 권리구제 절차에 관한 사항을 수용자 거실의 보기 쉬운 장소에 붙이는 등의 방법으로 비치하여야 한다.

제4절 신입자의 수용

> **제16조(신입자의 수용 등)** ① 소장은 법원·검찰청·경찰관서 등으로부터 처음으로 교정시설에 수용되는 사람에 대하여는 집행지휘서, 재판서, 그 밖에 수용에 필요한 서류를 조사한 후 수용한다.
> ② 소장은 신입자에 대하여는 지체 없이 신체·의류 및 휴대품을 검사하고 건강진단을 하여야 한다.
> ③ 신입자는 제2항에 따라 소장이 실시하는 검사 및 건강진단을 받아야 한다.

시행령 제14조 (신입자의 신체 등 검사)

소장은 신입자를 인수한 경우에는 교도관에게 신입자의 신체·의류 및 휴대품을 지체 없이 검사하게 하여야 한다.

시행령 제15조 (신입자의 건강진단)

법 제16조 제2항에 따른 신입자의 건강진단은 수용된 날부터 3일 이내에 하여야 한다. 다만, 휴무일이 연속되는 등 부득이한 사정이 있는 경우에는 예외로 한다.

시행령 제82조 (수형자로서의 처우 개시)

① 소장은 미결수용자로서 자유형이 확정된 사람에 대하여는 검사의 집행 지휘서가 도달된 때부터 수형자로 처우할 수 있다.
② 제1항의 경우 검사는 집행 지휘를 한 날부터 10일 이내에 재판서나 그 밖에 적법한 서류를 소장에게 보내야 한다.

제16조의2 (간이입소절차) 다음 각호의 어느 하나에 해당하는 신입자의 경우에는 법무부장관이 정하는 바에 따라 간이입소절차를 실시한다.
1. 「형사소송법」 제200조의2, 제200조의3 또는 제212조에 따라 체포되어 교정시설에 유치된 피의자
2. 「형사소송법」 제201조의2제10항 및 제71조의2에 따른 구속영장 청구에 따라 피의자 심문을 위하여 교정시설에 유치된 피의자

시행령 제13조 (신입자의 인수)

① 소장은 법원·검찰청·경찰관서 등으로부터 처음으로 교정시설에 수용되는 사람(이하 "신입자"라 한다)을 인수한 경우에는 호송인에게 인수서를 써 주어야 한다. 이 경우 신입자에게 부상·질병, 그 밖에 건강에 이상이 있을 때에는 호송인으로부터 그 사실에 대한 확인서를 받아야 한다.

② 신입자를 인수한 교도관은 제1항의 인수서에 신입자의 성명, 나이 및 인수일시를 적고 서명 또는 날인하여야 한다.

③ 소장은 제1항 후단에 따라 확인서를 받는 경우에는 호송인에게 신입자의 성명, 나이, 인계일시 및 부상 등의 사실을 적고 서명 또는 날인하도록 하여야 한다.

시행령 제16조 (신입자의 목욕)

소장은 신입자에게 질병이나 그 밖의 부득이한 사정이 있는 경우가 아니면 지체 없이 목욕을 하게 하여야 한다.

시행령 제17조 (신입자의 신체 특징 기록 등)

① 소장은 신입자의 키·용모·문신·흉터 등 신체 특징과 가족 등 보호자의 연락처를 수용기록부에 기록하여야 하며, 교도관이 업무상 필요한 경우가 아니면 이를 열람하지 못하도록 하여야 한다.

② 소장은 신입자 및 다른 교정시설로부터 이송되어 온 사람(이하 "이입자"라 한다)에 대하여 수용자번호를 지정하고 수용 중 번호표를 상의의 왼쪽 가슴에 붙이게 하여야 한다. 다만, 수용자의 교화 또는 건전한 사회복귀를 위하여 특히 필요하다고 인정하면 번호표를 붙이지 아니할 수 있다.

시행령 제18조 (신입자거실 수용 등)

① 소장은 신입자가 환자이거나 부득이한 사정이 있는 경우가 아니면 수용된 날부터 3일 동안 신

입자거실에 수용하여야 한다.

② 소장은 제1항에 따라 신입자거실에 수용된 사람에게는 작업을 부과해서는 아니 된다.

③ 소장은 19세 미만의 신입자 그 밖에 특히 필요하다고 인정하는 수용자에 대하여는 제1항의 기간을 30일까지 연장할 수 있다.

시행령 제19조 (수용기록부 등의 작성)

소장은 신입자 또는 이입자를 수용한 날부터 3일 이내에 수용기록부, 수용자명부 및 형기종료부를 작성·정비하고 필요한 사항을 기록하여야 한다.

시행령 제20조 (신입자의 신원조사)

① 소장은 신입자의 신원에 관한 사항을 조사하여 수용기록부에 기록하여야 한다.

② 소장은 신입자의 본인 확인 및 수용자의 처우 등을 위하여 불가피한 경우 「개인정보 보호법」 제23조에 따른 정보, 같은 법 시행령 제18조 제2호에 따른 범죄경력자료에 해당하는 정보, 같은 영 제19조에 따른 주민등록번호, 여권번호, 운전면허의 면허번호 또는 외국인등록번호가 포함된 자료를 처리할 수 있다.

시행령 제82조 (수형자로서의 처우 개시)

① 소장은 미결 수용자로서 자유형이 확정된 사람에 대하여는 검사의 집행 지휘서가 도달된 때부터 수형자로 처우할 수 있다.

② 제1항의 경우 검사는 집행 지휘를 한 날부터 10일 이내에 재판서나 그 밖에 적법한 서류를 소장에게 보내야 한다.

관련판례

■ 구속피의자의 검사조사실 강제구인(대법13모160, 13.7.1)

관할 지방법원 판사가 발부하는 구속영장에 의하여 피의자를 구속하는 경우, 공판정에 출석이나 형의 집행을 담보하기 위한 것이지만 피의자신문의 방식으로 구속된 피의자를 조사하는 등 적정한 방법으로 범죄를 수사하는 것도 예정하고 있다고 할 것이다. 출석요구에 응하지 아니하면서 수사기관 조사실에 출석을 거부한다면 수사기관은 그 구속영장의 효력에 의하여 피의자를 조사실로 구인할 수 있다고 보아야 한다.

제17조(고지사항) 신입자 및 다른 교정시설로부터 이송되어 온 사람에게는 말이나 서면으로 다음 각호의 사항을 알려 주어야 한다.

1. 형기의 기산일 및 종료일
2. 접견·편지, 그 밖의 수용자의 권리에 관한 사항
3. 청원, 「국가인권위원회법」에 따른 진정, 그 밖의 권리구제에 관한 사항
4. 징벌·규율, 그 밖의 수용자의 의무에 관한 사항
5. 일과 그 밖의 수용생활에 필요한 기본적인 사항

국가인권위원회법 시행령

제6조 (진정방법의 고지 등)

① 구금·보호시설의 장 또는 관리인은 시설수용자를 최초로 보호·수용하는 때에는 시설수용자에게 인권침해사실을 위원회에 진정을 할 수 있다는 뜻과 그 방법을 고지하여야 한다.

② 구금·보호시설의 장 또는 관리인은 인권침해에 관하여 위원회에 진정할 수 있다는 뜻과 그 방법을 기재한 안내서를 시설수용자가 상시로 열람할 수 있는 곳에 비치하여야 한다.

제18조(수용의 거절) ① 소장은 다른 사람의 건강에 위해를 끼칠 우려가 있는 감염병에 걸린 사람의 수용을 거절할 수 있다.

② 소장은 제1항에 따라 수용을 거절하였으면 그 사유를 지체 없이 수용지휘기관과 관할 보건소장에게 통보하고 법무부장관에게 보고하여야 한다.

시행령 제53조 (감염병에 관한 조치)

① 소장은 수용자가 감염병에 걸렸다고 의심되는 경우에는 1주 이상 격리 수용하고 그 수용자의 휴대품을 소독하여야 한다.

② 소장은 감염병이 유행하는 경우에는 수용자가 자비로 구매하는 음식물의 공급을 중지할 수 있다.

③ 소장은 수용자가 감염병에 걸린 경우에는 즉시 격리 수용하고 그 수용자가 사용한 물품과 설비

를 철저히 소독하여야 한다.

④ 소장은 제 3항의 사실을 지체 없이 법무부장관에게 보고하고 관할 보건 기관의 장에게 알려야 한다.

> **제19조(사진촬영 등)** ① 소장은 신입자 및 다른 교정시설로부터 이송되어 온 사람에 대하여 다른 사람과의 식별을 위하여 필요한 한도에서 사진촬영, 지문채취, 수용자 번호지정, 그 밖에 대통령령으로 정하는 조치를 하여야 한다.
>
> ② 소장은 수용목적상 필요하면 수용 중인 사람에 대하여도 제1항의 조치를 할 수 있다.

제5절 수용자의 이송

> **제20조(수용자의 이송)** ① 소장은 수용자의 수용·작업·교화·의료, 그 밖의 처우를 위하여 필요하거나 시설의 안전과 질서유지를 위하여 필요하다고 인정하면 법무부장관의 승인을 받아 수용자를 다른 교정시설로 이송할 수 있다.
>
> ② 법무부장관은 제1항의 이송승인에 관한 권한을 대통령령으로 정하는 바에 따라 지방교정 청장에게 위임할 수 있다.

관련판례

■ 민사재판 등 소송 수용자 출정비용 강제징수 위헌확인(2010헌마470)

출정비용 징수행위는 수용자로 인해 소요된 비용을 반환받은 것으로 사경제 주체로서 행하는 사법상의 법률행위에 불과하므로 헌법소원심판 청구대상으로서의 '공권력의 행사'에 해당된다고 볼 수 없다.

■ 공권력 행사 위헌확인(출정제한행위)(2010헌마475)

교도소장은 행정소송에서 수형자가 출정비용을 예납하지 않았거나 보관금과의 상계에 동의하지 않았다고 하더라도 우선 수형자를 출정시키고 사후에 출정비용을 받거나 보관금과 상계를 통해 출정비용을 회수하여야 함에도 출정제한 행위를 한 것은 청구인이 재판에 출석하여 변론할 권리를 침해함으로써 재판청구권을 과도하게 침해한 것이다.

■ 공권력 행사 위헌확인 등(2013헌마543)

가. 다른 교도소로의 이송 청원에 대한 법무부장관의 각하 결정

수형자인 청구인에게 교도소의 이송신청권이 없으므로 법무부 장관의 이를 각하하였다고 하여 공권력의 행사라고 할 수 없다.

나. 청구인을 경북북부제1교도소로 이송 지휘한 법무부장관의 처분

교도소장의 수형자 이송승인신청에 대하여 이를 승인하는 법무부장관의 의사표시에 불과하여 이것을 공권력의 행사라고 할 수 없다.

다. 다른 수용자가 청구인을 정신적·육체적으로 괴롭히는 행위에 대한 청구인의 기본권 침해 여부

국가기관 또는 공공기관의 행위가 아님이 명백하므로 공권력의 행사라고 할 수 없다.

■ 장애인 전담 시설로의 이송불이행 행위(2013헌마388)

수형자가 자신이 원하는 교도소에서의 수용생활을 요구할 권리가 있다고 할 수 없으므로 이송하지 않은 행위를 공권력의 행사 또는 불행사로 볼 수는 없다.

■ 「수용구분 및 이송기록 등에 관한 지침」의 법규성(10헌마259)

「수용구분 및 이송기록 등에 관한 지침」은 교정시설 내부의 업무지침 내지 사무처리준칙으로서 행정규칙에 불과하다고 할 것이다.

시행령 제22조 (지방교정청장의 이송승인권)

① 지방교정청장은 법 제20조제2항에 따라 다음 각호의 어느 하나에 해당하는 경우에는 수용자의 이송을 승인할 수 있다.

   1. 수용시설의 공사 등으로 수용거실이 일시적으로 부족한 때
   2. 교정시설 간 수용인원의 뚜렷한 불균형을 조정하기 위하여 특히 필요하다고 인정되는 때
   3. 교정시설의 안전과 질서유지를 위하여 긴급하게 이송할 필요가 있다고 인정되는 때

② 제1항에 따른 지방교정청장의 이송승인은 관할 내 이송으로 한정한다.

시행령 제23조 (이송 중지)

소장은 수용자를 다른 교정시설에 이송하는 경우에 의무관으로부터 수용자가 건강상 감당하기 어

렵다는 보고를 받으면 이송을 중지하고 그 사실을 이송받을 소장에게 알려야 한다.

시행령 제24조 (호송 시 분리)

수용자를 이송이나 출정, 그 밖의 사유로 호송하는 경우에는 수형자는 미결수용자와, 여성수용자는 남성수용자와, 19세 미만의 수용자는 19세 이상의 수용자와 각각 호송 차량의 좌석을 분리하는 등의 방법으로 서로 접촉하지 못하게 하여야 한다.

제21조(수용사실의 알림) 소장은 신입자 또는 다른 교정시설로부터 이송되어 온 사람이 있으면 그 사실을 수용자의 가족(배우자, 직계 존속·비속 또는 형제자매를 말한다. 이하 같다)에게 지체 없이 알려야 한다. 다만, 수용자가 알리는 것을 원하지 아니하면 그러하지 아니하다.

제2장 물품지급

제1절 생활용품 지급

> **제22조(의류 및 침구 등의 지급)** ① 소장은 수용자에게 건강유지에 적합한 의류·침구, 그 밖의 생활용품을 지급한다.
> ② 의류·침구, 그 밖의 생활용품의 지급기준 등에 관하여 필요한 사항은 법무부령으로 정한다.

시행령 제25조 (생활용품 지급 시의 유의사항)

① 소장은 법 제22조제1항에 따라 의류·침구, 그 밖의 생활용품(이하 "의류등"이라 한다)을 지급하는 경우에는 수용자의 건강, 계절 등을 고려하여야 한다.

② 소장은 수용자에게 특히 청결하게 관리할 수 있는 재질의 식기를 지급하여야 하며, 다른 사람이 사용한 의류등을 지급하는 경우에는 세탁하거나 소독하여 지급하여야 한다.

시행령 제26조 (생활기구의 비치)

① 소장은 거실·작업장, 그 밖에 수용자가 생활하는 장소(이하 이 조에서 "거실등"이라 한다)에 수용생활에 필요한 기구를 갖춰 둬야 한다.

② 거실등에는 갖춰 둔 기구의 품목·수량을 기록한 품목표를 붙여야 한다.

시행규칙 제4조 (의류의 품목)

① 수용자 의류의 품목은 평상복·특수복·보조복·의복부속물·모자 및 신발로 한다.

② 제1항에 따른 품목별 구분은 다음 각호와 같다.

1. 평상복은 겨울옷·봄가을옷·여름옷을 수형자용, 미결수용자용 및 피보호감호자(종전의 「사회보호법」에 따라 보호감호선고를 받고 교정시설에 수용 중인 사람을 말한다. 이하 같다)용과 남녀용으로 각각 구분하여 18종으로 한다.

2. 특수복은 모범 수형자복·외부통근자복·임산부복·환자복·운동복 및 반바지로 구분하고, 그중 모범수형자복 및 외부통근자복은 겨울옷·봄가을옷·여름옷을 남녀용으로 각각 구분하여 6종으로 하고, 임산부복은 봄가을옷·여름옷을 수형자용과 미결수용자용으로 구분하여 4종으로 하며, 환자복은 겨울옷·여름옷을 남녀용으로 구분하여 4종으로 하고, 운동복 및 반바지는

각각 1종으로 한다.
3. 보조복은 위생복·조끼 및 비옷으로 구분하여 3종으로 한다.
4. 의복부속물은 러닝셔츠·팬티·겨울내의·장갑·양말로 구분하여 5종으로 한다.
5. 모자는 모범수형자모·외부통근자모·방한모 및 위생모로 구분하여 4종으로 한다.
6. 신발은 고무신·운동화 및 방한화로 구분하여 3종으로 한다.

시행규칙 제5조 (의류의 품목별 착용 시기 및 대상)
수용자 의류의 품목별 착용 시기 및 대상은 다음 각호와 같다.
1. 평상복: 실내생활 수용자, 교도작업·직업능력개발훈련(이하 "직업훈련"이라 한다) 수용자, 각종 교육을 받는 수용자 및 다른 교정시설로 이송되는 수용자가 착용
2. 모범수형자복: 제74조제1항제1호의 개방처우급에 해당하는 수형자가 작업·교육 등 일상생활을 하는 때, 가석방예정자가 실외생활을 하는 때 및 수형자가 사회봉사활동 등 대내외 행사 참석 시 소장이 필요하다고 인정하는 때 착용
3. 삭제
4. 외부통근자복: 외부통근자로서 실외생활을 하는 때에 착용
5. 임산부복: 임신하거나 출산한 수용자가 착용
6. 환자복: 의료거실 수용자가 착용
7. 삭제
8. 운동복: 소년수용자로서 운동을 하는 때에 착용
9. 반바지: 수용자가 여름철에 실내생활 또는 운동을 하는 때에 착용
10. 위생복: 수용자가 운영지원작업을 하는 때에 착용
11. 조끼: 수용자가 겨울철에 겉옷 안에 착용
12. 비옷: 수용자가 우천 시 실외작업을 하는 때에 착용
13. 러닝셔츠·팬티·겨울내의 및 양말: 모든 수형자 및 소장이 지급할 필요가 있다고 인정하는 미결수용자가 착용
14. 장갑: 작업을 하는 수용자 중 소장이 지급할 필요가 있다고 인정하는 자가 착용
15. 삭제
16. 모자

가. 모범수형자모: 모범수형자복 착용자가 착용

나. 외부통근자모: 외부통근자복 착용자가 착용

다. 삭제

라. 방한모: 외부작업 수용자가 겨울철에 착용

마. 위생모: 취사장에서 작업하는 수용자가 착용

17. 신발

가. 고무신 및 운동화: 수용자가 선택하여 착용

나. 방한화: 작업을 하는 수용자 중 소장이 지급할 필요가 있다고 인정하는 사람이 착용

시행규칙 제6조 (침구의 품목)

수용자 침구의 품목은 이불 2종 (솜이불·겹이불), 매트리스 2종(일반·환자매트리스), 담요 및 베개로 구분한다.

시행규칙 제7조 (침구의 품목별 사용 시기 및 대상)

수용자 침구의 품목별 사용 시기 및 대상은 다음 각호와 같다.

1. 이불

    가. 솜이불: 환자·노인·장애인·임산부 등의 수용자 중 소장이 지급할 필요가 있다고 인정하는 자가 겨울철에 사용

    나. 겹이불: 수용자가 봄·여름·가을철에 사용

2. 매트리스

    가. 일반매트리스: 수용자가 겨울철에 사용

    나. 환자매트리스: 의료거실에 수용된 수용자 중 의무관이 지급할 필요가 있다고 인정하는 사람이 사용

3. 담요 및 베개: 모든 수용자가 사용

시행규칙 제8조 (의류·침구 등 생활용품의 지급기준)

① 수용자에게 지급하는 의류 및 침구는 1명당 1매로 하되, 작업 여부 또는 난방 여건을 고려하여 2매를 지급할 수 있다.

② 의류·침구 외에 수용자에게 지급하는 생활용품의 품목, 지급수량, 사용기간, 지급횟수 등에 대

한 기준은 별표 1과 같다.

③ 생활용품 지급일 이후에 수용된 수용자에 대하여는 다음 지급일까지 쓸 적절한 양을 지급하여야 한다.

④ 신입수용자에게는 수용되는 날에 칫솔, 치약 및 수건 등 수용생활에 필요한 최소한의 생활용품을 지급하여야 한다.

시행규칙 제9조 (의류·침구의 색채·규격)

수용자 의류·침구의 품목별 색채 및 규격은 법무부장관이 정한다.

시행규칙 제84조 (물품지급)

① 소장은 수형자의 경비처우급에 따라 물품에 차이를 두어 지급할 수 있다. 다만, 주·부식, 음료, 그 밖에 건강유지에 필요한 물품은 그러하지 아니하다.

② 제1항에 따라 의류를 지급하는 경우 수형자가 개방처우급인 경우에는 색상, 디자인 등을 다르게 할 수 있다.

제2절 음식물의 지급

제23조(음식물의 지급) ① 소장은 수용자에게 건강상태, 나이, 부과된 작업의 종류, 그 밖의 개인적 특성을 고려하여 건강 및 체력을 유지하는 데에 필요한 음식물을 지급한다.

② 음식물의 지급기준 등에 관하여 필요한 사항은 법무부령으로 정한다.

◆ 이론정리 ◆

- 노인수용자, 소년수용자 – 주·부식을 초과하여 지급가능(규칙 제45조, 규칙 제59조의6)
- 외국인 – 주·부식을 달리 정할 수 있다(규칙 제58조)
- 임산부, 유아의 양육을 허가받은 수용자 – 부식지급가능(규칙 제42조)
- 양육유아 – 분유 등 대체식품을 지급가능(규칙 제42조)

시행령 제27조 (음식물의 지급)

법 제23조에 따라 수용자에게 지급하는 음식물은 주식·부식·음료, 그 밖의 영양물로 한다.

시행령 제28조 (주식의 지급)

① 수용자에게 지급하는 주식은 쌀로 한다.

② 소장은 쌀 수급이 곤란하거나 그 밖에 필요하다고 인정하면 주식을 쌀과 보리 등 잡곡의 혼합곡으로 하거나 대용식을 지급할 수 있다.

시행규칙 제11조 (주식의 지급)

① 수용자에게 지급하는 주식은 1명당 1일 390그램을 기준으로 한다.

② 소장은 수용자의 나이, 건강, 작업 여부 및 작업의 종류 등을 고려하여 필요한 경우에는 제1항의 지급 기준량을 변경할 수 있다.

③ 소장은 수용자의 기호 등을 고려하여 주식으로 빵이나 국수 등을 지급할 수 있다.

시행규칙 제12조 (주식의 확보)

소장은 수용자에 대한 원활한 급식을 위하여 해당 교정시설의 직전 분기 평균 급식인원을 기준으로 1개월분의 주식을 항상 확보하고 있어야 한다.

시행규칙 제13조 (부식)

① 부식은 주식과 함께 지급하며, 1명당 1일의 영양섭취기준량은 별표 2와 같다.
(별표2 주요내용: 19세 이상 450kcal, 19세 미만 500kcal)

② 소장은 작업의 장려나 적절한 처우를 위하여 필요하다고 인정하는 경우 특별한 부식을 지급할 수 있다.

시행규칙 제14조 (주·부식의 지급횟수 등)

① 주·부식의 지급횟수는 1일 3회로 한다.

② 수용자에게 지급하는 음식물의 총열량은 1명당 1일 2천500킬로칼로리를 기준으로 한다.

시행규칙 제15조 (특식 등 지급)

① 영 제29조에 따른 특식은 예산의 범위에서 지급한다.

② 소장은 작업시간을 3시간 이상 연장하는 경우에는 수용자에게 주·부식 또는 대용식 1회분을 간식으로 지급할 수 있다.

제3절 물품의 자비구매

제24조(물품의 자비구매) ① 수용자는 소장의 허가를 받아 자신의 비용으로 음식물·의류·침구, 그 밖에 수용생활에 필요한 물품을 구매할 수 있다.
② 물품의 자비구매 허가범위 등에 관하여 필요한 사항은 법무부령으로 정한다.

시행령 제31조 (자비구매 물품의 기준)

수용자가 자비로 구매하는 물품은 교화 또는 건전한 사회복귀에 적합하고 교정시설의 안전과 질서를 해칠 우려가 없는 것이어야 한다.

시행령 제32조 (자비구매 의류등의 사용)

소장은 수용자가 자비로 구매한 의류 등을 보관한 후 그 수용자가 사용하게 할 수 있다.

시행령 제33조 (의류 등의 세탁 등)

① 소장은 수용자가 사용하는 의류 등을 적당한 시기에 세탁·수선 또는 교체하도록 하여야 한다.

② 자비로 구매한 의류 등을 세탁 등을 하는 경우 드는 비용은 수용자가 부담한다.

시행규칙 제16조 (자비구매물품의 종류 등)

① 자비구매물품의 종류는 다음 각호와 같다.

    1. 음식물

    2. 의약품 및 의료용품

    3. 의류·침구류 및 신발류

4. 신문·잡지·도서 및 문구류

5. 수형자 교육 등 교정교화에 필요한 물품

6. 그 밖에 수용생활에 필요하다고 인정되는 물품

② 제1항 각호에 해당하는 자비구매물품의 품목·유형 및 규격 등은 영 제31조에 어긋나지 아니하는 범위에서 소장이 정하되, 수용생활에 필요한 정도, 가격과 품질, 다른 교정시설과의 균형, 공급하기 쉬운 정도 및 수용자의 선호도 등을 고려하여야 한다.

③ 법무부장관은 자비구매물품 공급의 교정시설 간 균형 및 교정시설의 안전과 질서유지를 위하여 공급물품의 품목 및 규격 등에 대한 통일된 기준을 제시할 수 있다.

시행규칙 제17조 (구매허가 및 신청제한)

① 소장은 수용자가 자비구매물품의 구매를 신청하는 경우에는 법무부장관이 교정성적 또는 제74조에 따른 경비처우급을 고려하여 정하는 보관금의 사용한도, 교정시설의 보관범위 및 수용자의 소지범위에서 허가한다.

② 소장은 감염병의 유행 또는 수용자의 징벌집행 등으로 자비구매물품의 사용이 중지된 경우에는 구매신청을 제한할 수 있다.

시행규칙 제18조 (우선 공급)

소장은 교도작업제품으로서 자비구매물품으로 적합한 것은 제21조에 따라 지정받은 자비구매물품 공급자를 거쳐 우선하여 공급할 수 있다.

관련판례

■ **국민기초생활 보장법 시행령 제2조 제2항 제3호 위헌확인 등**(2009헌마617)

'국민기초생활 보장법'상의 수급권자가 구치소에 수감되어 형이 확정되지 않은 상황에서 개별가구에서 제외되는 것은 그 사람을 유죄로 취급하여 어떠한 불이익을 주기 위한 것이 아니라 '국민기초생활 보장법'의 보충급여의 원칙에 따라 다른 법령에 의하여 생계유지의 보호를 받게 되는 경우, 중복적인 보장을 피하기 위해 개별가구에서 제외시키는 것으로 이를 '유죄인정의 효과'로서의 불이익이라고 볼 수 없는바, 이 사건 조항이 무죄추정의 원칙에 위반된다고 볼 수 없다.

제3장 금품관리

제1절 보관금·품의 관리

◆ 이론정리 ◆

1. 보관: 수용자의 재산권에 관한 지배권을 일시정지 또는 사용, 수익, 처분에 제한을 가하는 행정상의 강제보관으로 사용, 수익, 처분권을 제한할 뿐 소유권을 박탈하는 것은 아니다.
2. 보관금: 신입자가 교정시설에 수용될 때 지니고 있는 휴대금, 수용자 이외의 사람이 수용자에게 보내온 교부금, 그 밖의 법령에 따라 수용자에게 보내온 금원으로서 교정시설에 보관이 허락된 금원
자기앞수표, 우편환은 현금으로 취급
3. 보관품: 신입자가 교정시설에 수용될 때 지니고 있는 휴대품과 수용자 이외의 사람이 수용자에게 보내온 물품, 수용자가 자비로 구매한 물품, 그 밖의 법령에 따라 수용자에게 보내온 물품으로서 교정시설에 보관이 허락된 물품으로 보관품은 민법상 무이자소비대차와 유사한 성질을 갖는 것으로서 보관품을 보관하는 데 있어서 소장은 선량한 관리자의 주의 의무를 다하여야 한다.
4. 휴대금품: 신입자가 교정시설에 수용될 때 지니고 있는 현금과 휴대품
5. 특별보관품: 보관품 중 금·은·보석, 휴대전화, 인감도장, 신분증 등 귀중품으로서 특별히 보관할 가치가 있는 것
6. 교부금품: 가족 등 수용자 외의 사람이 교정시설의 장의 허가를 받아 수용자에게 교부하는 물품으로, 민원실에서 직접 차입을 신청하는 교부품과 택배 등을 통해 송부하는 우송품으로 구분한다.

제25조(휴대금품의 보관 등) ① 소장은 수용자의 휴대금품을 교정시설에 보관한다. 다만, 휴대품이 다음 각호의 어느 하나에 해당하는 것이면 수용자로 하여금 자신이 지정하는 사람에게 보내게 하거나 그 밖에 적당한 방법으로 처분하게 할 수 있다.

1. 썩거나 없어질 우려가 있는 것
2. 물품의 종류·크기 등을 고려할 때 보관하기에 적당하지 아니한 것
3. 사람의 생명 또는 신체에 위험을 초래할 우려가 있는 것

4. 시설의 안전 또는 질서를 해칠 우려가 있는 것

5. 그 밖에 보관할 가치가 없는 것

② 소장은 수용자가 제1항 단서에 따라 처분하여야 할 휴대품을 상당한 기간 내에 처분하지 아니하면 폐기할 수 있다.

휴대금품의 보관이 불가한 경우 (제25조)	보관범위를 벗어난 물품 (제25조 단서)	금지물품을 발견한 경우(제93조)
지정하는 사람에게 보내게 하거나 적당한 방법으로 처분하게 할 수 있다. → 처분하지 않은 경우에는 알린 후 폐기한다.		수용자에게 알린 후 폐기한다. (폐기하는 것이 부적당한 물품은 교정시설에 보관하거나 지정하는 사람에게 보내게 할 수 있다.)

시행령 제34조 (휴대금품의 정의 등)

① 법 제25조에서 "휴대금품"이란 신입자가 교정시설에 수용될 때에 지니고 있는 현금(자기앞수표를 포함한다. 이하 같다)과 휴대품을 말한다.

② 법 제25조제1항 각호의 어느 하나에 해당하지 아니한 신입자의 휴대품은 보관한 후 사용하게 할 수 있다.

③ 법 제25조제1항 단서에 따라 신입자의 휴대품을 팔 경우에는 그 비용을 제외한 나머지 대금을 보관할 수 있다.

④ 소장은 신입자가 법 제25조제1항 각호의 어느 하나에 해당하는 휴대품을 법무부장관이 정한 기간에 처분하지 않은 경우에는 본인에게 그 사실을 고지한 후 폐기한다.

시행령 제35조 (금품의 보관)

수용자의 현금을 보관하는 경우에는 그 금액을 보관금대장에 기록하고 수용자의 물품을 보관하는 경우에는 그 품목·수량 및 규격을 보관품대장에 기록해야 한다.

시행령 제36조 (귀중품의 보관)

소장은 보관품이 금·은·보석·유가증권·인장, 그 밖에 특별히 보관할 필요가 있는 귀중품인 경우에는 잠금장치가 되어 있는 견고한 용기에 넣어 보관해야 한다.

시행령 제37조 (보관품 매각대금의 보관)

소장은 수용자의 신청에 따라 보관품을 팔 경우에는 그 비용을 제외한 나머지 대금을 보관할 수 있다.

시행령 제38조 (보관금의 사용 등)

① 소장은 수용자가 그의 가족(배우자, 직계존비속 또는 형제자매를 말한다. 이하 같다) 또는 배우자의 직계존속에게 도움을 주거나 그 밖에 정당한 용도로 사용하기 위하여 보관금의 사용을 신청한 경우에는 그 사정을 고려하여 허가할 수 있다.

② 제1항에 따라 보관금을 사용하는 경우 발생하는 비용은 수용자가 부담한다.

③ 보관금의 출납·예탁, 보관금품의 보관 등에 관하여 필요한 사항은 법무부장관이 정한다.

시행령 제39조 (지닐 수 없는 물품의 처리)

법 제26조제2항 및 제3항에 따라 지닐 수 있는 범위를 벗어난 수용자의 물품을 처분하거나 폐기하는 경우에는 제34조제3항 및 제4항을 준용한다.

관련판례

■ **공권력 행사 등 위헌확인**(헌재결 2004헌마674)

청구인은 피청구인의 이 사건 등기우편 발송료 과다지출행위는 사법상의 행위로서 헌법재판소법 제68조 제1항에서 헌법소원심판의 청구대상으로서의 '공권력'에는 해당된다고 볼 수 없으므로 부적법하다. 행형법상 교도소 등의 장이 수용자의 영치금품 사용을 허용한 이후에 이를 지출하는 행위 자체는 공법상의 행정처분이 아니라 사경제의 주체로서 행하는 사법상의 법률행위 또는 사실행위에 불과하므로 헌법소원의 대상이 되는 공권력의 행사로 볼 수 없다.

제2절 수용자 물품소지 및 금품교부

제26조(수용자가 지니는 물품 등) ① 수용자는 편지·도서, 그 밖에 수용생활에 필요한 물품을 법무부장관이 정하는 범위에서 지닐 수 있다.

② 소장은 제1항에 따라 법무부장관이 정하는 범위를 벗어난 물품으로서 교정시설에 특히 보관할 필요가 있다고 인정하지 아니하는 물품은 수용자로 하여금 자신이 지정하는 사람에게 보내게 하거나 그 밖에 적당한 방법으로 처분하게 할 수 있다.

③ 소장은 수용자가 제2항에 따라 처분하여야 할 물품을 상당한 기간 내에 처분하지 아니하면 폐기할 수 있다.

시행령 제40조 (물품의 폐기)

수용자의 물품을 폐기하는 경우에는 그 품목·수량·이유 및 일시를 관계 장부에 기록하여야 한다.

제27조(수용자에 대한 금품 전달) ① 수용자 외의 사람이 수용자에게 금품을 건네줄 것을 신청하는 때에는 소장은 다음 각호의 어느 하나에 해당하지 아니하면 허가하여야 한다.

   1. 수형자의 교화 또는 건전한 사회복귀를 해칠 우려가 있는 때
   2. 시설의 안전 또는 질서를 해칠 우려가 있는 때

② 소장은 수용자 외의 사람이 수용자에게 주려는 금품이 제1항 각호의 어느 하나에 해당하거나 수용자가 금품을 받지 아니하려는 경우에는 해당 금품을 보낸 사람에게 되돌려 보내야 한다.

③ 소장은 제2항의 경우에 금품을 보낸 사람을 알 수 없거나 보낸 사람의 주소가 불분명한 경우에는 금품을 다시 가지고 갈 것을 공고하여야 하며, 공고한 후 6개월이 지나도 금품을 돌려달라고 청구하는 사람이 없으면 그 금품은 국고에 귀속된다.

④ 소장은 제2항 또는 제3항에 따른 조치를 하였으면 그 사실을 수용자에게 알려 주어야 한다.

>
>
> ■ **공권력 행사 등 위헌확인**(헌재결 2008헌마617)
> 1. 수용자번호가 기재되지 않은 소포를 반송한 행위의 공권력 행사여부에 대하여 이는 우편물을 관리하기 위한 내부적 업무처리 행위에 불과한 것으로서, 헌법소원이 되는 공권력의 행사에 해당한다고 보기 어려우므로, 이 부분에 대한 심판청구는 부적합하다.
> 2. 청구인이 복사 의뢰한 소송서류에 대하여 그 사본 제공을 지연한 행위는 내부적 업무처리에 불과한 것으로서 헌법소원의 대상이 되는 공권력의 행사에 해당한다고 보기 어렵다.
>
> ■ **공권력 행사 등 위헌확인**(헌재결 2013헌마280)
> 보내는 사람을 확인할 수 없는 우송품 반송행위는 내부적 업무처리에 불과한 것으로서 헌법소원의 대상이 되는 공권력의 행사에 해당한다고 보기 어렵다.

시행령 제41조 (금품전달 신청자의 확인)

소장은 수용자가 아닌 사람이 법 제27조제1항에 따라 수용자에게 금품을 건네줄 것을 신청하는 경우에는 그의 성명·주소 및 수용자와의 관계를 확인해야 한다.

시행령 제42조 (전달 허가금품의 사용 등)

① 소장은 법 제27조제1항에 따라 수용자에 대한 금품의 전달을 허가한 경우에는 그 금품을 보관한 후 해당 수용자가 사용하게 할 수 있다.
② 법 제27조제1항에 따라 수용자에게 건네주려고 하는 금품의 허가범위 등에 관하여 필요한 사항은 법무부령으로 정한다.

시행령 제43조 (전달 허가물품의 검사)

소장은 법 제27조제1항에 따라 건네줄 것을 허가한 물품은 검사할 필요가 없다고 인정되는 경우가 아니면 교도관으로 하여금 검사하게 해야 한다. 이 경우 그 물품이 의약품인 경우에는 의무관으로 하여금 검사하게 해야 한다.

시행령 제44조 (보관의 예외)

음식물은 보관의 대상이 되지 않는다.

시행규칙 제22조 (전달금품의 허가)

① 소장은 수용자 외의 사람이 수용자에게 금원(金員)을 건네줄 것을 신청하는 경우에는 현금·수표 및 우편환의 범위에서 허가한다. 다만, 수용자 외의 사람이 온라인으로 수용자의 예금계좌에 입금한 경우에는 금원을 건네줄 것을 허가한 것으로 본다.

② 소장은 수용자 외의 사람이 수용자에게 음식물을 건네줄 것을 신청하는 경우에는 법무부장관이 정하는 바에 따라 교정시설 안에서 판매되는 음식물 중에서 허가한다. 다만, 제30조 각호에 해당하는 종교행사 및 제114조 각호에 해당하는 교화프로그램의 시행을 위하여 특히 필요하다고 인정하는 경우에는 교정시설 안에서 판매되는 음식물이 아니더라도 건네줄 것을 허가할 수 있다.

③ 소장은 수용자 외의 사람이 수용자에게 음식물 외의 물품을 건네줄 것을 신청하는 경우에는 다음 각호의 어느 하나에 해당하지 아니하면 법무부장관이 정하는 교정시설의 보관범위 및 수용자가 지닐 수 있는 범위에서 허가한다.

1. 오감 또는 통상적인 검사장비로는 내부검색이 어려운 물품
2. 음란하거나 현란한 그림·무늬가 포함된 물품
3. 사행심을 조장하거나 심리적인 안정을 해칠 우려가 있는 물품
4. 도주·자살·자해 등에 이용될 수 있는 금속류, 끈 또는 가죽 등이 포함된 물품
5. 위화감을 조성할 우려가 있는 높은 가격의 물품
6. 그 밖에 수형자의 교화 또는 건전한 사회복귀를 해칠 우려가 있거나 교정시설의 안전 또는 질서를 해칠 우려가 있는 물품

제3절 유류금품의 교부

제28조(유류금품의 처리) ① 소장은 사망자 또는 도주자가 남겨두고 간 금품이 있으면 사망자의 경우에는 그 상속인에게, 도주자의 경우에는 그 가족에게 그 내용 및 청구절차 등을 알려 주어야 한다. 다만, 썩거나 없어질 우려가 있는 것은 폐기할 수 있다.

② 소장은 상속인 또는 가족이 제1항의 금품을 내어달라고 청구하면 지체 없이 내어주어야 한다. 다만, 제1항에 따른 알림을 받은 날(알려줄 수가 없는 경우에는 청구사유가 발생한 날)부터 1년이 지나도 청구하지 아니하면 그 금품은 국고에 귀속된다.

◆ 이론정리 ◆

국고귀속(몰취) 및 물품 폐기의 성격

휴대금품 또는 교부금품의 점유권 및 소유권을 박탈하는 처분행위로서 교정행정의 목적을 달성하기 위한 행정처분으로 형벌 또는 행정형벌로서의 몰수와는 차이가 있다. 몰수는 재산형의 일종으로서 부가형이며 주형이 징역, 벌금 등과 아울러 과해지는 형벌인 반면, 몰취는 형벌로서가 아니라 행정기관 또는 법원의 처분으로서 일정한 경우에 일정한 물건의 소유권을 박탈하여 국가에 귀속시키는 것을 말한다.

제29조(보관금품의 반환 등) ① 소장은 수용자가 석방될 때 제25조에 따라 보관하고 있던 수용자의 휴대금품을 본인에게 돌려주어야 한다. 다만, 보관품을 한꺼번에 가져가기 어려운 경우 등 특별한 사정이 있어 수용자가 석방 시 소장에게 일정 기간 동안(1개월 이내의 범위로 한정한다) 보관품을 보관하여 줄 것을 신청하는 경우에는 그러하지 아니하다.

② 제1항 단서에 따른 보관 기간이 지난 보관품에 관하여는 제28조를 준용한다. 이 경우 "사망자" 및 "도주자"는 "피석방자"로, "금품"은 "보관품"으로, "상속인" 및 "가족"은 "피석방자 본인 또는 가족"으로 본다.

시행령 제45조 (유류금품의 처리)

① 소장은 사망자의 유류품을 건네받을 사람이 원거리에 있는 등 특별한 사정이 있는 경우에는 유류품을 받을 사람의 청구에 따라 유류품을 팔아 그 대금을 보낼 수 있다.

② 법 제28조에 따라 사망자의 유류금품을 보내거나 제1항에 따라 유류품을 팔아 대금을 보내는 경우에 드는 비용은 유류금품의 청구인이 부담한다.

제4장 위생과 의료

제1절 보건·위생관리

> **⚖️ 수용자 처우에 관한 유엔최저기준규칙**
>
> **위생과 의료에 관한 국제적 기준**
>
> **(1) 위생에 관한 규정**
>
> 조명, 환기, 온도, 위생, 영양, 식수, 야외 활동, 운동, 개인위생, 보건, 개인 공간 등에 대한 기본적인 생활환경에 대한 조건은 모든 수용자에게 예외 없이 적용하도록 하고 있다. (유엔최저기준규칙 제42조)
>
> **(2) 보건의료에 관한 규정**
>
> 국가는 수용자의 보건의료를 책임져야 한다. 수용자는 지역사회에서 제공하는 것과 동일한 수준의 보건의료 혜택을 누릴 권리가 있으며 법적 신분으로 인한 차별을 받지 않고 필요한 보건의료 서비스를 무상으로 이용할 수 있어야 한다. (유엔최저기준규칙 제24조)

◆ 참고사항 ◆

의료처우에 관한 주요법률

의료처우와 관련된 교정 관련 법령으로는 형집행법령, 교도관직무규칙,「수용관리 및 계호업무 등에 관한 지침」,「수용자 의료관리지침」이 있으며, 관련 주요법령으로는 의료법, 약사법, 마약류관리법, 국민건강증진법, 응급의료법, 의료기기법, 폐기물관리법 등이 있다.

◆ 이론정리 ◆

의료 관련 규정 중 임의적 규정	의료 관련 규정 중 필요적 규정
• 법무부장관의 승인 후 치료감호시설 이송 • 자비치료 • 감염병 유행 자비부담 음식물 공급중지 • 생명의 위험을 가져올 급박한 우려가 있는 경우의 의료조치 및 영양공급 등의 조치 등 외부의사 진료	• 정신질환 의심자에 대한 정신건강의학과 의사 진료 • 진료 또는 음식물 섭취 거부자에 대한 의무관 관찰, 조언 또는 설득 • 감염병에 걸린 수용자에 대한 격리수용

• 외부병원 이송진료 • 야간 또는 공휴일 등에 간호사의 경미한 의료행위	• 감염의 우려가 있는 질병의 발생과 확산을 방지하기 위한 수용자에 대하여 예방접종·격리수용·이송 등 필요한 조치

제30조(위생·의료 조치의무) 소장은 수용자가 건강한 생활을 하는 데에 필요한 위생 및 의료상의 적절한 조치를 하여야 한다.

제31조(청결유지) 소장은 수용자가 사용하는 모든 설비와 기구가 항상 청결하게 유지되도록 하여야 한다.

제32조(청결의무) ① 수용자는 자신의 신체 및 의류를 청결히 하여야 하며, 자신이 사용하는 거실·작업장, 그 밖의 수용시설의 청결유지에 협력하여야 한다.
② 수용자는 위생을 위하여 머리카락과 수염을 단정하게 유지하여야 한다.

관련판례

■ **입법부작위 위헌확인**(2012헌마930)

「형의 집행 및 수용자 처우에 관한 법률」어디에도 교정시설의 난방시설을 라디에이터 방식으로 할지, 온돌방식으로 할지 등 그 난방시설 기준을 법령에 위임하고 있지 않으므로 행정청에게 교정시설의 난방시설 기준을 행정입법으로 마련해야 할 작위의무가 있다고 보기 어렵다.

시행령 제46조 (보건·위생관리계획의 수립 등)

소장은 수용자의 건강, 계절 및 시설여건 등을 고려하여 보건·위생관리계획을 정기적으로 수립하여 시행하여야 한다.

시행령 제47조 (시설의 청소·소독)

① 소장은 거실·작업장·목욕탕, 그 밖에 수용자가 공동으로 사용하는 시설과 취사장, 주식·부식 저장고, 그 밖에 음식물 공급과 관련된 시설을 수시로 청소·소독하여야 한다.

② 소장은 저수조 등 급수시설을 6개월에 1회 이상 청소·소독하여야 한다.

제33조(운동 및 목욕) ① 소장은 수용자가 건강유지에 필요한 운동 및 목욕을 정기적으로 할 수 있도록 하여야 한다.

② 운동시간·목욕횟수 등에 관하여 필요한 사항은 대통령령으로 정한다.

관련판례

■ **교도소 내 두발규제 위헌확인(2010헌마751)**

1. 두발 등을 단정하게 유지할 것을 지도·교육한 것에 불과하고 피청구인의 우월적 지위에서 일방적으로 청구인에게 이발을 강제한 것이 아니므로, 헌법소원심판의 대상인 공권력의 행사라고 보기 어렵다.

2. 청구인의 자발적 참여를 전제로 이발을 하도록 한 것으로서 피청구인의 우월적 지위에서 일방적으로 이발을 강제한 것이 아니므로, 헌법소원심판의 대상인 공권력의 행사라고 보기 어려우며 개별적인 사건의 성격을 넘어서 일반적으로 헌법적 의미를 부여할 사안으로 보기는 어려우므로 심판청구의 이익 또한 인정되지 아니한다.

3. 이 사건 법률조항들(「형의 집행 및 수용자 처우에 관한 법률」 제32조 제2항, 교도관 직무규칙 제33조 제1항)은 수용자는 두발을 단정하게 유지하여야 한다는 내용일 뿐이므로, 강제적 두발규제에 의하여 기본권이 제한되려면, 구체적이고 개별적인 집행행위가 매개되어야 한다. 따라서 위 조항들은 기본권침해의 직접성이 인정되지 아니한다.

시행령 제49조 (실외운동)

소장은 수용자가 매일(공휴일 및 법무부장관이 정하는 날은 제외한다) 「국가공무원 복무규정」 제9조에 따른 근무시간 내에서 1시간 이내의 실외운동을 할 수 있도록 하여야 한다. 다만, 다음 각 호의 어느 하나에 해당하면 실외운동을 실시하지 아니할 수 있다.

1. 작업의 특성상 실외운동이 필요 없다고 인정되는 때
2. 질병 등으로 실외운동이 수용자의 건강에 해롭다고 인정되는 때
3. 우천, 수사, 재판, 그 밖의 부득이한 사정으로 실외운동을 하기 어려운 때

시행령 제50조 (목욕횟수)

소장은 작업의 특성, 계절, 그 밖의 사정을 고려하여 수용자의 목욕횟수를 정하되 부득이한 사정이 없으면 매주 1회 이상이 되도록 한다.

제2절 건강검진 및 감염병 관리

제34조(건강검진) ① 소장은 수용자에 대하여 건강검진을 정기적으로 하여야 한다.
② 건강검진의 횟수 등에 관하여 필요한 사항은 대통령령으로 정한다.

시행령 제51조 (건강검진횟수)

① 소장은 수용자에 대하여 1년에 1회 이상 건강검진을 하여야 한다. 다만, 19세 미만의 수용자와 계호상 독거수용자에 대하여는 6개월에 1회 이상 하여야 한다.

② 제1항의 건강검진은 「건강검진기본법」 제14조에 따라 지정된 건강검진기관에 의뢰하여 할 수 있다.

◆ 참고사항 ◆

건강검진 횟수 6개월에 1회 이상 대상자

시행령 - ① 19세 미만의 수용자 (필요적), ② 계호상 독거수용자 (필요적)

시행규칙 - ③ 65세 이상 노인 (필요적), 소년수용자 (임의적)

주의 19세 이상이라도 소년교도소에 수용 중인 경우 소년수용자로 분류(시행령 제81조)

> **취사업무 종사자 건강검진의 특칙**
>
> 취사업무에 종사하는 수용자에 대하여는 정기 건강검진 시 1년에 1회 다음의 검사를 추가 실시할 수 있다.
>
> 1. 장티푸스 2. 폐결핵 3. 감염성 세균질환(세균성 피부질환을 말한다)

> **제35조(감염병 등에 관한 조치)** 소장은 감염병이나 그 밖에 감염의 우려가 있는 질병의 발생과 확산을 방지하기 위하여 필요한 경우 수용자에 대하여 예방접종·격리수용·이송, 그 밖에 필요한 조치를 하여야 한다.

시행령 제52조 (감염병의 정의)

법 제18조제1항, 법 제53조 제1항 제3호 및 법 제128조 제2항에서 "감염병"이란 「감염병의 예방 및 관리에 관한 법률」에 따른 감염병을 말한다.

시행령 제53조 (감염병에 관한 조치)

① 소장은 수용자가 감염병에 걸렸다고 의심되는 경우에는 1주 이상 격리수용하고 그 수용자의 휴대품을 소독하여야 한다.

② 소장은 감염병이 유행하는 경우에는 수용자가 자비로 구매하는 음식물의 공급을 중지할 수 있다.

③ 소장은 수용자가 감염병에 걸린 경우에는 즉시 격리수용하고 그 수용자가 사용한 물품과 설비를 철저히 소독하여야 한다.

④ 소장은 제3항의 사실을 지체 없이 법무부장관에게 보고하고 관할 보건기관의 장에게 알려야 한다.

제3절 의료행위

제36조(부상자 등 치료) ① 소장은 수용자가 부상을 당하거나 질병에 걸리면 적절한 치료를 받도록 하여야 한다.

② 제1항의 치료를 위하여 교정시설에 근무하는 간호사는 야간 또는 공휴일 등에 「의료법」 제27조에도 불구하고 대통령령으로 정하는 경미한 의료행위를 할 수 있다.

◆ 참고사항 ◆

수용자의 진료비 부담

교정시설에서 상해를 입거나 질병으로 치료가 필요한 경우 교정시설 내에 있는 의사의 진료와 치료의 경우는 원칙적으로 무상으로 제공한다. 하지만 외부의사 초빙진료나 외부병원 통원(입원) 진료의 경우, 자기비용(가족부담)으로 진료 및 치료를 받아야 하는 경우가 있다.

국민건강보험의 정지

교정시설에 수감되는 경우 사회에서 적용받던 국민건강보험 급여는 정지되며 국민건강보험법 제60조에 의해 법무부 장관이 미리 공단에 예탁한 금액으로 건강보험 적용을 받는다. 만일 수감자를 가입자로 하고 가족이 피부양 자격으로 국민건강보험혜택을 받았다면 가족만 지역의료보험으로 전환된다.

국민건강보험법
제54조(급여의 정지)

보험급여를 받을 수 있는 사람이 다음 각호의 어느 하나에 해당하면 그 기간에는 보험급여를 하지 아니한다. 다만, 제3호 및 제4호의 경우에는 제60조에 따른 요양급여를 실시한다. 1. 국외에 여행 중인 경우 2. 국외에서 업무에 종사하고 있는 경우 3. 병역법에 따른 현역병 4. 교도소, 그 밖에 이에 준하는 시설에 수용되어 있는 경우

제60조(현역병 등에 대한 요양급여비용 등의 지급)

① 공단은 제54조제3호(현역병) 및 제4호(<u>교도소, 그 밖에 이에 준하는 시설에 수용되어 있는 경우</u>) 에 해당하는 사람이 요양기관에서 대통령령으로 정하는 치료 등을 받은 경우 그에 따라

공단이 부담하는 비용과 제49조에 따른 요양비를 **법무부장관**·국방부장관·경찰청장·소방청장 또는 해양경찰청장으로부터 예탁받아 지급할 수 있다. 이 경우 법무부장관·국방부장관·경찰청장·소방청장 또는 해양경찰청장은 예산상 불가피한 경우 외에는 연간 들어갈 것으로 예상되는 요양급여비용과 요양비를 대통령령으로 정하는 바에 따라 미리 공단에 예탁하여야 한다.

※ 수용자는 국민건강보험법 제54조에 따라 가입자 및 피부양자로서의 자격은 유지되나 수용기간 동안 모든 보험급여가 정지되며 보험료 납부의무가 없다. (이미 납부한 경우에는 환급)

시행령 제54조 (의료거실 수용 등)

소장은 수용자가 부상을 당하거나 질병에 걸린 경우에는 그 수용자를 의료거실에 수용하거나, 다른 수용자에게 그 수용자를 간병하게 할 수 있다.

시행령 제54조의2 (간호사의 의료행위)

법 제36조제2항에서 "대통령령으로 정하는 경미한 의료행위"란 다음 각호의 의료행위를 말한다.

1. 외상 등 흔히 볼 수 있는 상처의 치료
2. 응급을 요하는 수용자에 대한 응급처치
3. 부상과 질병의 악화방지를 위한 처치
4. 환자의 요양지도 및 관리
5. 제1호부터 제4호까지의 의료행위에 따르는 의약품의 투여

제4절 외부의료시설 진료

제37조(외부의료시설 진료 등) ① 소장은 수용자에 대한 적절한 치료를 위하여 필요하다고 인정하면 교정시설 밖에 있는 의료시설(이하 "외부의료시설"이라 한다)에서 진료를 받게 할 수 있다.

② 소장은 수용자의 정신질환 치료를 위하여 필요하다고 인정하면 법무부장관의 승인을 받아 치료감호시설로 이송할 수 있다.

③ 제2항에 따라 이송된 사람은 수용자에 준하여 처우한다.

④ 소장은 제1항 또는 제2항에 따라 수용자가 외부의료시설에서 진료받거나 치료감호시설로 이송되면 그 사실을 그 가족(가족이 없는 경우에는 수용자가 지정하는 사람)에게 지체 없이 알려야 한다. 다만, 수용자가 알리는 것을 원하지 아니하면 그러하지 아니하다.

⑤ 소장은 수용자가 자신의 고의 또는 중대한 과실로 부상 등이 발생하여 외부의료시설에서 진료를 받은 경우에는 그 진료비의 전부 또는 일부를 그 수용자에게 부담하게 할 수 있다.

관련판례

■ **교도소 내 부당처우행위 위헌확인**(2013헌마516)

- 외부의료시설의 진료와 자비에 의한 물품 구매 요구를 거부한 행위는 행정심판 및 행정소송의 대상이 된다.
- 이 사건 헌법소원 심판청구는 다른 법률에 구제절차를 거치지 않았으므로 헌법재판소법 제68조 제1항 단서에 의한 보충성 요건을 흠결하여 부적법하다.
- 청구인에게는 소장에게 **외부의료시설의 진료와 자비에 의한 물품 구매를 요구할 법률상 및 조리상의 신청권이 인정된다 할 것이고 이를 거부하거나 방치한 소장의 행위는 행정심판 및 행정소송의 대상이 된다.** 그런데 청구인은 이러한 행정심판 및 행정소송을 제기함이 없이 곧바로 이 사건 헌법소원심판을 청구하였으므로 보충성 요건을 흠결하여 부적법하다.

■ **교도소 의무관이 수용자에 대한 의료행위를 하는 경우 요구되는 주의의무의 내용**(대법, 2004다65121)

교도소의 의무관은 교도소 수용자에 대한 진찰·치료 등의 의료행위를 하는 경우 수용자의 생명·신체·건강을 관리하는 업무의 성질에 비추어 환자의 구체적인 증상이나 상황에 따라 위험을 방지하기 위하여 요구되는 최선의 조치를 행하여야 할 주의의무가 있다. 당뇨병 환자인 교도소 수용자가 당뇨병의 합병증인 당뇨병성 망막병증으로 인한 시력저하를 호소하였으나 교도소 의무관이 적절한 치료와 조치를 취하지 아니하여 수용자의 양안이 실명상태에 이르게 된 데 대하여 교도소 의무관의 주의의무위반을 인정.

시행령 제55조 (외부의사의 치료)
소장은 특히 필요하다고 인정하면 외부 의료시설에서 근무하는 의사에게 수용자를 치료하게 할 수 있다.

시행령 제56조 (위독 사실의 알림)
소장은 수용자가 위독한 경우에는 그 사실을 가족에게 지체 없이 알려야 한다.

시행령 제57조 (외부 의료시설 입원 등 보고)
소장은 법 제37조제1항에 따라 수용자를 외부 의료시설에 입원시키거나 입원 중인 수용자를 교정시설로 데려온 경우에는 그 사실을 법무부장관에게 지체 없이 보고하여야 한다.

제38조(자비치료) 소장은 수용자가 자신의 비용으로 외부의료시설에서 근무하는 의사에게 치료받기를 원하면 교정시설에 근무하는 의무관의 의견을 고려하여 이를 허가할 수 있다.

수용자의료관리지침

수용자가 자기비용으로 치료 및 진료를 받아야 하는 경우

제15조(외부의료시설의 진료 허가)
① 소장이 법 제37조제1항에 따라 의무관의 의견을 들어 외부의료시설 진료를 허가할 때에는 의료설비, 진료과목, 계호조건 등을 고려하여 해당 교정시설 인근의 의료시설로 결정한다. 다만, 인근 의료시설에 해당 진료과목이 없거나 기타 부득이한 사유가 있는 경우는 예외로 한다.

② **소장은 다음 각호의 어느 하나에 해당하는 경우에는 가족의 진료신청서 또는 수용자의 진료를 원하는 보고문 등에 의해 자비치료의 진의와 부담능력 등을 확인한 후** 법 제38조에 따라 의무관의 의견을 고려하여 외부의료시설 진료를 허가할 수 있다.

1. 질병·부상의 진료를 직접 목적으로 하지 않는 경우
2. 외부의료시설 진료를 받지 않아도 수용 기간 중 현저히 병세가 악화될 가능성이 낮은 경우
3. 보조기, 보청기, 안경, 콘택트렌즈 등 보조기기를 구입하는 경우
4. 틀니, 임플란트 등 치과 보철 치료를 받는 경우

4의2. 단순 진단을 위한 MRI, CT 촬영 등의 검사를 받는 경우

5. 교정시설 내에서 실시할 수 있는 검사 및 진료를 받는 경우
6. 교정시설에서 제공하는 기본 예방접종 및 건강검진 이외의 예방진료를 받는 경우
7. 기타 건강보험 적용대상이 아닌 경우

제5절 진료 및 의료조치

제39조(진료환경 등) ① 교정시설에는 수용자의 진료를 위하여 필요한 의료 인력과 설비를 갖추어야 한다.

② 소장은 정신질환이 있다고 의심되는 수용자가 있으면 정신건강의학과 의사의 진료를 받을 수 있도록 하여야 한다.

③ 외부의사는 수용자를 진료하는 경우에는 법무부장관이 정하는 사항을 준수하여야 한다.

④ 교정시설에 갖추어야 할 의료설비의 기준에 관하여 필요한 사항은 법무부령으로 정한다.

제40조(수용자의 의사에 반하는 의료조치) ① 소장은 수용자가 진료 또는 음식물의 섭취를 거부하면 의무관으로 하여금 관찰·조언 또는 설득을 하도록 하여야 한다.

② 소장은 제1항의 조치에도 불구하고 수용자가 진료 또는 음식물의 섭취를 계속 거부하여 그 생명에 위험을 가져올 급박한 우려가 있으면 의무관으로 하여금 적당한 진료 또는 영양보급 등의 조치를 하게 할 수 있다.

수용자의료관리지침

수용자 의약품 구분 및 관리

제26조(의약품의 구분 및 관리)

① 교정시설에서 사용하는 의약품은 지급유형에 따라 다음 각호로 구분하여 관리한다.

1. **국가지급의약품:** 수용자에게 투약하기 위하여 예산으로 구입하여 처방하는 의약품

2. **자비구매의약품:** 수용자가 본인의 건강유지, 질병예방 및 치료를 목적으로 소장의 허가를 받아 자신의 비용으로 구입하여 지급받는 의약품

3. **교부허가의약품:** 수용자의 질병치료를 위하여 그 가족이 교부를 신청한 경우 소장이 이를 허가한 의약품

4. **지원의약품:** 보건소 등 유관기관으로부터 무상으로 지원받아 수용자에게 사용하는 의약품

5. **외부의료시설 처방의약품:** 외부의료시설 진료 또는 초빙진료 후 외부의사에 의하여 수용자에게 처방된 의약품

제5장 접견·편지수수 및 전화통화

제1절 접견

제41조(접견) ① 수용자는 교정시설의 외부에 있는 사람과 접견할 수 있다. 다만, 다음 각호의 어느 하나에 해당하는 사유가 있으면 그러하지 아니하다.

1. 형사 법령에 저촉되는 행위를 할 우려가 있는 때
2. 「형사소송법」이나 그 밖의 법률에 따른 접견금지의 결정이 있는 때
3. 수형자의 교화 또는 건전한 사회복귀를 해칠 우려가 있는 때
4. 시설의 안전 또는 질서를 해칠 우려가 있는 때

② 수용자의 접견은 접촉차단시설이 설치된 장소에서 하게 한다. 다만, 다음 각호의 어느 하나에 해당하는 경우에는 접촉차단시설이 설치되지 아니한 장소에서 접견하게 한다.

1. 미결수용자(형사사건으로 수사 또는 재판을 받고 있는 수형자와 사형확정자를 포함한다)가 변호인과 접견하는 경우
2. 수용자가 소송사건의 대리인인 변호사와 접견하는 경우로서 교정시설의 안전 또는 질서를 해칠 우려가 없는 경우

③ 제2항에도 불구하고 다음 각호의 어느 하나에 해당하는 경우에는 접촉차단시설이 설치되지 아니한 장소에서 접견하게 할 수 있다.

1. 수용자가 미성년자인 자녀와 접견하는 경우
2. 그 밖에 대통령령으로 정하는 경우

④ 소장은 다음 각호의 어느 하나에 해당하는 사유가 있으면 교도관으로 하여금 수용자의 접견내용을 청취·기록·녹음 또는 녹화하게 할 수 있다.

1. 범죄의 증거를 인멸하거나 형사 법령에 저촉되는 행위를 할 우려가 있는 때
2. 수형자의 교화 또는 건전한 사회복귀를 위하여 필요한 때
3. 시설의 안전과 질서유지를 위하여 필요한 때

⑤ 제4항에 따라 녹음·녹화하는 경우에는 사전에 수용자 및 그 상대방에게 그 사실을 알려주어야 한다.

⑥ 접견의 횟수·시간·장소·방법 및 접견내용의 청취·기록·녹음·녹화 등에 관하여 필요한 사항은 대통령령으로 정한다.

 관련판례

■ **수형자의 일반적 스마트접견 신청권**(기각, 16헌마199)

스마트접견 등의 신청권이 법률상 권리로서 수형자들에게 일반적으로 인정되는 것은 아니며 이는 시혜적 조치로부터 배제되었다는 이유만으로는 평등권 등의 **기본권 침해를 인정 안 함.**

■ **화상접견시간 단축 위헌확인**(기각, 07헌마738)

7회에 걸쳐 청구인에게 화상접견시간을 각 10분 내외로 부여한 것은 행정목적에 따른 합리적인 필요최소한의 제한이었다 할 것이고 행정재량을 벗어나 **과잉금지원칙에 위반한 것으로 볼 수 없다.**

■ **스마트접견 신청의 불허 처분**(각하, 17헌마375)

1. 스마트접견에 대하여 형집행법령에 별도로 규율하는 조항은 없으나, 교정시설에 설치된 영상통화기기와 민원인의 스마트폰을 이용하여 수용자와 민원인이 통화하는 것이므로, 전화통화의 일종이라 볼 수 있다. 형집행법 제44조 제1항의 규정에 의하면 전화통화는 교도소장의 허가사항으로 되어 있으므로 청구인이 신청한 **스마트접견을 불허한 피청구인의 행위도 행정소송의 대상이 되는 처분성을 지니고 있다.**
2. 스마트접견제한조항은 법무부예규인 행정규칙으로서 재량준칙에 불과하므로 원칙적으로 헌법소원의 대상이 될 수 없으며 헌법소원의 대상이 되는 '공권력의 행사'에 해당하지 않는다.

시행령 제58조 (접견)

① 수용자의 접견은 매일(공휴일 및 법무부장관이 정한 날은 제외한다) 「국가공무원 복무규정」 제9조에 따른 근무시간 내에서 한다.

② 변호인(변호인이 되려고 하는 사람을 포함한다. 이하 같다)과 접견하는 미결수용자를 제외한 수용자의 접견시간은 회당 30분 이내로 한다.

③ 수형자의 접견 횟수는 매월 4회로 한다.

④ 삭제

⑤ 법 및 이 영에 규정된 사항 외에 수형자, 사형확정자 및 미결수용자를 제외한 수용자의 접견 횟수·시간·장소 등에 관하여 필요한 사항은 법무부장관이 정한다.

⑥ 소장은 교정시설의 외부에 있는 사람의 수용자 접견에 관한 사무를 수행하기 위하여 불가피한 경우「개인정보 보호법」시행령 제19조에 따른 주민등록번호, 여권번호, 운전면허의 면허번호 또는 외국인등록번호가 포함된 자료를 처리할 수 있다.

[2019. 10. 22. 대통령령 제30134호에 의하여 2013. 8. 29. 헌법재판소에서 헌법불합치 결정된 제58조제4항을 삭제함]

관련판례

■ **접견교통권방해 등 위헌확인**(2011헌마398)

수형자인 청구인이 헌법소원 사건의 국선대리인인 변호사를 접견함에 있어서 그 접견내용을 녹음, 기록한 피청구인의 행위는 접견의 목적이나 접견의 상대방 등을 고려할 때 녹음, 기록이 허용되어서는 아니 될 것임에도, 이를 녹음, 기록한 행위는 청구인의 **재판을 받을 권리를 침해**한 것이다.

시행령 제59조 (접견의 예외)

① 소장은 제58조 제1항 및 제2항에도 불구하고 수형자의 교화 또는 건전한 사회복귀를 위하여 특히 필요하다고 인정하면 접견 시간대 외에도 접견을 하게 할 수 있고 접견시간을 연장할 수 있다.

② 소장은 제58조제3항에도 불구하고 수형자가 다음 각호의 어느 하나에 해당하면 접견 횟수를 늘릴 수 있다.

   1. 19세 미만인 때

   2. 교정성적이 우수한 때

   3. 교화 또는 건전한 사회복귀를 위하여 특히 필요하다고 인정되는 때

③ 법 제41조제3항제2호에서 "대통령령으로 정하는 경우"란 다음 각호의 어느 하나에 해당하는 경우를 말한다.

   1. 수형자가 제2항제2호 또는 제3호에 해당하는 경우

   2. 미결수용자의 처우를 위하여 소장이 특별히 필요하다고 인정하는 경우

   3. 사형확정자의 교화나 심리적 안정을 위하여 소장이 특별히 필요하다고 인정하는 경우

시행령 제110조 (접견의 예외)

소장은 제58조제1항·제2항·제4항 및 제109조에도 불구하고 사형확정자의 교화나 심리적 안정을 도모하기 위하여 특히 필요하다고 인정하면 접견 시간대 외에도 접견을 하게 할 수 있고 접견 시간을 연장하거나 접견 횟수를 늘릴 수 있으며, 접촉차단시설이 없는 장소에서 접견하게 할 수 있다.

시행령 제59조의2 (변호사 와의 접견)

① 제58조제2항에도 불구하고 수용자가 다음 각호의 어느 하나에 해당하는 변호사와 접견하는 시간은 회당 60분으로 한다.

　1. 소송사건의 대리인인 변호사

　2. 「형사소송법」에 따른 상소권회복 또는 재심 청구사건의 대리인이 되려는 변호사

② 수용자가 제1항 각호의 변호사와 접견하는 횟수는 다음 각호의 구분에 따르되, 이를 제58조제3항, 제101조 및 제109조의 접견 횟수에 포함시키지 아니한다.

　1. 소송사건의 대리인인 변호사: 월 4회

　2. 「형사소송법」에 따른 상소권회복 또는 재심 청구사건의 대리인이 되려는 변호사: 사건당 2회

③ 소장은 제58조제1항과 이 조 제1항 및 제2항에도 불구하고 소송사건의 수 또는 소송내용의 복잡성 등을 고려하여 소송의 준비를 위하여 특히 필요하다고 인정하면 접견 시간대 외에도 접견을 하게 할 수 있고, 접견 시간 및 횟수를 늘릴 수 있다.

④ 소장은 제1항 및 제2항에도 불구하고 접견 수요 또는 접견실 사정 등을 고려하여 원활한 접견 사무 진행에 현저한 장애가 발생한다고 판단하면 접견 시간 및 횟수를 줄일 수 있다. 이 경우 줄어든 시간과 횟수는 다음 접견 시에 추가하도록 노력하여야 한다.

⑤ 수용자가 「형사소송법」에 따른 상소권회복 또는 재심 청구사건의 대리인이 되려는 변호사와 접견하는 경우에는 교정시설의 안전 또는 질서를 해칠 우려가 없는 한 접촉차단시설이 설치되지 않은 장소에서 접견하게 한다.

⑥ 제1항부터 제5항까지에서 규정한 사항 외에 수용자와 제1항 각호의 변호사의 접견에 관하여 필요한 사항은 법무부령으로 정한다.

변호사 접견 제도별 세부내용

변호인의 접견	일반접견	상소권회복·재심 청구 사건의 미선임변호사	기결수용자 소송 사건의 대리인	미결수용자 등의 변호인
횟수	월 4회	사건당 2회	월 4회	제한 없음
일반접견 산입여부	산입	불산입	불산입	
시간	회당 30분 이내	회당 60분 이내	회당 60분 이내	
접촉차단시설	설치	설치되지 않은 장소		
변호사 선임증빙	불요	불요	필요	불요

시행규칙 제29조의2 (소송사건의 대리인인 변호사의 접견 등 신청)

① 소송사건의 대리인인 변호사가 수용자를 접견하고자 하는 경우에는 별지 제32호서식의 신청서에 다음 각호의 자료를 첨부하여 소장에게 제출하여야 한다.

   1. 소송위임장 사본 등 소송사건의 대리인임을 소명할 수 있는 자료

   2. 소송계속 사실을 소명할 수 있는 자료

② 소송사건의 대리인인 변호사가 영 제59조의2제3항에 따라 접견 시간을 연장하거나 접견 횟수를 추가하고자 하는 경우에는 별지 제33호서식의 신청서에 해당 사유를 소명할 수 있는 자료를 첨부하여 소장에게 제출하여야 한다.

관련 판례	사건번호	내용
수형자와 민사소송 대리인 변호사와의 접견	헌법 불합치 2012헌마858	일반접견에 포함하여 접견횟수와 시간을 제한하는 것은 재판청구권을 침해한다.
「형의 집행 및 수용자 처우에 관한 법률」 제58조 제4항 위헌확인	헌법 불합치 2011헌마122	일률적으로 수용자로 하여금 접촉차단시설이 설치된 장소에서 변호사를 접견하도록 한 이 사건 접견조항은 피해최소성의 원칙에 위배되며, 재판 청구권을 침해한다.
국선대리인 접견 시 녹음·녹취	위헌 2011헌마398	재판을 받을 권리를 침해한 것으로서 위헌임. (변호인의 조력을 받을 권리를 침해한 것은 아님)

시행령 제60조 (접견 시 외국어 사용)

① 수용자와 교정시설 외부의 사람이 접견하는 경우에 법 제41조제4항에 따라 접견내용이 청취·녹음 또는 녹화될 때에는 외국어를 사용해서는 아니 된다. 다만, 국어로 의사소통하기 곤란한 사

정이 있는 경우에는 외국어를 사용할 수 있다.

② 소장은 제1항 단서의 경우에 필요하다고 인정하면 교도관 또는 통역인으로 하여금 통역하게 할 수 있다.

시행령 제61조 (접견 시 유의사항 고지)

소장은 법 제41조에 따라 접견을 하게 하는 경우에는 수용자와 그 상대방에게 접견 시 유의사항을 방송이나 게시물 부착 등 적절한 방법으로 알려줘야 한다.

시행령 제62조 (접견내용의 청취·기록·녹음·녹화)

① 소장은 법 제41조제4항의 청취·기록을 위하여 다음 각호의 사람을 제외한 수용자의 접견에 교도관을 참여하게 할 수 있다.

    1. 변호인과 접견하는 미결수용자

    2. 소송사건의 대리인인 변호사와 접견하는 수용자

② 소장은 특별한 사정이 없으면 교도관으로 하여금 법 제41조제5항에 따라 수용자와 그 상대방에게 접견내용의 녹음·녹화 사실을 수용자와 그 상대방이 접견실에 들어가기 전에 미리 말이나 서면 등 적절한 방법으로 알려 주게 하여야 한다.

③ 소장은 법 제41조제4항에 따라 청취·녹음·녹화한 경우의 접견기록물에 대한 보호·관리를 위하여 접견정보 취급자를 지정하여야 하고, 접견정보 취급자는 직무상 알게 된 접견정보를 누설하거나 권한 없이 처리하거나 다른 사람이 이용하도록 제공하는 등 부당한 목적을 위하여 사용해서는 아니 된다.

④ 소장은 관계기관으로부터 다음 각호의 어느 하나에 해당하는 사유로 제3항의 접견기록물의 제출을 요청받은 경우에는 기록물을 제공할 수 있다.

    1. 법원의 재판업무 수행을 위하여 필요한 때

    2. 범죄의 수사와 공소의 제기 및 유지에 필요한 때

⑤ 소장은 제4항에 따라 녹음·녹화 기록물을 제공할 경우에는 제3항의 접견정보 취급자로 하여금 녹음·녹화기록물을 요청한 기관의 명칭, 제공받는 목적, 제공 근거, 제공을 요청한 범위, 그 밖에 필요한 사항을 녹음·녹화기록물 관리프로그램에 입력하게 하고, 따로 이동식 저장매체에 옮겨 담아 제공한다.

시행령 제63조 (접견중지 사유의 고지)

교도관이 법 제42조에 따라 수용자의 접견을 중지한 경우에는 그 사유를 즉시 알려주어야 한다.

시행규칙 제87조 (접견)

① 수형자의 경비처우급별 접견의 허용횟수는 다음 각호와 같다.

   1. 개방처우급: 1일 1회

   2. 완화경비처우급: 월 6회

   3. 일반경비처우급: 월 5회

   4. 중(重)경비처우급: 월 4회

② 제1항제2호부터 제4호까지의 경우 접견은 1일 1회만 허용한다. 다만, 처우상 특히 필요한 경우에는 그러하지 아니하다.

③ 소장은 교화 및 처우상 특히 필요한 경우에는 수용자가 다른 교정시설의 수용자와 통신망을 이용하여 화상으로 접견하는 것을 허가할 수 있다. 이 경우 화상접견은 제1항의 접견 허용횟수에 포함한다.

구분	접견횟수	경비처우급별	접견횟수
미결수용자	매일 1회	개방처우급	1일 1회
피감치인, 감호자	매일 1회	완화경비처우급	매월 6회
구류형, 노역수	매월 5회	일반경비처우급	매월 5회
사형확정자	매월 4회	중경비처우급	매월 4회

◆ 참고사항 ◆

- 화상접견, 인터넷 화상접견, 스마트접견은 접견 허용횟수에 포함한다.
- 장소변경 접견, 가족접견, 변호인 접견은 접견 허용횟수에 포함되지 않음.

시행규칙 제88조 (접견 장소)

소장은 개방처우급 수형자에 대하여는 법무부장관이 정하는 바에 따라 접촉차단시설이 설치된 장소 외의 적당한 곳에서 접견을 실시할 수 있다. 다만, 처우상 특히 필요하다고 인정하는 경우에는 그 밖의 수형자에 대하여도 이를 허용할 수 있다.

◆ 참고사항 ◆

장소변경접견의 신청
민원인의 신청이 있는 경우에는 **교도관회의 심의를 거쳐 실시 여부**를 결정하고, 그 결과를 지체 없이 민원인에게 통지하여야 한다. 다만, 실시사유가 **명백**하다고 판단되거나 **급속**을 요하는 경우에는 교도관회의 심의를 생략할 수 있다.

장소변경접견의 제한
▶ 절대적 제한 : 조직폭력수용자, 마약류수용자
▶ 상대적 제한 : 교도관회의의 심의를 거쳐 장소변경접견을 하게 할 수 있다.
  1. 피의자
  2. 규율위반으로 조사 중이거나 징벌 집행 중인 수용자
  3. 규칙 제210조 (관심대상수용자) 각호에 해당하는 수용자

장소변경접견의 횟수
▶ 장소변경접견은 접견횟수에 포함되지 아니하며 미결수용자 주 2회, 수형자·사형확정자 주 1회를 초과하여서는 아니 된다. 다만, 소장이 수용자의 처우상 또는 교화상 특히 필요하다고 인정하여 그 횟수를 초과하고자 할 때는 지방교정청장의 승인을 얻어야 한다.

▶ 개방처우급 수형자 가족이 장소변경접견을 신청하는 경우에는 특히 부적당하다고 인정하는 사유가 없으면 월 1회에 한하여 실시할 수 있다. 신청은 해당 수형자의 가족이 접견일 7일 전까지 신청하여야 한다.

시행규칙 제89조 (가족 만남의 날 행사 등)
① 소장은 개방처우급·완화경비처우급 수형자에 대하여 가족 만남의 날 행사에 참여하게 하거나 가족 만남의 집을 이용하게 할 수 있다. 이 경우 제87조의 접견 허용횟수에는 포함되지 아니한다.
② 제1항의 경우 소장은 가족이 없는 수형자에 대하여는 결연을 맺었거나 그 밖에 가족에 준하는 사람으로 하여금 그 가족을 대신하게 할 수 있다.

③ 소장은 제1항에도 불구하고 교화를 위하여 특히 필요한 경우에는 일반경비처우급 수형자에 대하여도 가족 만남의 날 행사 참여 또는 가족 만남의 집 이용을 허가할 수 있다.

④ 제1항 및 제3항에서 "가족 만남의 날 행사"란 수형자와 그 가족이 교정시설의 일정한 장소에서 다과와 음식을 함께 나누면서 대화의 시간을 갖는 행사를 말하며, "가족 만남의 집"이란 수형자와 그 가족이 숙식을 함께 할 수 있도록 교정시설에 수용동과 별도로 설치된 일반주택 형태의 건축물을 말한다.

제42조(접견의 중지 등) 교도관은 접견 중인 수용자 또는 그 상대방이 다음 각호의 어느 하나에 해당하면 접견을 중지할 수 있다.

1. 범죄의 증거를 인멸하거나 인멸하려고 하는 때
2. 제92조의 금지물품을 주고받거나 주고받으려고 하는 때
3. 형사 법령에 저촉되는 행위를 하거나 하려고 하는 때
4. 수용자의 처우 또는 교정시설의 운영에 관하여 거짓사실을 유포하는 때
5. 수형자의 교화 또는 건전한 사회복귀를 해칠 우려가 있는 행위를 하거나 하려고 하는 때
6. 시설의 안전 또는 질서를 해하는 행위를 하거나 하려고 하는 때

관련판례 (행정처분 취소)

■ **언론인의 접견 중 안경형·단추형 기기를 이용한 불법 녹음·녹화** (대법17도14831, 18.1.5.)

피고인들이 금지물품인 안경 및 단추 카메라를 접견실에 반입하여 접견과정을 녹음·녹화한 행위가 위계공무집행방해죄에 해당하는 이상, 그와 같은 목적으로 접견실에 들어간 행위는 건조물침입죄를 구성한다. 피고인이 적극적으로 교도관들을 기망하여 안경 및 단추 카메라를 구치소 접견실에 반입하여 접견과정을 녹음·녹화한 행위는 통상적인 업무처리과정하에서 사실상 적발이 어려운 위계를 사용하여 교도관들의 감시·단속에 관한 직무집행을 방해한 행위에 해당한다.

시행령 제63조 (접견중지 사유의 고지)

교도관이 법 제42조에 따라 수용자의 접견을 중지한 경우에는 그 사유를 즉시 알려주어야 한다.

제2절 편지수수

제43조(편지수수) ① 수용자는 다른 사람과 편지를 주고받을 수 있다. 다만, 다음 각 호의 어느 하나에 해당하는 사유가 있으면 그러하지 아니하다.

1. 「형사소송법」이나 그 밖의 법률에 따른 편지의 수수금지 및 압수의 결정이 있는 때
2. 수형자의 교화 또는 건전한 사회복귀를 해칠 우려가 있는 때
3. 시설의 안전 또는 질서를 해칠 우려가 있는 때

② 제1항 각 호 외의 부분 본문에도 불구하고 같은 교정시설의 수용자 간에 편지를 주고받으려면 소장의 허가를 받아야 한다.

③ 소장은 수용자가 주고받는 편지에 법령에 따라 금지된 물품이 들어 있는지 확인할 수 있다.

④ 수용자가 주고받는 편지의 내용은 검열받지 아니한다. 다만, 다음 각 호의 어느 하나에 해당하는 사유가 있으면 그러하지 아니하다.

1. 편지의 상대방이 누구인지 확인할 수 없는 때
2. 「형사소송법」이나 그 밖의 법률에 따른 편지검열의 결정이 있는 때
3. 제1항제2호 또는 제3호에 해당하는 내용이나 형사 법령에 저촉되는 내용이 기재되어 있다고 의심할 만한 상당한 이유가 있는 때
4. 대통령령으로 정하는 수용자 간의 편지인 때

⑤ 소장은 제3항 또는 제4항 단서에 따라 확인 또는 검열한 결과 수용자의 편지에 법령으로 금지된 물품이 들어 있거나 편지의 내용이 다음 각 호의 어느 하나에 해당하면 발신 또는 수신을 금지할 수 있다.

1. 암호·기호 등 이해할 수 없는 특수문자로 작성되어 있는 때
2. 범죄의 증거를 인멸할 우려가 있는 때
3. 형사 법령에 저촉되는 내용이 기재되어 있는 때
4. 수용자의 처우 또는 교정시설의 운영에 관하여 명백한 거짓사실을 포함하고 있는 때
5. 사생활의 비밀 또는 자유를 침해할 우려가 있는 때
6. 수형자의 교화 또는 건전한 사회복귀를 해칠 우려가 있는 때
7. 시설의 안전 또는 질서를 해칠 우려가 있는 때

⑥ 소장이 편지를 발송하거나 내어주는 경우에는 신속히 하여야 한다.

⑦ 소장은 제1항 단서 또는 제5항에 따라 발신 또는 수신이 금지된 편지는 그 구체적인 사유를 서면으로 작성해 관리하고, 수용자에게 그 사유를 알린 후 교정시설에 보관한다. 다만, 수용자가 동의하면 폐기할 수 있다.

⑧ 편지발송의 횟수, 편지 내용물의 확인방법 및 편지 내용의 검열절차 등에 관하여 필요한 사항은 대통령령으로 정한다.

시행령 제64조 (편지수수의 횟수)
수용자가 보내거나 받는 편지는 법령에 어긋나지 않으면 횟수를 제한하지 않는다.

시행령 제65조 (편지 내용물의 확인)
① 수용자는 편지를 보내려는 경우 해당 편지를 봉함하여 교정시설에 제출한다. 다만, 소장은 다음 각호의 어느 하나에 해당하는 경우로서 법 제43조제3항에 따른 금지물품의 확인을 위하여 필요한 경우에는 편지를 봉함하지 않은 상태로 제출하게 할 수 있다.

1. 다음 각 목의 어느 하나에 해당하는 수용자가 변호인 외의 자에게 편지를 보내려는 경우
    가. 법 제104조제1항에 따른 마약류사범·조직폭력사범 등 법무부령으로 정하는 수용자
    나. 제84조제2항에 따른 처우등급이 법 제57조제2항제4호의 중(重)경비시설 수용대상인 수형자
2. 수용자가 같은 교정시설에 수용 중인 다른 수용자에게 편지를 보내려는 경우
3. 규율위반으로 조사 중이거나 징벌집행 중인 수용자가 다른 수용자에게 편지를 보내려는 경우

② 소장은 수용자에게 온 편지에 금지물품이 들어 있는지를 개봉하여 확인할 수 있다.

편지 내용물의 확인	편지 내용의 검열
편지를 봉함하지 않은 상태로 제출하게 할 수 있다. 온 편지는 개봉하여 확인할 수 있다.	다른 수용자와 편지를 주고받는 때에는 그 내용을 개봉한 후 검열할 수 있다.
1. 마약류사범·조직폭력사범 등 법무부령으로 정하는 수용자 2. 중경비시설 수용대상인 수형자 3. 같은 교정시설에 수용 중인 수용자인 때 4. 조사 중이거나 징벌집행 중인 수용자가 다른 수용자에게 편지를 보내려는 경우	1. 마약류사범·조직폭력사범 등 법무부령으로 정하는 수용자인 때 2. 같은 교정시설에 수용 중인 수용자인 때 3. 조사 중이거나 징벌집행 중인 때 4. 범죄의 증거를 인멸할 우려가 있는 때

관련판례

■ **시행령 제65조 위헌확인**(2017헌마305)

「형의 집행 및 수용자 처우에 관한 법률」 시행령 제65조에 대하여 위 규정은 편지를 봉함하지 않은 상태로 제출하게 할 것인지 여부 등을 소장이 재량으로 결정하도록 규정하고 있으므로, 위 규정 자체에 의하여 어떠한 기본권침해가 직접 발생하는 것으로 볼 수 없다. (**합헌**)

■ **「형의 집행 및 수용자 처우에 관한 법률」 제43조 제3항 위헌확인**(2009헌마333)

가. 교도소장으로 하여금 수용자가 주고받는 편지에 금지 물품이 들어 있는지를 확인할 수 있도록 하는 규정은 **합헌**

나. 수용자가 밖으로 내보내는 모든 편지를 봉함하지 않은 상태로 교정시설에 제출하도록 규정하고 있는 「형의 집행 및 수용자 처우에 관한 법률」 시행령 제65조 제1항은 통신 비밀의 자유를 침해한 **위헌**

■ **시행령 제65조 제2항 교도소 내 편지검열 위헌확인**(2018. 10. 16, 각하)

시행령 제65조 제2항이 교도소장의 편지개봉 권한을 제한하지 아니하여 수용자들의 기본권이 침해되고 있다고 주장하는 헌법소원심판 청구에 있어서 **법령 또는 법령조항 자체가 헌법소원의 대상이 될 수 있으려면, 청구인의 기본권이 구체적인 집행행위를 기다리지 아니하고, 그 법령 또는 법령조항에 의하여 직접 침해받아야 한다.** 그런데 심판대상조항은 교도소장에게 수용자의 편지를 개봉하여 확인할 수 있는 권한을 부여할 뿐이고 실제로 개별적인 편지에 관하여 이를 개봉하는 행위로 나아갈 것인지 여부는 교도소장의 재량에 맡겨져 있으므로 심판대상조항 자체에 의하여 어떠한 기본권침해가 직접 발생한다고 볼 수는 없고, 교도소장의 편지개봉이라는 구체적인 집행행위가 있을 때 비로소 수용자인 청구인의 기본권침해 문제가 발생한다. 따라서 심판대상조항에 관하여 기본권 침해의 직접성이 인정되지 아니한다.

시행령 제66조 (편지 내용의 검열)

① 소장은 법 제43조 제4항 제4호에 따라 다음 각호의 어느 하나에 해당하는 수용자가 다른 수용자와 편지를 주고받는 때에는 그 내용을 검열할 수 있다.

1. 법 제104조제1항에 따른 마약류사범·조직폭력사범 등 법무부령으로 정하는 수용자인 때
2. 편지를 주고받으려는 수용자와 같은 교정시설에 수용 중인 때
3. 규율위반으로 조사 중이거나 징벌집행 중인 때

4. 범죄의 증거를 인멸할 우려가 있는 때

② 수용자 간에 오가는 편지에 대한 제1항의 검열은 편지를 보내는 교정시설에서 한다. 다만, 특히 필요하다고 인정되는 경우에는 편지를 받는 교정시설에서도 할 수 있다.

③ 소장은 수용자가 주고받는 편지가 법 제43조제4항 각호의 어느 하나에 해당하면 이를 개봉한 후 검열할 수 있다.

④ 소장은 제3항에 따라 검열한 결과 편지의 내용이 법 제43조제5항의 발신 또는 수신 금지사유에 해당하지 아니하면 발신편지는 봉함한 후 발송하고, 수신편지는 수용자에게 건네준다.

⑤ 소장은 편지의 내용을 검열했을 때에는 그 사실을 해당 수용자에게 지체 없이 알려주어야 한다.

시행령 제67조 (관계기관 송부문서)

소장은 법원·경찰관서, 그 밖의 관계기관에서 수용자에게 보내온 문서는 다른 법령에 특별한 규정이 없으면 열람한 후 본인에게 전달하여야 한다.

시행령 제68조 (편지 등의 대서)

소장은 수용자가 편지, 소송서류, 그 밖의 문서를 스스로 작성할 수 없어 대신 써 달라고 요청하는 경우에는 교도관이 대신 쓰게 할 수 있다.

시행령 제69조 (편지 등 발송비용의 부담)

수용자의 편지·소송서류, 그 밖의 문서를 보내는 경우에 드는 비용은 수용자가 부담한다. 다만, 소장은 수용자가 그 비용을 부담할 수 없는 경우에는 예산의 범위에서 해당 비용을 부담할 수 있다.

제3절 전화통화

제44조(전화통화) ① 수용자는 소장의 허가를 받아 교정시설의 외부에 있는 사람과 전화통화를 할 수 있다.

② 제1항에 따른 허가에는 통화내용의 청취 또는 녹음을 조건으로 붙일 수 있다.

③ 제42조(접견의 중지)는 수용자의 전화통화에 관하여 준용한다.

④ 제2항에 따라 통화내용을 청취 또는 녹음하려면 사전에 수용자 및 상대방에게 그 사실을 알려 주어야 한다.

⑤ 전화통화의 허가범위, 통화내용의 청취·녹음 등에 관하여 필요한 사항은 법무부령으로 정한다.

시행령 제70조 (전화통화)

수용자의 전화통화에 관하여는 제60조 제1항(접견시 외국어 사용) 및 제63조(접견중지 사유의 고지)를 준용한다.

시행령 제71조 (참고사항의 기록)

교도관은 수용자의 접견, 편지수수, 전화통화 등의 과정에서 수용자의 처우에 특히 참고할 사항을 알게 된 경우에는 그 요지를 수용기록부에 기록해야 한다.

시행규칙 제25조 (전화통화의 허가)

① 소장은 전화통화(발신하는 것만을 말한다. 이하 같다)를 신청한 수용자에 대하여 다음 각호의 어느 하나에 해당하는 사유가 없으면 전화통화를 허가할 수 있다.

1. 범죄의 증거를 인멸할 우려가 있을 때
2. 형사법령에 저촉되는 행위를 할 우려가 있을 때
3. 「형사소송법」 제91조 및 같은 법 제209조에 따라 접견·편지수수 금지결정을 하였을 때
4. 교정시설의 안전 또는 질서를 해칠 우려가 있을 때
5. 수형자의 교화 또는 건전한 사회복귀를 해칠 우려가 있을 때

② 소장은 제1항에 따른 허가를 하기 전에 전화번호와 수신자(수용자와 통화할 상대방을 말한다. 이하 같다)를 확인하여야 한다. 이 경우 수신자에게 제1항 각호에 해당하는 사유가 있으면 제1항의 허가를 아니할 수 있다.

③ 전화통화의 통화시간은 특별한 사정이 없으면 3분 이내로 한다.

시행규칙 제27조 (통화허가의 취소)

소장은 다음 각호의 어느 하나에 해당할 때에는 전화통화의 허가를 취소할 수 있다.

1. 수용자 또는 수신자가 전화통화 내용의 청취·녹음에 동의하지 아니할 때
  2. 수신자가 수용자와의 관계 등에 대한 확인 요청에 따르지 아니하거나 거짓으로 대답할 때
  3. 전화통화 허가 후 제25조제1항 각호의 어느 하나에 해당되는 사유가 발견되거나 발생하였을 때

시행규칙 제28조 (통화내용의 청취·녹음)

① 소장은 제25조 제1항 각호의 어느 하나에 해당하지 아니한다고 명백히 인정되는 경우가 아니면 통화내용을 청취하거나 녹음한다.

② 제1항의 녹음기록물은 「공공기록물 관리에 관한 법률」에 따라 관리하고, 특히 녹음기록물이 손상되지 아니하도록 유의해서 보존하여야 한다.

③ 교도관은 수용자의 전화통화를 청취하거나 녹음하면서 알게 된 내용을 누설 또는 권한 없이 처리하거나 타인이 이용하도록 제공하는 등 부당한 목적으로 사용하여서는 아니 된다.

④ 전화통화 녹음기록물을 관계기관에 제공하는 경우에는 영 제62조제4항을 준용한다.

시행규칙 제29조 (통화요금의 부담)

① 수용자의 전화통화 요금은 수용자가 부담한다.

② 소장은 교정성적이 양호한 수형자 또는 보관금이 없는 수용자 등에 대하여는 제1항에도 불구하고 예산의 범위에서 요금을 부담할 수 있다.

시행규칙 제90조 (전화통화의 허용횟수)

① 수형자의 경비처우급별 전화통화의 허용횟수는 다음 각호와 같다.
  1. 개방처우급: 월 5회 이내
  2. 완화경비처우급: 월 3회 이내
  3. 일반경비처우급·중(重)경비처우급: 처우상 특히 필요한 경우 월 2회 이내

② 소장은 제1항에도 불구하고 처우상 특히 필요한 경우에는 개방처우급·완화경비처우급 수형자의 전화통화 허용횟수를 늘릴 수 있다.

③ 제1항 각호의 경우 전화통화는 1일 1회만 허용한다. 다만, <u>처우상 특히 필요한 경우에는 그러하지 아니하다.</u>

주의 수용자의 전화통화 허용횟수는 소장의 재량사항이다.

	개방처우급	완화경비처우급	일반경비처우급	중경비처우급
접견	1일 1회	월 6회	월 5회	월 4회
전화	월 5회 이내	월 3회 이내	월 3회 이내	월 2회 이내 (처우상 특히 필요한 경우)

시행규칙 제156조 (전화통화)

소장은 사형확정자의 심리적 안정과 원만한 수용생활을 위하여 필요하다고 인정하는 경우에는 월 3회 이내의 범위에서 전화통화를 허가할 수 있다.

제6장 종교와 문화

제1절 종교행사 등

> **제45조(종교행사의 참석 등)** ① 수용자는 교정시설의 안에서 실시하는 종교의식 또는 행사에 참석할 수 있으며, 개별적인 종교상담을 받을 수 있다.
> ② 수용자는 자신의 신앙생활에 필요한 책이나 물품을 지닐 수 있다.
> ③ 소장은 다음 각호의 어느 하나에 해당하는 사유가 있으면 제1항 및 제2항에서 규정하고 있는 사항을 제한할 수 있다.
>   1. 수형자의 교화 또는 건전한 사회복귀를 위하여 필요한 때
>   2. 시설의 안전과 질서유지를 위하여 필요한 때
> ④ 종교행사의 종류·참석대상·방법, 종교상담의 대상·방법 및 종교도서·물품을 지닐 수 있는 범위 등에 관하여 필요한 사항은 법무부령으로 정한다.

시행규칙 제30조 (종교행사의 종류)

법 제45조에 따른 종교행사의 종류는 다음 각호와 같다.
 1. 종교집회: 예배·법회·미사 등
 2. 종교의식: 세례·수계·영세 등
 3. 교리 교육 및 상담
 4. 그 밖에 법무부장관이 정하는 종교행사

시행규칙 제31조 (종교행사의 방법)

① 소장은 교정시설의 안전과 질서를 해치지 아니하는 범위에서 종교단체 또는 종교인이 주재하는 종교행사를 실시한다.

② 소장은 종교행사를 위하여 각 종교별 성상·성물·성화·성구가 구비된 종교상담실·교리교육실 등을 설치할 수 있으며, 특정 종교행사를 위하여 임시행사장을 설치하는 경우에는 성상 등을 임시로 둘 수 있다.

시행규칙 제32조 (종교행사의 참석대상)

수용자는 자신이 신봉하는 종교행사에 참석할 수 있다. 다만, 소장은 다음 각호의 어느 하나에 해당할 때에는 수용자의 종교행사 참석을 제한할 수 있다.

1. 종교행사용 시설의 부족 등 여건이 충분하지 아니할 때
2. 수용자가 종교행사 장소를 허가 없이 벗어나거나 다른 사람과 연락을 할 때
3. 수용자가 계속 큰 소리를 내거나 시끄럽게 하여 종교행사를 방해할 때
4. 수용자가 전도를 핑계 삼아 다른 수용자의 평온한 신앙생활을 방해할 때
5. 그 밖에 다른 법령에 따라 공동행사의 참석이 제한될 때

관련판례

■ **교도소 내 종교행사 제한행위 위헌확인**(2013헌마190)

미결수용자를 대상으로 한 개신교 종교행사는 4주에 1회, 일요일이 아닌 요일에 실시한 행위가 종교의 자유를 침해하는지 여부에 대하여 다른 종교와의 형평성과 공간의 제약 등 행정적 여건을 고려하면 4주에 1회 종교행사를 실시했더라도 종교의 자유를 침해하지 않는다.

■ **종교의식 또는 행사에 미결수용자인 청구인의 참석을 금지한 행위**(2009헌마527)

수용자 중 미결수용자에 대하여만 일률적으로 종교행사 등에의 참석을 불허한 것은 과잉금지원칙을 위반하여 청구인의 종교의 자유를 침해한 위헌이다.

■ **미결수용자 등 종교집회 참석 불허 위헌확인**(2012헌마782)

공간의 협소함과 관리 인력의 부족을 이유로 수용동별로 돌아가며 종교집회를 실시하여 실제 연간 1회 정도의 종교집회 참석 기회를 부여한 것은 기본권을 덜 침해하는 수단이 있음에도 불구하고 이를 전혀 고려하지 아니한 것으로 이 사건 종교집회 참석 제한 처우는 열악한 시설을 감안하더라도 과잉금지원칙을 위반하여 종교의 자유를 침해한 것이다.

시행규칙 제33조 (종교상담)

소장은 수용자가 종교상담을 신청하거나 수용자에게 종교상담이 필요한 경우에는 해당 종교를 신봉하는 교도관 또는 교정참여인사(법 제130조의 교정위원, 그 밖에 교정행정에 참여하는 사회 각 분야의 사람 중 학식과 경험이 풍부한 사람을 말한다)로 하여금 상담하게 할 수 있다.

시행규칙 제34조 (종교물품 등을 지닐 수 있는 범위)

① 소장은 수용자의 신앙생활에 필요하다고 인정하는 경우에는 외부에서 제작된 휴대용 종교도서 및 성물을 수용자가 지니게 할 수 있다.

② 소장이 수용자에게 제1항의 종교도서 및 성물을 지니는 것을 허가하는 경우에는 그 재질·수량·규격·형태 등을 고려해야 하며, 다른 수용자의 수용생활을 방해하지 않도록 해야 한다.

제2절 도서·신문

제46조(도서비치 및 이용) 소장은 수용자의 지식함양 및 교양습득에 필요한 도서를 비치하고 수용자가 이용할 수 있도록 하여야 한다.

제47조(신문등의 구독) ① 수용자는 자신의 비용으로 신문·잡지 또는 도서(이하 "신문등" 이라 한다)의 구독을 신청할 수 있다.

② 소장은 제1항에 따라 구독을 신청한 신문등이 「출판문화산업 진흥법」에 따른 유해간행물인 경우를 제외하고는 구독을 허가하여야 한다.

③ 제1항에 따라 구독을 신청할 수 있는 신문등의 범위 및 수량은 법무부령으로 정한다.

관련판례

■ **일간지 구독금지처분 등 위헌확인(98헌마4)**

- 수용자 교육교화운영지침에 따른 신문기사 삭제행위에 대해 헌법소원에서의 보충성 예외 인정
- 교화상 또는 구금목적에 특히 부적당하다고 인정되는 기사, 조직범죄 등 수용자 관련 범죄 기사에 대해 신문을 삭제한 후 수용자에게 구독케 한 행위가 알 권리의 과잉침해에 해당하지 않는다.

국가인권위원회 결정

■ **교정기관 외부도서 반입제한**(19진정0728300)

주요요지: 법무부장관에게 형집행법 제27조 및 같은 법 시행규칙 제22조 제3항에 규정된 사유 이외에 도서반입이 제한되지 않도록 '수용자 우송·차입도서 합리화 방안'의 시행을 중지할 것을 권고함

판단요지: 교정기관 내 우송·차입 도서의 반입을 원칙적으로 제한하는 '수용자 우송·차입도서 합리화 방안'은 그 목적을 달성할 수 있는 수단으로 적절하지 않을 뿐만 아니라, 침해의 최소성, 법익의 균형성도 지키지 못하여 과잉금지원칙에 위반되며, 법규에서 정한 원칙과 예외를 반대로 적용하면서 수용자의 권리를 필요 이상으로 제한하는 조치이므로 헌법 제21조에서 보장하는 수용자들의 알 권리를 침해하였다고 판단된다.

시행규칙 제35조 (구독신청 수량)

법 제47조에 따라 수용자가 구독을 신청할 수 있는 신문·잡지 또는 도서(이하 이 절에서 "신문등"이라 한다)는 교정시설의 보관범위 및 수용자가 지닐 수 있는 범위를 벗어나지 않는 범위에서 신문은 월 3종 이내로, 도서(잡지를 포함한다)는 월 10권 이내로 한다. 다만, 소장은 수용자의 지식함양 및 교양습득에 특히 필요하다고 인정하는 경우에는 신문등의 신청 수량을 늘릴 수 있다.

시행규칙 제36조 (구독허가의 취소 등)

① 소장은 신문등을 구독하는 수용자가 다음 각호의 어느 하나에 해당하는 사유가 있으면 구독의 허가를 취소할 수 있다.

　1. 허가 없이 다른 거실 수용자와 신문등을 주고받을 때
　2. 그 밖에 법무부장관이 정하는 신문등과 관련된 지켜야 할 사항을 위반하였을 때

② 소장은 소유자가 분명하지 아니한 도서를 회수하여 비치도서로 전환하거나 폐기할 수 있다.

제3절 라디오·텔레비전

제48조(라디오 청취와 텔레비전 시청) ① 수용자는 정서안정 및 교양습득을 위하여 라디오 청취와 텔레비전 시청을 할 수 있다.

② 소장은 다음 각호의 어느 하나에 해당하는 사유가 있으면 수용자에 대한 라디오 및 텔레비전의 방송을 일시 중단하거나 개별 수용자에 대하여 라디오 및 텔레비전의 청취 또는 시청을 금지할 수 있다.

   1. 수형자의 교화 또는 건전한 사회복귀를 해칠 우려가 있는 때

   2. 시설의 안전과 질서유지를 위하여 필요한 때

③ 방송설비·방송프로그램·방송시간 등에 관하여 필요한 사항은 법무부령으로 정한다.

관련판례

■ **독거수용자 텔레비전시청 제한 취소**(2014헌마571)

독거수용자들에 대해서는 교도소 내의 범죄를 방지하고, 안전을 도모하며 본래적인 교도행정의 목적을 효과적으로 달성하기 위하여 행정적 제재 및 교정의 필요상 TV시청을 규제할 필요성이 있다. 독거수용실에만 텔레비전시청시설을 설치하지 않음으로써 독거수용 중인 청구인이 TV시청을 할 수 없도록 한 행위가 TV시청시설을 갖춰 텔레비전시청을 허용하고 있는 혼거실 수용자와 차별하는 청구인의 평등권을 침해하는 것은 아니다.

시행령 제73조 (라디오 청취 등의 방법)

법 제48조 제1항에 따른 수용자의 라디오 청취와 텔레비전 시청은 교정시설에 설치된 방송설비를 통하여 할 수 있다.

시행규칙 제38조 (방송설비)

① 소장은 방송을 위하여 텔레비전, 라디오, 스피커 등의 장비와 방송선로 등의 시설을 갖추어야 한다.

② 소장은 물품관리법령에 따라 제1항의 장비와 시설을 정상적으로 유지·관리하여야 한다.

시행규칙 제39조 (방송편성시간)

소장은 수용자의 건강과 일과시간 등을 고려하여 1일 6시간 이내에서 방송편성시간을 정한다. 다만, 토요일·공휴일, 작업·교육실태 및 수용자의 특성을 고려하여 방송편성시간을 조정할 수 있다.

시행규칙 제40조 (방송프로그램)

① 소장은 「방송법」 제2조의 텔레비전방송 또는 라디오방송을 녹음·녹화하여 방송하거나 생방송할 수 있으며, 비디오테이프에 의한 영상물 또는 자체 제작한 영상물을 방송할 수 있다.

② 방송프로그램은 그 내용에 따라 다음 각호와 같이 구분한다.

   1. 교육콘텐츠: 한글·한자·외국어 교육, 보건위생 향상, 성(性)의식 개선, 약물남용 예방 등
   2. 교화콘텐츠: 인간성 회복, 근로의식 함양, 가족관계 회복, 질서의식 제고, 국가관 고취 등
   3. 교양콘텐츠: 다큐멘터리, 생활정보, 뉴스, 직업정보, 일반상식 등
   4. 오락콘텐츠: 음악, 연예, 드라마, 스포츠 중계 등
   5. 그 밖에 수용자의 정서안정에 필요한 콘텐츠

③ 소장은 방송프로그램을 자체 편성하는 경우에는 다음 각호의 어느 하나에 해당하는 내용이 포함되지 아니하도록 특히 유의하여야 한다.

   1. 폭력조장, 음란 등 미풍양속에 반하는 내용
   2. 특정 종교의 행사나 교리를 찬양하거나 비방하는 내용
   3. 그 밖에 수용자의 정서안정 및 수용질서 확립에 유해하다고 판단되는 내용

시행규칙 제41조 (수용자가 지켜야 할 사항 등)

① 수용자는 소장이 지정한 장소에서 지정된 채널을 통하여 텔레비전을 시청하거나 라디오를 청취하여야 한다. 다만, 제86조에 따른 자치생활 수형자는 법무부장관이 정하는 방법에 따라 텔레비전을 시청할 수 있다.

② 수용자는 방송설비 또는 채널을 임의 조작·변경하거나 임의수신 장비를 지녀서는 안 된다.

③ 수용자가 방송시설과 장비를 손상하거나 그 밖의 방법으로 그 효용을 해친 경우에는 배상을 하여야 한다.

제4절 집필

제49조(집필) ① 수용자는 문서 또는 도화를 작성하거나 문예·학술, 그 밖의 사항에 관하여 집필할 수 있다. 다만, 소장이 시설의 안전 또는 질서를 해칠 명백한 위험이 있다고 인정하는 경우는 예외로 한다.

② 제1항에 따라 작성 또는 집필한 문서나 도화를 지니거나 처리하는 것에 관하여는 제26조를 준용한다.

③ 제1항에 따라 작성 또는 집필한 문서나 도화가 제43조제5항 각호의 어느 하나에 해당하면 제43조제7항을 준용한다.

④ 집필용구의 관리, 집필의 시간·장소, 집필한 문서 또는 도화의 외부반출 등에 관하여 필요한 사항은 대통령령으로 정한다.

관련판례

■ **형의 집행 및 수용자의 처우에 관한 법률 제43조 제5항 제4호 등 위헌소원**(2013헌바98)

수용자가 작성한 집필문의 외부반출에 있어 제43조 제5항 제4호(수용자의 처우 또는 교정시설의 운영에 관하여 명백한 거짓사실을 포함하고 있는 때) 내지 제7호(시설의 안전 또는 질서를 해칠 우려가 있는 때)에 관한 부분(~할 우려가 있을 때) 부분은 교정시설의 장은 장기간의 교정행정업무 종사 경험을 바탕으로 어느 경우에 이러한 사유가 발생할 우려가 있는지에 대해 합리적으로 판단할 수 있고 수용자도 예측 가능할 것이므로 명확성 원칙에 위배되지 않는다. 목적의 정당성과 침해의 최소성, 법익의 균형성을 갖추고 있어 통신의 자유를 침해하지 않는다.

■ **집필의 금지**(헌재결 2003헌마289)

금치처분을 받은 수형자의 집필에 관한 권리를 법률의 근거나 위임 없이 제한하고 있고 일체의 집필 행위를 금지하고 있는 점은 입법목적 달성을 위한 필요 최소한의 제한을 벗어나 과잉금지의 원칙에 위반된다 할 것이다.

시행령 제75조 (집필의 시간대·시간 및 장소)
① 수용자는 휴업일 및 휴게시간 내에 시간의 제한 없이 집필할 수 있다. 다만, 부득이한 사정이

있는 경우에는 그러하지 아니하다.

② 수용자는 거실·작업장, 그 밖에 지정된 장소에서 집필할 수 있다.

시행령 제76조 (문서·도화의 외부 발송 등)

① 소장은 수용자 본인이 작성 또는 집필한 문서나 도화를 외부에 보내거나 내가려고 할 때에는 그 내용을 확인하여 법 제43조제5항 각호의 어느 하나에 해당하지 않으면 허가해야 한다.

② 제1항에 따라 문서나 도화를 외부로 보내거나 내갈 때 드는 비용은 수용자가 부담한다.

③ 법 및 이 영에 규정된 사항 외에 수용자의 집필에 필요한 사항은 법무부장관이 정한다.

제7장 특별한 보호

제1절 여성수용자

> **제50조(여성수용자의 처우)** ① 소장은 여성수용자에 대하여 여성의 신체적·심리적 특성을 고려하여 처우하여야 한다.
> ② 소장은 여성수용자에 대하여 건강검진을 실시하는 경우에는 나이·건강 등을 고려하여 부인과질환에 관한 검사를 포함시켜야 한다.
> ③ 소장은 생리 중인 여성수용자에 대하여는 위생에 필요한 물품을 지급하여야 한다.

> **제51조(여성수용자 처우 시의 유의사항)** ① 소장은 여성수용자에 대하여 상담·교육·작업 등(이하 이 조에서 "상담등"이라 한다)을 실시하는 때에는 여성교도관이 담당하도록 하여야 한다. 다만, 여성교도관이 부족하거나 그 밖의 부득이한 사정이 있으면 그러하지 아니하다.
> ② 제1항 단서에 따라 남성교도관이 1인의 여성수용자에 대하여 실내에서 상담 등을 하려면 투명한 창문이 설치된 장소에서 다른 여성을 입회시킨 후 실시하여야 한다.

> **제52조(임산부인 수용자의 처우)** ① 소장은 수용자가 임신 중이거나 출산(유산·사산을 포함한다)한 경우에는 모성보호 및 건강유지를 위하여 정기적인 검진 등 적절한 조치를 하여야 한다.
> ② 소장은 수용자가 출산하려고 하는 경우에는 외부의료시설에서 진료를 받게 하는 등 적절한 조치를 하여야 한다.

시행령 제7조 (여성 수용자에 대한 시찰)

소장은 특히 필요하다고 인정하는 경우가 아니면 남성 교도관이 야간에 수용자 거실에 있는 여성 수용자를 시찰하게 하여서는 아니 된다.

시행령 제77조 (여성수용자의 목욕)

① 소장은 제50조에 따라 여성수용자의 목욕횟수를 정하는 경우에는 그 신체적 특성을 특히 고려하여야 한다.

② 소장은 여성수용자가 목욕을 하는 경우에 계호가 필요하다고 인정하면 여성교도관이 하도록 하여야 한다.

시행령 제78조 (출산의 범위)

법 제52조제1항에서 "출산(유산을 포함한다)한 경우"란 출산(유산한 경우를 포함한다) 후 60일이 지나지 아니한 경우를 말한다.

제53조(유아의 양육) ① 여성수용자는 자신이 출산한 유아를 교정시설에서 양육할 것을 신청할 수 있다. 이 경우 소장은 다음 각호의 어느 하나에 해당하는 사유가 없으면, 생후 18개월에 이르기까지 허가하여야 한다.

1. 유아가 질병·부상, 그 밖의 사유로 교정시설에서 생활하는 것이 특히 부적당하다고 인정되는 때
2. 수용자가 질병·부상, 그 밖의 사유로 유아를 양육할 능력이 없다고 인정되는 때
3. 교정시설에 감염병이 유행하거나 그 밖의 사정으로 유아양육이 특히 부적당한 때

② 소장은 제1항에 따라 유아의 양육을 허가한 경우에는 필요한 설비와 물품의 제공, 그 밖에 양육을 위하여 필요한 조치를 하여야 한다.

제53조의2(수용자의 미성년 자녀 보호에 대한 지원) ① 소장은 신입자에게 「아동복지법」 제15조에 따른 보호조치를 의뢰할 수 있음을 알려 주어야 한다.

② 소장은 수용자가 「아동복지법」 제15조에 따른 보호조치를 의뢰하려는 경우 보호조치 의뢰가 원활하게 이루어질 수 있도록 지원하여야 한다.

③ 제1항에 따른 안내 및 제2항에 따른 보호조치 의뢰 지원의 방법·절차, 그 밖에 필요한 사항은 법무부장관이 정한다.

◆ 참고사항 ◆

신청자는 입소부녀나 재소부녀를 불문하고 법적 부모가 아니더라도 생모이면 양육을 허가할 수 있다. 남편이나 양부모는 신청권자가 아니다.

시행령 제79조 (유아의 양육)

소장은 법 제53조제1항에 따라 유아의 양육을 허가한 경우에는 교정시설에 육아거실을 지정·운영하여야 한다.

시행령 제80조 (유아의 인도)

① 소장은 유아의 양육을 허가하지 아니하는 경우에는 수용자의 의사를 고려하여 유아보호에 적당하다고 인정하는 법인 또는 개인에게 그 유아를 보낼 수 있다. 다만, 적당한 법인 또는 개인이 없는 경우에는 그 유아를 해당 교정시설의 소재지를 관할하는 시장·군수 또는 구청장에게 보내서 보호하게 하여야 한다.

② 법 제53조제1항에 따라 양육이 허가된 유아가 출생 후 18개월이 지나거나, 유아양육의 허가를 받은 수용자가 허가의 취소를 요청하는 때 또는 법 제53조제1항 각호의 어느 하나에 해당되는 때에도 제1항과 같다.

시행규칙 제42조 (임산부수용자 등에 대한 특칙)

소장은 임산부인 수용자 및 법 제53조에 따라 유아의 양육을 허가받은 수용자에 대하여 필요하다고 인정하는 경우에는 교정시설에 근무하는 의사(공중보건의사를 포함한다)의 의견을 들어 필요한 양의 죽 등의 주식과 별도로 마련된 부식을 지급할 수 있으며, 양육유아에 대하여는 분유 등의 대체식품을 지급할 수 있다.

제2절 노인수용자

제54조(수용자에 대한 특별한 처우) ① 소장은 노인수용자에 대하여 나이·건강상태 등을 고려하여 그 처우에 있어 적정한 배려를 하여야 한다.

② 소장은 장애인수용자에 대하여 장애의 정도를 고려하여 그 처우에 있어 적정한 배려를 하여야 한다.

③ 소장은 외국인수용자에 대하여 언어·생활문화 등을 고려하여 적정한 처우를 하여야 한다.

④ 소장은 소년수용자에 대하여 나이·적성 등을 고려하여 적정한 처우를 하여야 한다.

⑤ 노인수용자·장애인수용자·외국인수용자 및 소년수용자에 대한 적정한 배려 또는 처우에 관하여 필요한 사항은 법무부령으로 정한다.

시행령 제81조 (노인수용자 등의 정의)
① 법 제54조제1항에서 "노인수용자"란 65세 이상인 수용자를 말한다.
② 법 제54조 제2항에서 "장애인수용자"란 시각·청각·언어·지체 등의 장애로 통상적인 수용생활이 특히 곤란하다고 인정되는 사람으로서 법무부령으로 정하는 수용자를 말한다.
③ 법 제54조제3항에서 "외국인수용자"란 대한민국의 국적을 가지지 아니한 수용자를 말한다.
④ 법 제54조제4항에서 "소년수용자"란 다음 각호의 사람을 말한다.

   1. 19세 미만의 수형자
   2. 법 제12조제3항에 따라 소년교도소에 수용 중인 수형자
   3. 19세 미만의 미결수용자

시행규칙 제43조 (전담교정시설)
① 법 제57조제6항에 따라 법무부장관이 노인수형자의 처우를 전담하도록 정하는 시설(이하 "노인수형자 전담교정시설"이라 한다)에는 「장애인·노인·임산부 등의 편의증진보장에 관한 법률 시행령」 별표 2의 교도소·구치소 편의시설의 종류 및 설치기준에 따른 편의시설을 갖추어야 한다.
② 노인수형자 전담교정시설에는 별도의 공동휴게실을 마련하고 노인이 선호하는 오락용품 등을 갖춰두어야 한다.

시행규칙 제44조 (수용거실)
① 노인수형자 전담교정시설이 아닌 교정시설에서는 노인수용자를 수용하기 위하여 별도의 거실을 지정하여 운용할 수 있다.
② 노인수용자의 거실은 시설부족 또는 그 밖의 부득이한 사정이 없으면 건물의 1층에 설치하고, 특히 겨울철 난방을 위하여 필요한 시설을 갖추어야 한다.

시행규칙 제45조 (주·부식 등 지급)
소장은 노인수용자의 나이·건강상태 등을 고려하여 필요하다고 인정하면 제4조부터 제8조까지의 규정, 제10조, 제11조, 제13조 및 제14조에 따른 수용자의 지급기준을 초과하여 주·부식, 의류·침구, 그 밖의 생활용품을 지급할 수 있다.

시행규칙 제46조 (운동·목욕)

① 소장은 노인수용자의 나이·건강상태 등을 고려하여 필요하다고 인정하면 영 제49조에 따른 운동시간을 연장하거나 영 제50조에 따른 목욕횟수를 늘릴 수 있다.

② 소장은 노인수용자가 거동이 불편하여 혼자서 목욕하기 어려운 경우에는 교도관, 자원봉사자 또는 다른 수용자로 하여금 목욕을 보조하게 할 수 있다.

시행규칙 제47조 (전문의료진 등)

① 노인수형자 전담교정시설의 장은 노인성 질환에 관한 전문적인 지식을 가진 의료진과 장비를 갖추고, 외부의료시설과 협력체계를 강화하여 노인수형자가 신속하고 적절한 치료를 받을 수 있도록 노력하여야 한다.

② 소장은 노인수용자에 대하여 6개월에 1회 이상 건강검진을 하여야 한다.

시행규칙 제48조 (교육·교화프로그램 및 작업)

① 노인수형자 전담교정시설의 장은 노인문제에 관한 지식과 경험이 풍부한 외부전문가를 초빙하여 교육하게 하는 등 노인수형자의 교육 받을 기회를 확대하고, 노인전문오락, 그 밖에 노인의 특성에 알맞은 교화프로그램을 개발·시행하여야 한다.

② 소장은 노인수용자가 작업을 원하는 경우에는 나이·건강상태 등을 고려하여 해당 수용자가 감당할 수 있는 정도의 작업을 부과한다. 이 경우 의무관의 의견을 들어야 한다.

제3절 장애인수용자

시행규칙 제49조 (정의)

"장애인수용자"란 「장애인복지법 시행령」 별표 1의 제1호부터 제15호까지의 규정에 해당하는 사람으로서 시각·청각·언어·지체 등의 장애로 통상적인 수용생활이 특히 곤란하다고 인정되는 수용자를 말한다.

시행규칙 제50조 (전담교정시설)

① 법 제57조제6항에 따라 법무부장관이 장애인수형자의 처우를 전담하도록 정하는 시설(이하 "장애인수형자 전담교정시설"이라 한다) 의 장은 장애종류별 특성에 알맞은 재활치료프로그램을

개발하여 시행하여야 한다.

② 장애인수형자 전담교정시설 편의시설의 종류 및 설치기준에 관하여는 제43조제1항을 준용한다.

시행규칙 제51조 (수용거실)

① 장애인수형자 전담교정시설이 아닌 교정시설에서는 장애인수용자를 수용하기 위하여 별도의 거실을 지정하여 운용할 수 있다.

② 장애인수용자의 거실은 시설부족 또는 그 밖의 부득이한 사정이 없으면 건물의 1층에 설치하고, 특히 장애인이 이용할 수 있는 변기 등의 시설을 갖추도록 하여야 한다.

시행규칙 제52조 (전문의료진 등)

장애인수형자 전담교정시설의 장은 장애인의 재활에 관한 전문적인 지식을 가진 의료진과 장비를 갖추도록 노력하여야 한다.

시행규칙 제53조 (직업훈련)

장애인수형자 전담교정시설의 장은 장애인수형자에 대한 직업훈련이 석방 후의 취업과 연계될 수 있도록 그 프로그램의 편성 및 운영에 특히 유의하여야 한다.

시행규칙 제54조 (준용규정)

장애인수용자의 장애정도, 건강 등을 고려하여 필요하다고 인정하는 경우 주·부식 등의 지급, 운동·목욕 및 교육·교화프로그램·작업에 관하여 제45조·제46조 및 제48조를 준용한다.

제4절 외국인수용자

시행규칙 제55조 (전담교정시설)

법 제57조제6항에 따라 법무부장관이 외국인수형자의 처우를 전담하도록 정하는 시설의 장은 외국인의 특성에 알맞은 교화프로그램 등을 개발하여 시행하여야 한다.

시행규칙 제56조 (전담요원 지정)

① 외국인수용자를 수용하는 소장은 외국어에 능통한 소속 교도관을 전담요원으로 지정하여 일상

적인 개별면담, 고충해소, 통역·번역 및 외교공관 또는 영사관 등 관계기관과의 연락 등의 업무를 수행하게 하여야 한다.

② 제1항의 전담요원은 외국인 미결수용자에게 소송 진행에 필요한 법률지식을 제공하는 등의 조력을 하여야 한다.

시행규칙 제57조 (수용거실 지정)

① 소장은 외국인수용자의 수용거실을 지정하는 경우에는 종교 또는 생활관습이 다르거나 민족감정 등으로 인하여 분쟁의 소지가 있는 외국인수용자는 거실을 분리하여 수용하여야 한다.

② 소장은 외국인수용자에 대하여는 그 생활양식을 고려하여 필요한 수용설비를 제공하도록 노력하여야 한다.

시행규칙 제58조 (외국인 수용자의 주·부식 지급)

① 외국인수용자에게 지급하는 음식물의 총열량은 제14조제2항에도 불구하고 소속 국가의 음식문화, 체격 등을 고려하여 조정할 수 있다.

② 외국인수용자에 대하여는 쌀, 빵 또는 그 밖의 식품을 주식으로 지급하되, 소속 국가의 음식문화를 고려하여야 한다.

③ 외국인수용자에게 지급하는 부식의 지급기준은 법무부장관이 정한다.

시행규칙 제59조 (위독 또는 사망 시의 조치)

소장은 외국인수용자가 질병 등으로 위독하거나 사망한 경우에는 그의 국적이나 시민권이 속하는 나라의 외교공관 또는 영사관의 장이나 그 관원 또는 가족에게 이를 즉시 알려야 한다.

제5절 소년수용자

시행규칙 제59조의2 (전담교정시설)

① 법 제57조제6항에 따라 법무부장관이 19세 미만의 수형자(이하 "소년수형자"라 한다)의 처우를 전담하도록 정하는 시설(이하 "소년수형자 전담교정시설"이라 한다)의 장은 소년의 나이·적성 등 특성에 알맞은 교육·교화프로그램을 개발하여 시행하여야 한다.

② 소년수형자 전담교정시설에는 별도의 공동학습 공간을 마련하고 학용품 및 소년의 정서 함양

에 필요한 도서, 잡지 등을 갖춰 두어야 한다.

시행규칙 제59조의3 (수용거실)
① 소년수형자 전담교정시설이 아닌 교정시설에서는 소년수용자(영 제81조제4항에 따른 소년수용자를 말한다. 이하 같다)를 수용하기 위하여 별도의 거실을 지정하여 운용할 수 있다.
② 소년수형자 전담교정시설이 아닌 교정시설에서 소년수용자를 수용한 경우 교육·교화프로그램에 관하여는 제59조의2제1항을 준용한다.

시행규칙 제59조의4 (접견·전화)
소장은 소년수형자 등의 나이·적성 등을 고려하여 필요하다고 인정하면 제87조 및 제90조에 따른 접견 및 전화통화 횟수를 늘릴 수 있다.

시행규칙 제59조의5 (사회적 처우)
제92조제1항(사회적처우 요건 규정)에도 불구하고 소장은 소년수형자등의 나이·적성 등을 고려하여 필요하다고 인정하면 소년수형자등에게 같은 항 각호에 해당하는 활동을 허가할 수 있다. 이 경우 소장이 허가할 수 있는 활동에는 발표회 및 공연 등 참가 활동을 포함한다.

주의 **소년의 경우 경비처우급에 따른 제한이 없다.**

◆ 참고사항 ◆

소장은 소년수형자 등의 나이·적성 등을 고려하여 필요하다고 인정하면 소년수형자 등에게 경비처우급에 제한 없이 사회견학, 사회봉사, 자신이 신봉하는 종교행사 참석·연극·영화·그 밖의 문화공연 관람 등의 사회적 처우를 허가할 수 있다.

시행규칙 제59조의6 (준용규정)
소년수용자의 나이·건강상태 등을 고려하여 필요하다고 인정하는 경우 주·부식의 등의 지급, 운동·목욕, 전문의료진 등 및 작업에 관하여 제45조부터 제48조까지의 규정을 준용한다.

■ **특별한 보호**

	여성수용자	노인수용자	장애인 수용자	외국인수용자	소년수용자
초과하여 주·부식, 의류·침구 생활용품 지급	별도규정	○	○	별도규정	○
운동시간 연장, 목욕횟수 증가 **(임의적)**	△	○	○	×	○
건강검진	연 1회 부인과 질환검사 포함	6개월에 1회	연 1회	연 1회	6개월에 1회
작업부과	일반 적용	원하는 경우 의무관 의견고려	원하는 경우 의무관 의견고려	일반적용	원하는 경우 의무관 의견고려
접견·전화통화 횟수 증가	×	×	×	×	○ **(임의적)**
기타 **(필요적)**	-	공동휴게실/ 전문 의료진과 장비/난방	재활에 필요한 전문 의료진과 장비 노력	필요한 수용설비 제공에 노력	공동학습공간 마련
별도의 거실 지정 운용할 수 있다. **(임의적)**	-	○	○	분쟁소지가 있는 경우 분리 수용 **(필요적)**	○
기타 **필요적** 규정	-	거실은 건물 1층에 설치	거실은 건물 1층, 장애인 화장실	미결수용자 법률지식제공	학용품, 도서, 잡지 구비
	-		특성에 맞는 교화프로그램 등을 개발하여 시행		

제8장 수형자의 처우

제1절 수형자 처우

> **제55조(수형자 처우의 원칙)** 수형자에 대하여는 교육·교화프로그램, 작업, 직업훈련 등을 통하여 교정교화를 도모하고 사회생활에 적응하는 능력을 함양하도록 처우하여야 한다.

> **제56조(개별처우계획의 수립 등)** ① 소장은 제62조의 분류처우위원회의 의결에 따라 수형자의 개별적 특성에 알맞은 교육·교화프로그램, 작업, 직업훈련 등의 처우에 관한 계획을 수립하여 시행한다.
> ② 소장은 수형자가 스스로 개선하여 사회에 복귀하려는 의욕이 고취되도록 개별처우계획을 정기적으로 또는 수시로 점검하여야 한다.

시행령 제82조 (수형자로서의 처우 개시)

① 소장은 미결수용자로서 자유형이 확정된 사람에 대하여는 검사의 집행 지휘서가 도달된 때부터 수형자로 처우할 수 있다.

② 제1항의 경우 검사는 집행 지휘를 한 날부터 10일 이내에 재판서나 그 밖에 적법한 서류를 소장에게 보내야 한다.

> **제57조(처우)** ① 수형자는 제59조의 분류심사의 결과에 따라 그에 적합한 교정시설에 수용되며, 개별처우계획에 따라 그 특성에 알맞은 처우를 받는다.
> ② 교정시설은 도주방지 등을 위한 수용설비 및 계호의 정도(이하 "경비등급"이라 한다)에 따라 다음 각호로 구분한다. 다만, 동일한 교정시설이라도 구획을 정하여 경비등급을 달리할 수 있다.
> 1. 개방시설 : 도주방지를 위한 통상적인 설비의 전부 또는 일부를 갖추지 아니하고 수형자의 자율적 활동이 가능하도록 통상적인 관리·감시의 전부 또는 일부를 하지 아니하는 교정시설
> 2. 완화경비시설 : 도주방지를 위한 통상적인 설비 및 수형자에 대한 관리·감시를 일반경비시설보다 완화한 교정시설

3. 일반경비시설 : 도주방지를 위한 통상적인 설비를 갖추고 수형자에 대하여 통상적인 관리·감시를 하는 교정시설

4. 중(重)경비시설 : 도주방지 및 수형자 상호 간의 접촉을 차단하는 설비를 강화하고 수형자에 대한 관리·감시를 엄중히 하는 교정시설

③ 수형자에 대한 처우는 교화 또는 건전한 사회복귀를 위하여 교정성적에 따라 상향 조정될 수 있으며, 특히 그 성적이 우수한 수형자는 개방시설에 수용되어 사회생활에 필요한 적정한 처우를 받을 수 있다.

④ 소장은 가석방 또는 형기 종료를 앞둔 수형자 중에서 법무부령으로 정하는 일정한 요건을 갖춘 사람에 대해서는 가석방 또는 형기 종료 전 일정 기간 동안 지역사회 또는 교정시설에 설치된 개방시설에 수용하여 사회적응에 필요한 교육, 취업지원 등의 적정한 처우를 할 수 있다.

⑤ 수형자는 교화 또는 건전한 사회복귀를 위하여 교정시설 밖의 적당한 장소에서 봉사활동·견학, 그 밖에 사회적응에 필요한 처우를 받을 수 있다.

⑥ 학과교육생·직업훈련생·외국인·여성·장애인·노인·환자·소년(19세 미만인 자를 말한다), 제4항에 따른 처우(이하 "중간처우"라 한다)의 대상자, 그 밖에 별도의 처우가 필요한 수형자는 법무부장관이 특히 그 처우를 전담하도록 정하는 시설(이하 "전담교정시설"이라 한다)에 수용되며, 그 특성에 알맞은 처우를 받는다. 다만, 전담교정시설의 부족이나 그 밖의 부득이한 사정이 있는 경우에는 예외로 할 수 있다.

⑦ 제2항 각호의 시설의 설비 및 계호의 정도에 관하여 필요한 사항은 대통령령으로 정한다.

시행령 제83조 (경비등급별 설비 및 계호)

법 제57조제2항 각호의 수용설비 및 계호의 정도는 다음 각호의 규정에 어긋나지 않는 범위에서 법무부장관이 정한다.

1. 수형자의 생명이나 신체, 그 밖의 인권 보호에 적합할 것
2. 교정시설의 안전과 질서유지를 위하여 필요한 최소한의 범위일 것
3. 법 제56조제1항의 개별처우계획의 시행에 적합할 것

시행령 제84조 (수형자의 처우등급 부여 등)

① 법 제57조제3항에서 "교정성적"이란 수형자의 수용생활 태도, 상벌 유무, 교육 및 작업의 성과 등을 종합적으로 평가한 결과를 말한다.

② 소장은 수형자의 처우수준을 개별처우계획의 시행에 적합하게 정하거나 조정하기 위하여 교정성적에 따라 처우등급을 부여할 수 있다.

③ 수형자에게 부여하는 처우등급에 관하여 필요한 사항은 법무부령으로 정한다.

제2절 취업지원협의회

시행령 제85조 (수형자 취업알선 등 협의기구)

① 수형자의 건전한 사회복귀를 지원하기 위하여 교정시설에 취업알선 및 창업지원에 관한 협의기구를 둘 수 있다.

② 제1항의 협의기구의 조직·운영, 그 밖에 활동에 필요한 사항은 법무부령으로 정한다.

시행규칙 제144조 (기능)

영 제85조제1항에 따른 수형자 취업지원협의회의 기능은 다음 각호와 같다.

1. 수형자 사회복귀 지원 업무에 관한 자문에 대한 조언
2. 수형자 취업·창업 교육
3. 수형자 사회복귀 지원을 위한 지역사회 네트워크 추진
4. 취업 및 창업 지원을 위한 자료제공 및 기술지원
5. 직업적성 및 성격검사 등 각종 검사 및 상담
6. 불우수형자 및 그 가족에 대한 지원 활동
7. 그 밖에 수형자 취업알선 및 창업지원을 위하여 필요한 활동

시행규칙 제145조 (취업지원협의회의 구성)

① 협의회는 회장 1명을 포함하여 3명 이상 5명 이하의 내부위원과 10명 이상의 외부위원으로 구성한다.

② 협의회의 회장은 소장이 되고, 부회장은 2명을 두되 1명은 소장이 내부위원 중에서 지명하고 1명은 외부위원 중에서 호선한다.

③ 내부위원은 소장이 지명하는 소속기관의 부소장·과장(지소의 경우에는 7급 이상의 교도관)으로 구성한다.

④ 회장·부회장 외에 협의회 운영을 위하여 기관실정에 적합한 수의 임원을 둘 수 있다.

시행규칙 제146조 (외부위원)

① 법무부장관은 위원회의 외부위원을 다음 각호의 사람 중에서 소장의 추천을 받아 위촉한다.

　　1. 고용노동부 고용지원센터 등 지역 취업·창업 유관 공공기관의 장 또는 기관 추천자

　　2. 취업컨설턴트, 창업컨설턴트, 기업체 대표, 시민단체 및 기업연합체의 임직원

　　3. 변호사, 대학에서 법률학을 가르치는 강사 이상의 직에 있는 사람

　　4. 그 밖에 교정에 관한 학식과 경험이 풍부하고 수형자 사회복귀 지원에 관심이 있는 외부인사

② 외부위원의 임기는 3년으로 하며, 연임할 수 있다.

③ 법무부장관은 외부위원이 다음 각호의 어느 하나에 해당하는 경우에는 소장의 건의를 받아 해당 위원을 해촉할 수 있다.

　　1. 심신장애로 직무수행이 불가능하거나 현저히 곤란하다고 인정되는 경우

　　2. 직무와 관련된 비위사실이 있는 경우

　　3. 직무태만, 품위손상, 그 밖의 사유로 인하여 위원으로 적합하지 아니하다고 인정되는 경우

　　4. 위원 스스로 직무를 수행하는 것이 곤란하다고 의사를 밝히는 경우

시행규칙 제148조 (회의)

① 협의회의 회의는 반기마다 개최한다. 다만, 다음 각호의 어느 하나에 해당하는 경우에는 임시회의를 개최할 수 있다.

　　1. 수형자의 사회복귀 지원을 위하여 협의가 필요할 때

　　2. 회장이 필요하다고 인정하는 때

　　3. 위원 3분의 1 이상의 요구가 있는 때

② 협의회의 회의는 회장이 소집하고 그 의장이 된다.

③ 협의회의 회의는 재적위원 과반수의 출석으로 개의하고, 출석위원 과반수의 찬성으로 의결한다.

제58조(외부전문가의 상담 등) 소장은 수형자의 교화 또는 건전한 사회복귀를 위하여 필요하면 교육학·교정학·범죄학·사회학·심리학·의학 등에 관한 학식 또는 교정에 관한 경험이 풍부한 외부전문가로 하여금 수형자에 대한 상담·심리치료 또는 생활지도 등을 하게 할 수 있다.

제3절 분류심사

제59조(분류심사) ① 소장은 수형자에 대한 개별처우계획을 합리적으로 수립하고 조정하기 위하여 수형자의 인성, 행동특성 및 자질 등을 과학적으로 조사·측정·평가(이하 "분류심사"라 한다)하여야 한다. 다만, 집행할 형기가 짧거나 그 밖의 특별한 사정이 있는 경우에는 예외로 할 수 있다.

② 수형자의 분류심사는 형이 확정된 경우에 개별처우계획을 수립하기 위하여 하는 심사와 일정한 형기가 지나거나 상벌 또는 그 밖의 사유가 발생한 경우에 개별처우계획을 조정하기 위하여 하는 심사로 구분한다.

③ 소장은 분류심사를 위하여 수형자를 대상으로 상담 등을 통한 신상에 관한 개별사안의 조사, 심리·지능·적성 검사, 그 밖에 필요한 검사를 할 수 있다.

④ 소장은 분류심사를 위하여 외부전문가로부터 필요한 의견을 듣거나 외부전문가에게 조사를 의뢰할 수 있다.

⑤ 이 법에 규정된 사항 외에 분류심사에 관하여 필요한 사항은 법무부령으로 정한다.

관련판례

■ **50년 전 범죄전력을 반영한 분류심사 결정의 기본권 침해**(12헌마922)

분류심사에 의한 처우등급 결정은 행형기관의 재량적 판단에 이루어지는 것으로 구체적이고 직접적인 법적 지위를 불리하게 변경하는 것이라 할 수 없어 헌법소원의 대상이 되는 공권력의 행사에 해당하지 않는다. (각하)

시행규칙 제62조 (분류심사 제외 및 유예)

① 다음 각호의 사람에 대해서는 분류심사를 하지 아니한다.

　1. 징역형·금고형이 확정된 사람으로서 집행할 형기가 형집행지휘서 접수일부터 3개월 미만인 사람

　2. 구류형이 확정된 사람

　3. 삭제 〈개정 2013. 4. 16.〉

② 소장은 수형자가 다음 각호의 어느 하나에 해당하는 사유가 있으면 분류심사를 유예한다.

1. 질병 등으로 분류심사가 곤란한 때
2. 법 제107조제1호부터 제5호까지의 규정에 해당하는 행위 및 이 규칙 제214조 각호에 해당하는 행위(이하 "징벌대상행위"라 한다)의 혐의가 있어 조사 중이거나 징벌집행 중인 때
3. 그 밖의 사유로 분류심사가 특히 곤란하다고 인정하는 때

③ 소장은 제2항 각호에 해당하는 사유가 소멸한 경우에는 지체 없이 분류심사를 하여야 한다. 다만, 집행할 형기가 사유 소멸일부터 3개월 미만인 경우에는 분류심사를 하지 아니한다.

분류처우 업무지침

제15조(치료감호 종료 후 재수용된 수형자의 분류심사)

① 소장은 치료감호 종료 후 나머지 형의 집행을 위해 교정시설로 이입된 자에 대하여 신입심사를 실시한다.

② 제1항의 신입심사는 최종적으로 확정된 형의 집행을 위한 형집행지휘서의 죄명, 형기 등을 기준으로 하며, 치료감호 집행기간을 고려하여 교정시설 입소일부터 형기종료일까지의 기간이 3개월 미만인 경우에는 신입심사를 실시하지 아니한다.

관련판례

■ **수형자 분류심사 거부에 대한 서명 강요 위헌확인**(17헌마470)

'분류처우 업무지침' 제9조 제3호는 소장은 수형자가 분류심사를 거부하는 경우에는 분류심사를 유예한다고 규정하면서, 분류심사에 필요한 분류상담을 거부하는 자는 분류심사를 거부한 것으로 본다고 규정하고 있다. 또한 같은 지침 제11조 제3항은 수형자가 분류심사를 거부하여 분류심사 거부 확인서를 작성하는 경우에는 거부자의 손도장이나 확인 서명을 받되, 수형자가 확인 서명 등을 거부하는 경우에는 해당 수형자를 담당하는 근무자의 서명을 받는다고 규정하고 있다.

청구인은 사생활에 대한 진술을 거부한다는 이유로 분류심사 거부 확인서의 서명을 강요당하였다고 주장하나, 위와 같은 관련 규정에 의하면 청구인은 서명을 거부할 수 있었던 것으로 보이고, 달리 청구인이 서명을 강요당하였다거나 서명 거부 시 어떠한 불이익을 받을 수 있다는 점을 인정할 자료가 없다.

따라서 **청구인에게 분류심사 거부 확인서 작성을 요구한 행위는 단순한 비권력적 사실행위에 불과하여 헌법소원의 대상이 되는 공권력의 행사에 해당하지 않는다.**

시행규칙 제63조 (분류심사 사항)

분류심사 사항은 다음 각호와 같다.

   1. 처우등급에 관한 사항

   2. 작업, 직업훈련, 교육 및 교화프로그램 등의 처우방침에 관한 사항

   3. 보안상의 위험도 측정 및 거실 지정 등에 관한 사항

   4. 보건 및 위생관리에 관한 사항

   5. 이송에 관한 사항

   6. 가석방 및 귀휴심사에 관한 사항

   7. 석방 후의 생활계획에 관한 사항

   8. 그 밖에 수형자의 처우 및 관리에 관한 사항

시행규칙 제64조 (신입심사 시기)

개별처우계획을 수립하기 위한 분류심사(이하 "신입심사"라 한다)는 매월 초일부터 말일까지 형집행지휘서가 접수된 수형자를 대상으로 하며, 그다음 달까지 완료하여야 한다. 다만, 특별한 사유가 있는 경우에는 그 기간을 연장할 수 있다.

시행규칙 제60조 (이송·재수용 수형자의 개별처우계획 등)

① 소장은 해당 교정시설의 특성 등을 고려하여 필요한 경우에는 다른 교정시설로부터 이송되어 온 수형자의 개별처우계획을 변경할 수 있다.

② 소장은 형집행정지 중에 있는 사람이 기간만료 또는 그 밖의 정지사유 소멸로 재수용된 경우에는 석방 당시와 동일한 처우등급을 부여할 수 있다.

③ 소장은 제260조에 따른 가석방의 취소로 재수용되어 잔형이 집행되는 경우에는 석방 당시보다 한 단계 낮은 처우등급(제74조의 경비처우급에만 해당한다)을 부여한다. 다만, 「가석방자관리규정」 제5조 단서를 위반하여 가석방이 취소되는 등 가석방 취소사유에 <u>특히 고려할 만한 사정이 있는 때</u>에는 석방당시와 동일한 처우등급을 부여할 수 있다.

④ 소장은 형집행정지 중이거나 가석방기간 중에 있는 사람이 형사사건으로 재수용되어 형이 확정된 경우에는 개별처우계획을 새로 수립하여야 한다.

시행규칙 제61조 (국제수형자 및 군수형자의 개별처우계획)

① 소장은「국제수형자이송법」에 따라 외국으로부터 이송되어 온 수형자에 대하여는 개별처우계획을 새로 수립하여 시행한다. 이 경우 해당 국가의 교정기관으로부터 접수된 그 수형자의 수형생활 또는 처우 등에 관한 내용을 고려할 수 있다.

② 소장은 군사법원에서 징역형 또는 금고형이 확정되거나 그 형의 집행 중에 있는 사람이 이송되어 온 경우에는 개별처우계획을 새로 수립하여 시행한다. 이 경우 해당 군교도소로부터 접수된 그 수형자의 수형생활 또는 처우 등에 관한 내용을 고려할 수 있다.

분류처우 업무지침

제30조(신입심사) ① 신입심사는 매월 1일부터 말일까지 지휘서가 접수된 수형자에 대하여 실시한다.

② 신입심사는 다음 각호의 어느 하나에 해당하는 경우에 실시한다.

1. 미결수용자로서 형이 확정되어 처음으로 실시하는 경우
2. 분류심사 제외 또는 유예사유가 소멸된 경우
3. 형집행정지 또는 가석방 기간 중에 있는 자가 형사사건으로 재수용되어 형이 확정된 경우
4. 「국제수형자이송법」에 따라 국내로 이송된 경우
5. 군교도소에서 이송된 경우
6. 치료감호 처분이 종료 또는 가종료되어 형의 집행을 위해 교정시설에 수용된 경우
7. 그 밖의 사유로 처음 분류심사를 실시하는 경우

■ 이송 및 재수용 수형자의 개별처우계획

구분	처우
이송되어 온 수형자	해당 교정시설의 특성에 따라 개별처우계획을 변경할 수 있다. (제60조제1항)
가석방의 취소로 재수용되어 잔형이 집행되는 경우	석방 당시보다 한 단계 낮은 처우등급을 부여한다.

구분	처우
형집행정지 중에 있는 사람이 기간만료 또는 그 밖의 정지사유 소멸로 재수용된 경우	석방 당시와 동일한 처우등급을 부여할 수 있다.
천재지변, 질병, 부득이한 사유로 출석의무를 위반하여 가석방이 취소되는 등 가석방 취소사유에 고려할 만한 사정이 있는 경우 등	
형집행정지 중이거나 가석방기간 중에 있는 사람이 형사사건으로 재수용되어 형이 확정된 경우	개별처우계획을 새로 수립하여야 한다.
국제수형자이송법에 따라 외국으로부터 이송되어 온 수형자 　1. 형기의 ⅓ 미경과: 경비처우급 분류지표 산정 　2. 형기의 ⅓ 경과 ⅔ 미경과: 일반경비처우급 　3. 형기의 ⅔ 경과: 완화경비처우급	
군사법원에서 징역형 또는 금고형이 확정되거나 그 형의 집행 중에 있는 사람이 이송되어 온 경우 　1. 처우등급 제4급자 중 1년 이내에 징벌자: 경비처우급 분류지표 산정 　2. 처우등급 제3급, 제4급: 일반경비처우급 　3. 처우등급 제1급, 제2급: 완화경비처우급	
치료감호 종료 후 재수용된 수형자	1. 교정시설 입소부터 분류처우위원회 의결 전까지: 중경비처우급 2. 분류심사 제외자: 일반경비처우급 3. 분류심사 대상자: 「경비처우급 분류지표」 판정결과에 따라 편입

분류처우 업무지침

제6조(신입수형자 등 처우의 기준)

① 교정시설 입소 시 다음 각호의 어느 하나에 해당하는 자에 대한 처우기준은 중경비처우급으로 한다. 다만, 노역장 유치명령만을 받은 순수 노역수형자는 일반경비처우급에 준하여 처우한다.

1. 신입수형자 2. 분류심사 유예자 3. 분류심사 제외자

> ② 소장은 제1항제1호 및 제2호에 해당하는 수형자가 분류처우위원회의 의결을 거친 경우에는 결정된 경비처우급에 따른 처우를, 제1항제3호에 해당하는 수형자는 일반경비처우급에 준하는 처우를 실시한다.
>
> ③ 제2항에 따른 처우를 실시하는 기준일은 다음 각호와 같다.
>
> 　1. 분류처우위원회의 의결을 거친 경우에는 해당 의결일 다음 날
>
> 　2. 제1항제2호 및 제3호에 해당하는 수형자가 분류처우위원회의 의결을 거치지 않은 경우에는 기결입소 후 다음 달 최초에 도래하는 분류처우위원회 개최일 다음 날
>
> ④ 소장은 이 지침의 적용을 받는 수형자가 그 형의 집행이 정지되거나 종료되어 노역장 유치를 집행하는 경우에는 그 유치기간 중 처우등급별 처우를 계속한다.

시행규칙 제65조 (재심사의 구분)

개별처우계획을 조정할 것인지를 결정하기 위한 분류심사(이하 "재심사"라 한다)는 다음 각호와 같이 구분한다.

　1. 정기재심사: 일정한 형기가 도달한 때 하는 재심사

　2. 부정기재심사: 상벌 또는 그 밖의 사유가 발생한 경우에 하는 재심사

시행규칙 제66조 (정기재심사)

① 정기재심사는 다음 각호의 어느 하나에 해당하는 경우에 한다. 다만, 형집행지휘서가 접수된 날부터 6개월이 지나지 아니한 경우에는 그러하지 아니하다.

　1. 형기의 3분의 1에 도달한 때

　2. 형기의 2분의 1에 도달한 때

　3. 형기의 3분의 2에 도달한 때

　4. 형기의 6분의 5에 도달한 때

② 부정기형의 재심사 시기는 단기형을 기준으로 한다.

③ 무기형과 20년을 초과하는 징역형·금고형의 재심사 시기를 산정하는 경우에는 그 형기를 20년으로 본다.

④ 2개 이상의 징역형 또는 금고형을 집행하는 수형자의 재심사 시기를 산정하는 경우에는 그 형기를 합산한다. 다만, 합산한 형기가 20년을 초과하는 경우에는 그 형기를 20년으로 본다.

주의 부정기형 집행 중인 소년의 형기종료일은 장기형을 기준으로 한다.

관련판례

■ **경비처우급 상형조정 불허취소**(대구지법 16구합1402, 2017. 6. 9)

경비처우급을 심사하면서 재량권을 행사하여 현처우를 그대로 유지하기로 한 처분에 항고소송의 대상이 되는 행정처분에 해당한다.

시행규칙 제67조 (부정기재심사)

부정기재심사는 다음 각호의 어느 하나에 해당하는 경우에 할 수 있다.

1. 분류심사에 오류가 있음이 발견된 때
2. 수형자가 교정사고의 예방에 뚜렷한 공로가 있는 때
3. 수형자를 징벌하기로 의결한 때
4. 수형자가 집행유예의 실효 또는 추가사건으로 금고 이상의 형이 확정된 때
5. 수형자가 「숙련기술장려법」 제20조 제2항에 따른 전국기능경기대회 입상, 기사 이상의 자격취득, 학사 이상의 학위를 취득한 때
6. 삭제
7. 그 밖에 수형자의 수용 또는 처우의 조정이 필요한 때

주의 시행규칙 제67조 중 삭제된 부분 ☞ 6. 가석방 심사와 관련하여 필요한 때

관련판례

■ **형의 집행과 구속영장의 집행이 경합하는 경우 미결구금 산입 여부**(대법01도4583, 01.10.26)

형의 집행과 구속영장의 집행이 경합하고 있는 경우 구속 여부와 관계없이 피고인 또는 피의자는 형의 집행에 의하여 구금을 당하고 있는 것이어서, 구속의 관념상은 존재하지만 사실상은 형의 집행에 의한 구금만이 존재하는 것에 불과하므로 즉, 구속에 의하여 자유를 박탈하는 것이 아니므로, 미결구금 기간을 본형에 통산할 필요가 없다.

🏛️ **분류처우 업무지침**

제32조(부정기재심사)

① 부정기재심사는 다음 각호의 어느 하나에 해당하는 경우에 할 수 있다.

　1. 분류심사에 오류가 있음이 발견된 때

　2. 수형자가 교정사고의 예방에 뚜렷한 공로가 있는 때

　3. 수형자를 징벌하기로 의결한 때

　4. 수형자가 집행유예의 실효(취소 포함) 또는 추가사건으로 금고 이상의 형이 확정된 때 (헌법재판소의 위헌결정, 감형, 재심청구로 인한 형기변경 등의 사유가 발생한 경우에도 동일하게 적용)

　5. 수형자가 전국기능경기대회 입상, 기사 이상의 자격취득, 전문학사를 제외한 학사 이상의 학위를 취득(취득 예정 포함)한 때

　6. 수형자 개별처우 목표의 변경이 필요한 때

　7. 그 밖에 수형자의 수용 또는 처우의 조정이 필요한 때

■ 추가형 확정, 집행유예 실효 등으로 형기가 늘어나는 경우

현재 경비처우급	합산(본형+추가형)한 형기 기준		
	1/3 미경과	1/3 경과 2/3 미경과	2/3 경과
S1급	경비처우급 분류지표 재산정	▶ 하향조정	▶ 추가된 형기의 장단에 따라 6개월 미만인 경우 현처우, 6개월 이상인 경우 하향조정
S2급		▶ 경비처우급 분류지표 재산정	
S3급		현처우 유지	현처우 유지
S4급		현처우 유지	현처우 유지

제33조(재심사시 유의사항)

① 정기재심사 도래일과 부정기재심사 사유발생일이 같은 달에 중복되는 경우에는 정기재심사를 실시한다. 이 경우 부정기재심사 사유를 특히 고려한다.

② 정기재심사 기간 중에 부정기재심사가 이루어진 경우(부정기재심사 사유를 규정한 제32조제1항제1호, 제6호 및 제7호는 제외)에는 부정기재심사 이후 시점부터 남은 정기재심사까지의 기간을 정기재심사 기간으로 본다.

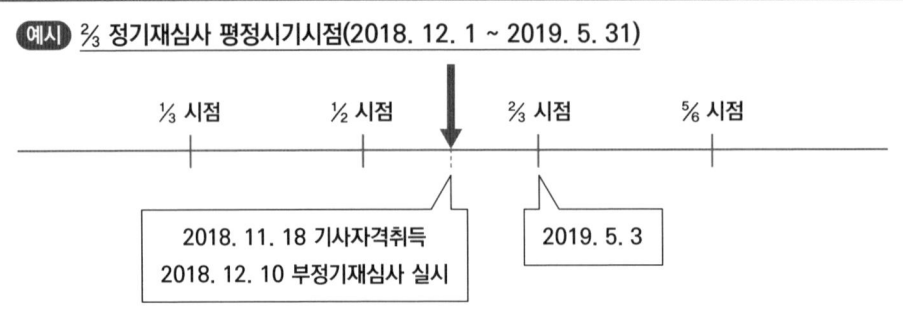

③ 소장은 장애인, 환자 등 처우성과를 기대하기 어려운 수형자에 대하여 재심사를 하는 경우 재활, 사회성 함양, 석방 후의 생활안정 및 보호대책 등을 위한 노력을 고려할 수 있다.

④ 제3항에서 규정한 수형자에 대한 처우등급 조정여부는 다른 수형자와의 형평성을 고려하여 결정한다.

⑤ 소장은 경비처우급 변경 이외의 기본수용급, 개별처우급을 변경하거나 개별처우목표의 수정이 필요한 경우에는 정기 또는 부정기재심사 시 이를 검토하여 반영하되, 소득점수 평정은 고려하지 아니한다.

시행규칙 제68조 (재심사 시기 등)

① 소장은 재심사를 할 때에는 그 사유가 발생한 달의 다음 달까지 완료하여야 한다.

② 재심사에 따라 제74조의 경비처우급을 조정할 필요가 있는 경우에는 한 단계의 범위에서 조정한다. 다만, 수용 및 처우를 위하여 특히 필요한 경우에는 두 단계의 범위에서 조정할 수 있다.

시행규칙 제69조 (분류조사 사항)

① 신입심사를 할 때에는 다음 각호의 사항을 조사한다.

  1. 성장과정

  2. 학력 및 직업경력

  3. 생활환경

  4. 건강상태 및 병력사항

  5. 심리적 특성

  6. 마약·알코올 등 약물중독 경력

7. 가족 관계 및 보호자 관계

8. 범죄경력 및 범행내용

9. 폭력조직 가담여부 및 정도

10. 교정시설 총 수용기간

11. 교정시설 수용(과거에 수용된 경우를 포함한다) 중에 받은 징벌 관련 사항

12. 도주(음모, 예비 또는 미수에 그친 경우를 포함한다) 또는 자살기도 유무와 횟수

13. 상담관찰 사항

14. 수용생활태도

15. 범죄피해의 회복 노력 및 정도

16. 석방 후의 생활계획

17. 재범의 위험성

18. 처우계획 수립에 관한 사항

19. 그 밖에 수형자의 처우 및 관리에 필요한 사항

② 재심사를 할 때에는 제1항 각호의 사항 중 변동된 사항과 다음 각호의 사항을 조사한다.

1. 교정사고 유발 및 징벌 관련 사항

2. 제77조의 소득점수를 포함한 교정처우의 성과

3. 교정사고 예방 등 공적 사항

4. 추가사건 유무

5. 재범의 위험성

6. 처우계획 변경에 관한 사항

7. 그 밖에 재심사를 위하여 필요한 사항

범죄경력조사

시행규칙 제3조 (범죄횟수)

① 수용자의 범죄횟수는 징역 또는 금고 이상의 형을 선고받아 확정된 횟수로 한다. 다만, 집행유예의 선고를 받은 사람이 유예기간 중 고의로 범한 죄로 금고 이상의 실형이 확정되지 아니하고 그 기간이 지난 경우에는 집행이 유예된 형은 범죄횟수에 포함하지 아니한다.

② 형의 집행을 종료하거나 그 집행이 면제된 날부터 다음 각호의 기간이 지난 경우에는 범죄횟수에 포함하지 아니한다. 다만, 그 기간 중 자격정지 이상의 형을 선고받아 확정된 경우는 제외한다.

　　1. 3년을 초과하는 징역 또는 금고: 10년

　　2. 3년 이하의 징역 또는 금고: 5년

③ 수용기록부 등 수용자의 범죄횟수를 기록하는 문서에는 필요한 경우 수용횟수(징역 또는 금고 이상의 형을 선고받고 그 집행을 위하여 교정시설에 수용된 횟수를 말한다)를 함께 기록하여 해당 수용자의 처우에 참고할 수 있도록 한다.

■ 수용횟수 계산방법

구분	기록방법
미결구금일수가 본형형기 초과	1회
집행유예가 실효되어 본형과 함께 집행	2회 (본형+집행유예건)
형 집행 중에 집행유예건 혹은 추가건 발견	2회 (본형+집행유예건 또는 추가건)
형집행정지 사유소멸로 남은 형기를 집행하는 경우	1회
가석방 취소로 재수용된 경우	1회

시행규칙 제70조 (분류조사 방법)

분류조사의 방법은 다음 각호와 같다.

　　1. 수용기록 확인 및 수형자와의 상담

　　2. 수형자의 가족 등 과의 면담

　　3. 검찰청, 경찰서, 그 밖의 관계기관에 대한 사실조회

　　4. 외부전문가에 대한 의견조회

　　5. 그 밖에 효율적인 분류심사를 위하여 필요하다고 인정되는 방법

시행규칙 제71조 (분류검사)

① 소장은 분류심사를 위하여 수형자의 인성, 지능, 적성 등의 특성을 측정·진단하기 위한 검사를 할 수 있다.

② 인성검사는 신입심사 대상자 및 그 밖에 처우상 필요한 수형자를 대상으로 한다. 다만, 수형자가 다음 각호의 어느 하나에 해당하면 인성검사를 하지 아니할 수 있다.

1. 제62조제2항에 따라 분류심사가 유예된 때
2. 그 밖에 인성검사가 곤란하거나 불필요하다고 인정되는 사유가 있는 때

③ 이해력의 현저한 부족 등으로 인하여 인성검사를 하지 아니한 경우에는 상담 내용과 관련 서류를 토대로 인성을 판정하여 경비처우급 분류지표를 결정할 수 있다.

④ 지능 및 적성 검사는 제2항 각호의 어느 하나에 해당하지 아니하는 신입심사 대상자로서 집행할 형기가 형집행지휘서 접수일부터 1년 이상이고 나이가 35세 이하인 경우에 한다. 다만, 직업훈련 또는 그 밖의 처우를 위하여 특히 필요한 경우에는 예외로 할 수 있다.

제4절 수형자 처우등급

시행규칙 제72조 (처우등급)

수형자의 처우등급은 다음 각호와 같이 구분한다.
1. 기본수용급: 성별·국적·나이·형기 등에 따라 수용할 시설 및 구획 등을 구별하는 기준
2. 경비처우급: 도주 등의 위험성에 따라 수용시설과 계호의 정도를 구별하고, 범죄성향의 진전과 개선정도, 교정성적에 따라 처우수준을 구별하는 기준
3. 개별처우급: 수형자의 개별적인 특성에 따라 중점처우의 내용을 구별하는 기준

시행규칙 제73조 (기본수용급)

기본수용급은 다음 각호와 같이 구분한다.
1. 여성수형자
2. 외국인수형자
3. 금고형수형자
4. 19세 미만의 소년수형자
5. 23세 미만의 청년수형자
6. 65세 이상의 노인수형자
7. 형기가 10년 이상인 장기수형자
8. 정신질환 또는 장애가 있는 수형자
9. 신체질환 또는 장애가 있는 수형자

분류처우 업무지침

제52조(기본수용급)

① 기본수용급 구분과 약칭은 다음 각호와 같다.

1. 여성수형자 : W급
2. 외국인수형자 : F급
3. 금고형수형자 : I급
4. 19세 미만의 소년수형자 : J급
5. 23세 미만의 청년수형자 : Y급
6. 65세 이상의 노인수형자 : A급
7. 형기가 10년 이상인 장기수형자 : L급
8. 정신질환 또는 장애가 있는 수형자 : M급
9. 신체질환 또는 장애가 있는 수형자 : P급

② 소장은 수형자의 특성에 해당하는 기본수용급을 모두 부여하며, 그 순서는 제1항 각호의 순서에 따른다.

③ 소장은 기본수용급에 변경사유가 발생한 경우에는 정기 또는 부정기재심사 시 이를 확인하여 반영한다.

시행규칙 제74조 (경비처우급)

① 경비처우급은 다음 각호와 같이 구분한다.

1. 개방처우급: 법 제57조제2항제1호의 개방시설에 수용되어 가장 높은 수준의 처우가 필요한 수형자
2. 완화경비처우급: 법 제57조제2항제2호의 완화경비시설에 수용되어 통상적인 수준보다 높은 수준의 처우가 필요한 수형자
3. 일반경비처우급: 법 제57조제2항제3호의 일반경비시설에 수용되어 통상적인 수준의 처우가 필요한 수형자
4. 중경비처우급: 법 제57조제2항제4호의 중경비시설에 수용되어 기본적인 처우가 필요한 수형자

② 경비처우급에 따른 작업기준은 다음 각호와 같다.

    1. 개방처우급: 외부통근작업 및 개방지역작업 가능

    2. 완화경비처우급: 개방지역작업 및 필요시 외부통근작업 가능

    3. 일반경비처우급: 구내작업 및 필요시 개방지역작업 가능

    4. 중경비처우급: 필요시 구내작업 가능

시행규칙 제76조 (개별처우급)

개별처우급은 다음 각호와 같이 구분한다.

    1. 직업훈련 2. 학과교육 3. 생활지도 4. 작업지도 5. 운영지원작업 6. 의료처우
    7. 자치처우 8. 개방처우 9. 집중처우

분류처우 업무지침

제54조(개별처우급)

① 개별처우급 구분과 약칭은 다음 각호와 같다.

    1. 직업훈련 : V급

    2. 학과교육 : E급

    3. 생활지도 : G급

    4. 작업지도 : R급

    5. 운영지원작업 : N급

    6. 의료처우 : T급

    7. 자치처우 : H급

    8. 개방처우 : O급

    9. 집중처우 : C급

② 소장은 수형자에게 적정한 개별처우급을 3개까지 부여할 수 있다.

시행규칙 제77조 (소득점수)

소득점수는 다음 각호의 범위에서 산정한다.

1. 수형생활 태도: 5점 이내(품행 1.0, 책임감 2.0, 협동심 2.0)
2. 작업 또는 교육 성적: 5점 이내(근면성 3.0, 작업·교육·실적 2.0)

관련판례

■ 교도관의 소득점수 채점행위에 대한 헌법소원(각하, 12헌마601)

교도관의 소득점수 채점행위는 수형자의 직접적인 권리의무에 영향을 미치지 않는 비권력적 사실행위로 헌법소원의 대상이 되는 공권력의 행사에 해당하지 않는다.

■ 소득점수 관련 규정의 직접성 요건 충족여부(각하, 17헌마904)

심판대상조항은 소장에 수형자에 대한 재심사를 하는 경우 평정소득점수로 경비처우급을 조정할 것인지를 고려하여야 한다고 정하고 있을 뿐이므로 헌법소원심판 청구의 직접성 요건이 결여되어 부적합하다.

시행규칙 제78조 (소득점수 평가 기간 및 방법)

① 소장은 수형자(제62조에 따라 분류심사에서 제외되거나 유예되는 사람은 제외한다)의 소득점수를 별지 제1호서식의 소득점수 평가 및 통지서에 따라 매월 평가하여야 한다. 이 경우 대상기간은 매월 초일부터 말일까지로 한다.

② 수형자의 소득점수 평가 방법은 다음 각호로 구분한다.

1. 수형생활 태도: 품행·책임감 및 협동심의 정도에 따라 매우양호(수, 5점)·양호(우, 4점)·보통(미, 3점)·개선요망(양, 2점)·불량(가, 1점)으로 구분하여 채점한다.
2. 작업 또는 교육 성적: 법 제63조·제65조에 따라 부과된 작업·교육의 실적 정도와 근면성 등에 따라 매우우수(수, 5점)·우수(우, 4점)·보통(미, 3점)·노력요망(양, 2점)·불량(가, 1점)으로 구분하여 채점한다.

③ 제2항에 따라 수형자의 작업 또는 교육 성적을 평가하는 경우에는 작업 숙련도, 기술력, 작업기간, 교육태도, 시험성적 등을 고려할 수 있다.

④ 보안·작업 담당교도관 및 관구(교정시설의 효율적인 운영과 수용자의 적정한 관리 및 처우를 위하여 수용동별 또는 작업장별로 나누어진 교정시설 안의 일정한 구역을 말한다. 이하 같다)의 책임교도관은 서로 협의하여 소득점수 평가 및 통지서에 해당 수형자에 대한 매월 초일부터 말일까지의 소득점수를 채점한다.

시행규칙 제79조 (소득점수 평가기준)

① 수형생활 태도 점수와 작업 또는 교육성적 점수는 제78조제2항의 방법에 따라 채점하되, 수는 소속 작업장 또는 교육장 전체 인원의 10퍼센트를 초과할 수 없고, 우는 30퍼센트를 초과할 수 없다. 다만, 작업장 또는 교육장 전체인원이 4명 이하인 경우에는 수·우를 각각 1명으로 채점할 수 있다.

② 소장이 작업장 중 작업의 특성이나 난이도 등을 고려하여 필수 작업장으로 지정하는 경우 소득점수의 수는 5퍼센트 이내, 우는 10퍼센트 이내의 범위에서 각각 확대할 수 있다.

③ 소장은 수형자가 부상이나 질병, 그 밖의 부득이한 사유로 작업 또는 교육을 받지 못한 경우에는 3점 이내의 범위에서 작업 또는 교육 성적을 부여할 수 있다.

소득점수 계산	수형생활태도 점수					작업 또는 교육성적 점수				
	수(5)	우(4)	미(3)	양(2)	가(1)	수(5)	우(4)	미(3)	양(2)	가(1)
5명 이상	10%	30%				10%	30%	질병 등 부득이		
(필수 작업장)	–	–				+5%	+10%			
4명 이하	1	1				1	1			

▶ 수형자의 소득점수를 평정하여 경비처우급을 조정할 것인지를 고려하여야 한다.
  합산점수 8점 이상 (5/6 시점의 재심사 시에는 7점 이상) 상향고려 , 5점 이하 (하향 고려)

분류처우 업무지침

제67조(부득이한 사유로 작업을 하지 못하거나 교육을 받지 못한 경우의 교정성적)

① 시행규칙 제79조제3항에 따라 작업 또는 교육 중에 부득이한 사유로 작업 또는 교육을 받지 못한 경우에는 작업 등을 하지 못한 사유가 발생하기 직전 3개월간의 작업·교육성적을 면밀히 검토하여 3점 이내의 범위에서 작업·교육성적을 부여할 수 있다.

② 제1항에 따라 작업·교육성적을 부여하는 경우에는 취업하는 수형자와의 형평성을 고려하여 성적을 부여한다.

③ 제1항에 따라 작업·교육성적을 부여할 수 있는 범위는 다음 각호와 같다.

  1. 3점 이내

    가. 작업하거나 교육받는 중에 부상을 당하거나 질병이 발생한 경우
    나. 외부 환경의 변화로 작업장 또는 교육장이 폐쇄되어 작업 또는 교육이 일시 중지된 경우

    2. 2점 이내

        가. 작업 또는 교육 중 이송을 위해 대기하는 경우

        나. 작업 또는 교육 중 참고인 조사 또는 추가사건 진행 등으로 인하여 작업하지 못하거나 교육을 받을 수 없는 경우

        다. 작업 또는 교육 등에 대한 적극적인 의사에도 불구하고 작업하지 못하거나 교육을 받을 수 없는 경우

    3. 삭제

    4. 미부여

        가. 삭제

        나. 작업 또는 교육을 거부하는 경우

        다. 징벌처분 등의 사유로 작업 또는 교육점수를 부여하는 것이 적정하지 않다고 인정되는 경우

④ 시행규칙 제79조제3항은 미취업 기간이 15일 이상인 경우 적용한다.

시행규칙 제80조 (소득점수 평정 등)

① 소장은 제66조 및 제67조에 따라 재심사를 하는 경우에는 그때마다 제78조에 따라 평가한 수형자의 소득점수를 평정하여 경비처우급을 조정할 것인지를 고려하여야 한다. 다만, 부정기재심사의 소득점수 평정대상기간은 사유가 발생한 달까지로 한다.

② 제1항에 따라 소득점수를 평정하는 경우에는 평정 대상기간 동안 매월 평가된 소득점수를 합산하여 평정 대상기간의 개월 수로 나누어 얻은 점수(이하 "평정소득점수"라 한다)로 한다.

분류처우 업무지침

제63조(소득점수 평정기간) ① 지휘서 접수일부터 6개월이 지나 최초로 재심사하는 경우의 평정기간은 지휘서를 접수한 다음 달부터 해당 재심사 시기까지의 기간으로 한다.

정기재심사의 소득점수 평가 및 평정예시(제63조 관련)

○ 수형자 A의 정기재심사 시기는 다음과 같음

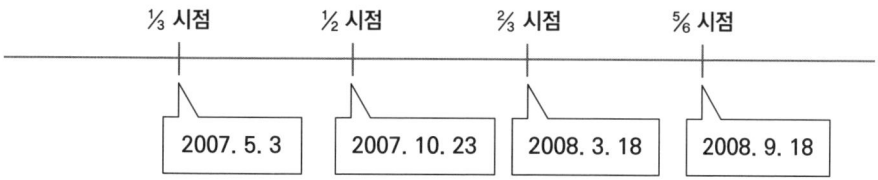

○ 수형자 A의 정기재심사 소득점수 평가 및 평정결과는 아래 예시와 같음

소득점수 평가 및 평정결과(예시)

구분 \ 년월	'07년									'08년			
	5월	6월	7월	8월	9월	10월	11월	12월	1월	2월	3월	4월
작업장	시설보수	시설보수	시설보수	시설보수	시설보수	시설보수	시설보수	시설보수	시설보수	시설보수	시설보수	시설보수
(a)평가점수	8	8	7	8	7	7	8	8	8	8	9	9
(b)평가점수 누계	43	8	15	23	30	37	8	16	24	32	41	9
(c)평정점수		← 1/2정기재심사 → 평점 7점						← 2/3정기재심사 → 평점 8점				

구분 \ 년월	'08년					
	5월	6월	7월	8월	9월	10월
작업장	시설보수	시설보수	시설보수	시설보수	시설보수	시설보수
(a)평가점수	8	8	8	8	8	8
(b)평가점수 누계	17	25	33	41	49	
(c)평정점수	← 5/6정기재심사 → 평점 8점					

분류처우 업무지침

부정기재심사의 소득점수 평가 및 평정예시(제63조 관련)

○ 수형자 B의 부정기재심사 시기는 다음과 같음

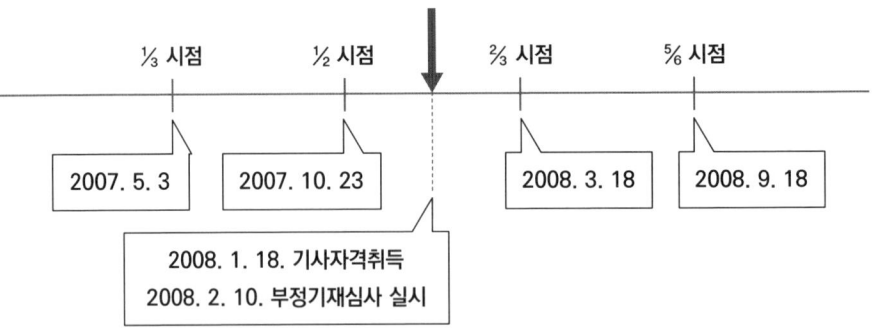

○ 수형자 B의 부정기재심사 소득점수 평가 및 평정결과 예시

소득점수 평가 및 평정결과(예시)											
년월 구분	'07년								'08년			
	5월	6월	7월	8월	9월	10월	11월	12월	1월	2월	3월	4월
작업장	시설 보수	시설 보수	시설 보수	시설 보수	시설 보수	시설 보수	시설 보수	시설 보수	시설 보수	시설 보수	시설 보수	시설 보수
(a)평가점수	8	8	7	8	7	7	8	8	8	8	9	9
(b)평가점수 누계	43	8	15	23	30	37	8	16	24	8	17	9
(c)평정점수		← 1/2정기재심사 → 평점 7점					←부정기재심사→ (기사자격취득)		←2/3정기재심사→ 평점 9점		

년월 구분	'08년					
	5월	6월	7월	8월	9월	10월
작업장	시설 보수	시설 보수	시설 보수	시설 보수	시설 보수	시설 보수
(a)평가점수	8	8	8	8	8	8
(b)평가점수 누계	17	25	33	41	49	
(c)평정점수	← 5/6정기재심사 → 평점 8점					

시행규칙 제81조 (경비처우급 조정)

경비처우급을 상향 또는 하향 조정하기 위하여 고려할 수 있는 평정소득점수의 기준은 다음 각호와 같다. 다만, 수용 및 처우를 위하여 특히 필요한 경우 법무부장관이 달리 정할 수 있다.

1. 상향 조정: 8점 이상(형기의 5/6가 도달한 때에 시행하는 재심사의 경우에는 7점 이상)
2. 하향 조정: 5점 이하

시행규칙 제82조 (조정된 처우등급의 처우 등)

① 조정된 처우등급에 따른 처우는 그 조정이 확정된 다음 날부터 한다. 이 경우 조정된 처우등급은 그달 초일부터 적용된 것으로 본다.

② 소장은 수형자의 경비처우급을 조정한 경우에는 지체 없이 해당 수형자에게 그 사항을 알려야 한다.

관련판례

■ **재심사 지표의 직접성 요건 충족여부**(각하, 18헌마746)

법령 또는 법령조항 자체가 헌법소원의 대상이 될 수 있으려면 청구인의 기본권이 구체적인 집행행위를 기다리지 아니하고 그 법령 또는 법령조항에 의하여 직접 침해받아야 한다. 여기서 말하는 기본권침해의 직접성이란 집행행위에 의지 아니하고 법령 그 자체에 의하여 자유의 제한, 의무의 부과, 권리 또는 법적 지위의 박탈이 생긴 경우를 말하므로, 당해 법령에 근거한 구체적인 집행행위를 통하여 비로소 기본권침해의 법률효과가 발생하는 경우에는 직접성의 요건이 결여된다.

'분류처우 업무지침'은 수형자로서의 처우가 시작된 때부터 가석방 또는 형기종료 등으로 석방될 때까지 수형자의 분류와 처우에 관한 사항을 규정한 것으로, 수형자 개개인의 특성을 과학적으로 심사·분류한 후 그에 따른 개별처우계획을 수립·시행하여 형 집행의 목적인 교정과 교화를 달성하기 위한 것이다. 이 사건 재심사 지표는 그중 수형자의 개별처우계획을 조정하기 위한 재심사를 할 때, 경비처우급 조정 여부를 판단하기 위하여 고려할 수 있는 재범가능성, 교정처우성과 등과 같은 여러 항목을 평가지표로 구성한 것으로, 교도소장 등의 재량권 행사의 지침을 규정한 것이다. 실제로 분류처우에 관한 중요 사항은 위원장을 교도소장으로 하여 교정시설에 설치된 분류처우위원회에서 심의·의결하는바 분류처우위원회는 재심사를 할 때 이 사건 지표에 규정된 조정기준을 준수하되 최종적인 판단은 위원회에서 하도록 되어 있다.

따라서 청구인에 대한 기본권침해의 법률효과는 분류처우위원회의 심의·의결이라는 구체적인 집행행위를 통하여 비로소 발생하는 것이므로, 이 사건 심판청구는 기본권침해의 직접성 요건을 흠결하여 부적법하다.

제60조(관계기관등에 대한 사실조회 등) ① 소장은 분류심사와 그 밖에 수용목적의 달성을 위하여 필요하면 수용자의 가족 등을 면담하거나 법원·경찰관서, 그 밖의 관계 기관 또는 단체(이하 "관계기관등"이라 한다)에 대하여 필요한 사실을 조회할 수 있다.
② 제1항의 조회를 요청받은 관계기관등의 장은 특별한 사정이 없으면 지체 없이 그에 관하여 답하여야 한다.

제61조(분류전담시설) 법무부장관은 수형자를 과학적으로 분류하기 위하여 분류심사를 전담하는 교정시설을 지정·운영할 수 있다.

시행령 제86조 (분류전담시설)

법무부장관은 법 제61조의 분류심사를 전담하는 교정시설을 지정·운영하는 경우에는 지방교정청별로 1개소 이상이 되도록 하여야 한다.

분류처우 업무지침

재범위험성 평가

제12조(분류센터 심사 대상자)

① 분류센터 심사 대상자는 다음 각호의 범죄로 징역 2년 이상의 형을 선고받아 그 형이 확정되어 정밀 분류심사 및 위험관리수준 평가가 필요하다고 인정되는 자를 대상으로 하며, 구체적인 대상 범죄 유형은 [별표 1]과 같다.

1. 살인 관련 범죄
2. 성폭력 관련 범죄
3. 방화 관련 범죄
4. 폭력 관련 범죄

② 분류센터장은 제1항 외에 정밀 분류심사 및 위험관리수준 평가가 필요하다고 인정되는 다음 각호의 수형자를 분류센터 심사 대상자로 선정할 수 있다.

1. 약취 및 유인, 인신매매 등 사회적으로 미치는 영향이 큰 범죄를 저지른 수형자로, 분류센터 심사가 필요하다고 인정되는 자
2. 절도, 사기 등 제1항 외의 죄명으로 형이 확정된 수형자 중 범죄전력 등을 검토하여 고위험군 범죄자로 진전될 가능성이 있는 수형자

제13조(대상 제외자 및 유예자)

① 다음 각호의 어느 하나에 해당되는 경우에는 대상자 선정에서 제외한다. 다만, 정밀 분류심사 및 위험관리수준 평가가 필요하다고 인정되는 경우에는 심사 대상자로 선정할 수 있다.

1. 노인수용자, 장애인수용자, 외국인수용자, 소년수용자
2. 삭제
3. 조직폭력수용자로 지정된 수형자
4. 마약류수용자로 지정된 수형자

② 환자, 조사 중인 수형자, 징벌 집행중인 수형자 및 분류심사 거부자의 경우 유예자로 관리하며 유예사유가 종료된 후 필요한 경우 정밀 분류심사를 실시할 수 있다.

⚖️ 분류처우 업무지침

재범위험성평가위원회

제32조(위원회 구성)

① 위원회는 위원장을 포함한 5명 이상 9명 이하의 위원으로 구성하고, 위원장은 지방교정청장이 된다.
② 위원회 위원은 지방교정청 소속 각 과장, 분류센터장, 5급 이상 직원, 외부전문위원 중에서 지방교정청장이 임명 또는 위촉한다.
③ 위원장과 위원의 임기는 해당 직위의 보직기간 또는 외부전문위원의 임기 동안으로 한다.
④ 위원장이 부득이한 사유로 그 직무를 수행할 수 없을 때에는 위원장이 미리 지정한 위원이 그 직무를 대행한다.

제5절 수형자의 처우등급별 구분

시행규칙 제83조 (처우등급별 수용 등)
① 소장은 수형자를 기본수용급별·경비처우급별로 구분하여 수용하여야 한다. 다만 처우상 특히 필요하거나 시설의 여건상 부득이한 경우에는 기본수용급·경비처우급이 다른 수형자를 함께 수용하여 처우할 수 있다.
② 소장은 제1항에 따라 수형자를 수용하는 경우 개별처우의 효과를 증진하기 위하여 경비처우급·개별처우급이 같은 수형자 집단으로 수용하여 처우할 수 있다.

시행규칙 제84조 (물품지급)
① 소장은 수형자의 경비처우급에 따라 물품에 차이를 두어 지급할 수 있다. 다만, 주·부식, 음료, 그 밖에 건강유지에 필요한 물품은 그러하지 아니하다.
② 제1항에 따라 의류를 지급하는 경우 수형자가 개방처우급인 경우에는 색상, 디자인 등을 다르게 할 수 있다.

시행규칙 제85조 (봉사원 선정)
① 소장은 개방처우급·완화경비처우급·일반경비처우급 수형자로서 교정성적, 나이, 인성 등을 고려하여 다른 수형자의 모범이 된다고 인정되는 경우에는 봉사원으로 선정하여 담당교도관의 사무처리와 그 밖의 업무를 보조하게 할 수 있다.
② 소장은 봉사원의 활동기간을 1년 이하로 정하되, 필요한 경우에는 그 기간을 연장할 수 있다.
③ 소장은 봉사원의 활동과 역할 수행이 부적당하다고 인정하는 경우에는 그 선정을 취소할 수 있다.
④ 소장은 제1항부터 제3항까지의 봉사원 선정, 기간연장 및 선정취소에 관한 사항을 결정할 때에는 법무부장관이 정하는 바에 따라 분류처우위원회의 심의·의결을 거쳐야 한다.

⚖️ 관련규정

분류처우 운영지침

제77조(봉사원)
⑤ 다음 각호의 어느 하나에 해당하는 경우에는 분류처우위원회의 심의·의결을 거친다.
  1. 일반경비처우급 수형자를 봉사원으로 선정하는 경우

> 2. 봉사원 활동기간을 연장하는 경우
>
> 3. 제77조제4항제5호의 사유로 봉사원 선정을 취소하는 경우
>
> ⑥ 제5항제2호의 봉사원 활동기간은 동일 작업장의 경우 연속하여 3년을 초과할 수 없다.

시행규칙 제86조 (자치생활)

① 소장은 개방처우급·완화경비처우급 수형자에게 자치생활을 허가할 수 있다.

② 수형자 자치생활의 범위는 인원점검, 취미활동, 일정한 구역 안에서의 생활 등으로 한다.

③ 소장은 자치생활 수형자들이 교육실, 강당 등 적당한 장소에서 월 1회 이상 토론회를 할 수 있도록 하여야 한다.

④ 소장은 자치생활 수형자가 법무부장관 또는 소장이 정하는 자치생활 중 지켜야 할 사항을 위반한 경우에는 자치생활 허가를 취소할 수 있다.

시행규칙 제87조 (접견)

① 수형자의 경비처우급별 접견의 허용횟수는 다음 각호와 같다.

   1. 개방처우급: 1일 1회

   2. 완화경비처우급: 월 6회

   3. 일반경비처우급: 월 5회

   4. 중(重)경비처우급: 월 4회

② 제1항 제2호부터 제4호까지의 경우 접견은 1일 1회만 허용한다. 다만, 처우상 특히 필요한 경우에는 그러하지 아니하다.

③ 소장은 교화 및 처우상 특히 필요한 경우에는 수용자가 다른 교정시설의 수용자와 통신망을 이용하여 화상으로 접견하는 것을 허가할 수 있다. 이 경우 화상접견은 제1항의 접견 허용횟수에 포함한다.

시행규칙 제88조 (접견 장소)

소장은 개방처우급 수형자에 대하여는 법무부장관이 정하는 바에 따라 접촉차단시설이 설치된 장소 외의 적당한 곳에서 접견을 실시할 수 있다. 다만, 처우상 특히 필요하다고 인정하는 경우에는 그 밖의 수형자에 대하여도 이를 허용할 수 있다.

시행규칙 제89조 (가족 만남의 날 행사 등)

① 소장은 개방처우급·완화경비처우급 수형자에 대하여 가족 만남의 날 행사에 참여하게 하거나 가족 만남의 집을 이용하게 할 수 있다. 이 경우 제87조의 접견 허용횟수에는 포함되지 아니한다.

② 제1항의 경우 소장은 가족이 없는 수형자에 대하여는 결연을 맺었거나 그 밖에 가족에 준하는 사람으로 하여금 그 가족을 대신하게 할 수 있다.

③ 소장은 제1항에도 불구하고 교화를 위하여 특히 필요한 경우에는 일반경비처우급 수형자에 대하여도 가족 만남의 날 행사 참여 또는 가족 만남의 집 이용을 허가할 수 있다.

④ 제1항 및 제3항에서 "가족 만남의 날 행사"란 수형자와 그 가족이 교정시설의 일정한 장소에서 다과와 음식을 함께 나누면서 대화의 시간을 갖는 행사를 말하며, "가족 만남의 집"이란 수형자와 그 가족이 숙식을 함께 할 수 있도록 교정시설에 수용동과 별도로 설치된 일반주택 형태의 건축물을 말한다.

시행규칙 제90조 (전화통화의 허용횟수)

① 수형자의 경비처우급별 전화통화의 허용횟수는 다음 각호와 같다.

　1. 개방처우급: 월 5회 이내

　2. 완화경비처우급: 월 3회 이내

　3. 일반경비처우급·중(重)경비처우급: 처우상 특히 필요한 경우 월 2회 이내

② 소장은 제1항에도 불구하고 처우상 특히 필요한 경우에는 개방처우급·완화경비처우급 수형자의 전화통화 허용횟수를 늘릴 수 있다.

③ 제1항 각호의 경우 전화통화는 1일 1회만 허용한다. 다만, 처우상 특히 필요한 경우에는 그러하지 아니하다.

시행규칙 제91조 (경기 또는 오락회 개최 등)

① 소장은 개방처우급·완화경비처우급 또는 자치생활 수형자에 대하여 월 2회 이내에서 경기 또는 오락회를 개최하게 할 수 있다. 다만, 소년수형자에 대하여는 그 횟수를 늘릴 수 있다.

② 제1항에 따라 경기 또는 오락회가 개최되는 경우 소장은 해당 시설의 사정을 고려하여 참석인원, 방법 등을 정할 수 있다.

③ 제1항에 따라 경기 또는 오락회가 개최되는 경우 소장은 관련 분야의 전문지식과 자격을 가지고 있는 외부강사를 초빙할 수 있다.

시행규칙 제92조 (사회적 처우)

① 소장은 개방처우급·완화경비처우급 수형자에 대하여 교정시설 밖에서 이루어지는 다음 각호에 해당하는 활동을 허가할 수 있다. 다만, 처우상 특히 필요한 경우에는 일반경비처우급 수형자에게도 이를 허가할 수 있다.

  1. 사회견학

  2. 사회봉사

  3. 자신이 신봉하는 종교행사 참석

  4. 연극, 영화, 그 밖의 문화공연 관람

② 제1항 각호의 활동을 허가하는 경우 소장은 별도의 수형자 의류를 지정하여 입게 한다. 다만, 처우상 필요한 경우에는 자비구매의류를 입게 할 수 있다.

③ 제1항제4호의 활동에 필요한 비용은 수형자가 부담한다. 다만, 처우상 필요한 경우에는 예산의 범위에서 그 비용을 지원할 수 있다.

시행규칙 제93조 (중간처우)

① 소장은 개방처우급 혹은 완화경비처우급 수형자가 다음 각호의 사유에 모두 해당하는 경우에는 교정시설에 설치된 개방시설에 수용하여 사회 적응에 필요한 교육, 취업지원 등 적정한 처우를 할 수 있다.

  1. 형기가 3년 이상인 사람

  2. 범죄 횟수가 2회 이하인 사람

  3. 중간처우를 받는 날부터 가석방 또는 형기 종료 예정일까지 기간이 3개월 이상 1년 6개월 이하인 사람

② 소장은 제1항에 따른 처우의 대상자 중 중간처우를 받는 날부터 가석방 또는 형기 종료 예정일까지의 기간이 9개월 미만인 수형자에 대해서는 지역사회에 설치된 개방시설에 수용하여 제1항에 따른 처우를 할 수 있다.

③ 제1항에 따른 중간처우 대상자의 선발절차는 법무부장관이 정한다.

◆ 중간처우(개방시설 수용) ◆

▸ **중간처우 (교정시설에 설치 된 개방시설에 수용가능)**

- 형기가 3년 이상, 범죄 횟수가 2회 이하인 사람
- 중간처우를 받는 날부터 가석방 또는 형기 종료 예정일까지 기간이 3개월 이상 1년 6개월 이하인 사람
- 형기 종료 예정일까지의 9개월 미만인 수형자에 대해서는 지역사회에 설치된 개방시설에 수용가능

대상:	잔형기(가석방 또는 형기 종료 예정일까지)	
형기 3년 이상	1년 6월 이하 → 시설 내 개방시설 수용가능	← 3월 이상
범죄횟수 2회	9월 미만 → 지역사회개방시설 수용가능	← 3월 이상
이하인 사람 중	중간처우 시작일	

▸ **우리나라 중간처우의 집**

- 안양교도소 소망의 집 – 개방처우(사회적 처우)
  2009년 1월부터 외부통근작업과 개방처우를 내용으로 하는 중간처우의 집을 설치·운영하고 있다.
- 밀양희망센터, 아산희망센터 – 사회 내 처우
  2013년 9월부터 설치·운영되고 있으며 '지역생활 내 생활' 단계의 중간처우 시설이다.

구분		개방처우급 (S1)	완화경비처우급 (S2)	일반경비처우급 (S3)	중경비처우급 (S4)
봉사원		가능	가능	선별적 가능	불가
접견		1일 1회	월 6회	월 5회	월 4회
전화	허용횟수	월 5회 이내	월 3회 이내	처우상 특히 필요 (월 2회 이내)	
	처우상 특히 필요	월 2회 추가 허용 가능		–	
	필수작업장	월 2회 추가 허용 가능		–	
	최대허용 가능횟수	월 9회	월 7회	월 4회	월 2회
가족만남의 날		허가		특히 필요시 허가	불허
가족만남의 집					
귀휴					
사회견학, 사회봉사, 외부종교행사, 외부문화공연관람					
경기 또는 오락회		월 2회 이내		불가	
중간처우		가능(허가)			
자치생활					
작업, 교육 등의 지도 보조					
개인작업					
외부직업훈련					
외부통근 작업		가능		구내 설치된 외부 기업체 통근 가능	불가
검정고시반, 방송통신고등학교, 독학학위취득과정, 정보화교육과정		선발가능			
방송통신대학, 외국어 교육, 전문대학 위탁교육		선발가능			불가

제6절 분류처우위원회

> **제62조(분류처우위원회)** ① 수형자의 개별처우계획, 가석방심사신청 대상자 선정, 그 밖에 수형자의 분류처우에 관한 중요 사항을 심의·의결하기 위하여 교정시설에 분류처우위원회를 둔다.
>
> ② 위원회는 위원장을 포함한 5명 이상 7명 이하의 위원으로 구성하고, 위원장은 소장이 되며, 위원은 위원장이 소속 기관의 부소장 및 과장(지소의 경우에는 7급 이상의 교도관) 중에서 임명한다.
>
> ③ 위원회는 그 심의·의결을 위하여 외부전문가로부터 의견을 들을 수 있다.
>
> ④ 이 법에 규정된 사항 외에 위원회에 관하여 필요한 사항은 법무부령으로 정한다.

시행규칙 제97조 (심의·의결 대상)

법 제62조의 분류처우위원회는 다음 각호의 사항을 심의·의결한다.

1. 처우등급 판단 등 분류심사에 관한 사항
2. 소득점수 등의 평가 및 평정에 관한 사항
3. 수형자 처우와 관련하여 소장이 심의를 요구한 사항
4. 가석방 적격심사 신청 대상자 선정 등에 관한 사항
5. 그 밖에 수형자의 수용 및 처우에 관한 사항

분류처우위원회 심의·의결 대상	시행규칙 제63조 분류심사사항
1. 처우등급 판단 등 분류심사에 관한 사항 2. 소득점수 등의 평가 및 평정에 관한 사항 3. 수형자 처우와 관련하여 소장이 심의를 요구한 사항 4. 가석방 적격심사 신청 대상자 선정 등에 관한 사항 5. 그 밖에 수형자의 수용 및 처우에 관한 사항	1. 처우등급에 관한 사항 2. 작업, 직업훈련, 교육 및 교화프로그램 등의 처우방침에 관한 사항 3. 보안상의 위험도 측정 및 거실 지정 등에 관한 사항 4. 보건 및 위생관리에 관한 사항 5. 이송에 관한 사항 6. 가석방 및 귀휴심사에 관한 사항 7. 석방 후의 생활계획에 관한 사항 8. 그 밖에 수형자의 처우 및 관리에 관한 사항

시행규칙 제98조 (위원장의 직무)

① 위원장은 위원회를 소집하고 위원회의 사무를 총괄한다.

② 위원장이 부득이한 사유로 그 직무를 수행할 수 없을 때에는 위원장이 미리 지정한 위원이 그 직무를 대행할 수 있다.

시행규칙 제99조 (회의)

① 위원회의 회의는 매월 10일에 개최한다. 다만, 위원회의 회의를 개최하는 날이 토요일, 공휴일, 그 밖에 법무부장관이 정한 휴무일일 때에는 그다음 날에 개최한다.

② 위원장은 수형자의 처우와 관련하여 필요한 경우에는 임시회의를 개최할 수 있다.

③ 위원회의 회의는 재적위원 3분의 2 이상의 출석으로 개의하고, 출석위원 과반수의 찬성으로 의결한다.

시행규칙 제100조 (간사)

① 위원회의 사무를 처리하기 위하여 분류심사 업무를 담당하는 교도관 중에서 간사 1명을 둔다.

② 간사는 위원회의 회의록을 작성하여 유지하여야 한다.

⚖️ 분류처우 운영지침

재범위험성 평가

제74조(평가시기 및 대상자)

① 수형자에 대한 재범위험성 평가 시기와 그 대상자는 다음 각호와 같다. 다만, 노역수형자는 제외한다.

1. 신입평가 : 신입심사 대상자

2. 정기평가

   가. 형기 3분의 2 정기재심사를 실시하는 때

   나. 무기형 및 집행할 형기가 20년을 초과하는 경우 20년 시점에 도달한 때와 20년 시점 이후 매 3년 시점에 도달한 때

3. 부정기평가

   가. 집행유예의 실효(취소 포함) 또는 추가사건으로 금고 이상의 형이 확정된 때

나. 헌법재판소의 위헌결정, 상소권회복, 항고, 재심청구로 인한 형기변경 등의 사유가 발생한 때

② 가석방 적격심사 신청기준일이 형기 3분의 2 정기재심사 시기보다 먼저 도래한 때에는 제1항 제2호의 형기 3분의 2 정기평가에 준하여 실시한다.

③ 소장은 다음 각호의 어느 하나에 해당하는 경우에는 부정기 평가를 하지 아니한다.

　1. 신입평가 시 제1항제3호가목에 대한 판단이 이미 반영된 경우

　2. 감형으로 형기가 줄어든 경우

제75조(재범위험성 평가방법) ① 소장은 제74조제1항제1호 및 제3호에서 규정한 자의 재범위험성을 평가하는 경우에는 [별지 제8호 서식]의「교정재범예측지표(신입심사)」를 작성한다.

제76조(평가등급 고지 등) 소장은 수형자의 재범위험성 평가방법은 공개하지 아니한다. 다만, 수형자가 자신의 등급을 알고자 하는 때에는 본인에 한해서 판정된 또는 변경된 등급을 알려 줄 수 있다.

제7절 교육과 교화프로그램

제63조(교육) ① 소장은 수형자가 건전한 사회복귀에 필요한 지식과 소양을 습득하도록 교육할 수 있다.

② 소장은「교육기본법」제8조의 의무교육을 받지 못한 수형자에 대하여는 본인의 의사·나이·지식정도, 그 밖의 사정을 고려하여 그에 알맞게 교육하여야 한다.

③ 소장은 제1항 및 제2항에 따른 교육을 위하여 필요하면 수형자를 중간처우를 위한 전담교정시설에 수용하여 다음 각 호의 조치를 할 수 있다.

　1. 외부 교육기관에의 통학

　2. 외부 교육기관에서의 위탁교육

④ 교육과정·외부통학·위탁교육 등에 관하여 필요한 사항은 법무부령으로 정한다.

◆ **참고사항** ◆

- 의무교육 → 그에 알맞게 교육하여야 한다.
- 지식과 소양 교육 → 할 수 있다.
- 교화를 위하여 상담·심리치료, 그 밖의 교화프로그램 → 실시하여야 한다.
- 문화프로그램, 문제행동예방프로그램, 가족관계회복프로그램, 교화상담 → 실시할 수 있다.

시행령 제87조 (교육)

① 소장은 법 제63조에 따른 교육을 효과적으로 시행하기 위하여 교육실을 설치하는 등 교육에 적합한 환경을 조성하여야 한다.

② 소장은 교육 대상자, 시설 여건 등을 고려하여 교육계획을 수립하여 시행하여야 한다.

시행규칙 제101조 (교육관리 기본원칙)

① 소장은 교육대상자를 소속기관(소장이 관할하고 있는 교정시설을 말한다. 이하 같다)에서 선발하여 교육한다. 다만, 소속기관에서 교육대상자를 선발하기 어려운 경우에는 다른 기관에서 추천한 사람을 모집하여 교육할 수 있다.

② 소장은 교육대상자의 성적불량, 학업태만 등으로 인하여 교육의 목적을 달성하기 어려운 경우에는 그 선발을 취소할 수 있다.

③ 소장은 교육대상자 및 시험응시 희망자의 학습능력을 평가하기 위하여 자체 평가시험을 실시할 수 있다.

④ 소장은 교육의 효과를 거두지 못하였다고 인정하는 교육대상자에 대하여 다시 교육을 할 수 있다.

⑤ 소장은 기관의 교육전문인력, 교육시설, 교육대상인원 등의 사정을 고려하여 단계별 교육과 자격취득 목표를 설정할 수 있으며, 자격취득·대회입상 등을 하면 처우에 반영할 수 있다.

시행규칙 제102조 (교육대상자가 지켜야 할 기본원칙)

① 교육대상자는 교육의 시행에 관한 관계법령, 학칙 및 교육관리지침을 성실히 지켜야 한다.

② 제110조부터 제113조까지의 규정에 따른 교육을 실시하는 경우 소요되는 비용은 특별한 사정이 없으면 교육대상자의 부담으로 한다.

③ 교육대상자로 선발된 수형자는 소장에게 다음의 선서를 하고 서약서를 제출해야 한다.

"나는 교육대상자로서 긍지를 가지고 제반규정을 지키며, 교정시설 내 교육을 성실히 이수할 것을 선서합니다."

시행규칙 제103조 (교육대상자 선발 등)

① 소장은 각 교육과정의 선정 요건과 수형자의 나이, 학력, 교정성적, 자체 평가시험 성적, 정신자세, 성실성, 교육계획과 시설의 규모, 교육대상인원 등을 고려하여 교육대상자를 선발하거나 추천하여야 한다.

② 소장은 정당한 이유 없이 교육을 기피한 사실이 있거나 자퇴(제적을 포함한다)한 사실이 있는 수형자는 교육대상자로 선발하거나 추천하지 아니할 수 있다.

시행규칙 제104조 (교육대상자 관리 등)

① 학과교육대상자의 과정수료 단위는 학년으로 하되, 학기의 구분은 국공립학교의 학기에 준한다. 다만, 독학에 의한 교육은 수업 일수의 제한을 받지 아니한다.

② 소장은 교육을 위하여 필요한 경우에는 외부강사를 초빙할 수 있으며, 카세트 또는 재생전용기기의 사용을 허용할 수 있다.

③ 소장은 교육의 실효성을 확보하기 위하여 교육실을 설치·관리하여야 하며, 교육목적을 위하여 필요한 경우 신체장애를 보완하는 교육용 물품의 사용을 허가하거나 예산의 범위에서 학용품과 응시료를 지원할 수 있다.

제105조 (교육 취소 등)

① 소장은 교육대상자가 다음 각호의 어느 하나에 해당하는 경우에는 교육대상자 선발을 취소할 수 있다.

  1. 각 교육과정의 관계법령, 학칙, 교육관리지침 등을 위반한 때
  2. <u>학습의욕이 부족하여 구두경고를 하였는데도 개선될 여지가 없거나 수학능력이 현저히 부족하다고 판단되는 때</u>
  3. 징벌을 받고 교육 부적격자로 판단되는 때
  4. 중대한 질병, 부상, 그 밖의 부득이한 사정으로 교육을 받을 수 없다고 판단되는 때

② 교육과정의 변경은 교육대상자의 선발로 보아 제103조를 준용한다.

③ 소장은 교육대상자에게 질병, 부상, 그 밖의 부득이한 사정이 있는 경우에는 교육과정을 일시 중지할 수 있다.

주의 선발취소 사유: 소장은 교육대상자의 성적불량, 학업태만 등으로 인하여 교육의 목적을 달성하기 어려운 경우에는 그 선발을 취소할 수 있다.

시행규칙 제106조 (이송 등)

① 소장은 특별한 사유가 없으면 교육기간 동안에 교육대상자를 다른 기관으로 이송할 수 없다.

② 교육대상자의 선발이 취소되거나 교육대상자가 교육을 수료하였을 때에는 선발 당시 소속기관으로 이송한다. 다만, 다음 각호의 어느 하나에 해당하는 경우에는 소속기관으로 이송하지 아니하거나 다른 기관으로 이송할 수 있다.

　1. 집행할 형기가 이송 사유가 발생한 날부터 3개월 이내인 때
　2. 제105조제1항 제3호의 사유(징벌을 받고 교육 부적격자로 판단되는 때)로 인하여 교육대상자 선발이 취소된 때
　3. 소속기관으로의 이송이 부적당하다고 인정되는 특별한 사유가 있는 때

시행규칙 제107조 (작업 등)

① 교육대상자에게는 작업·직업훈련 등을 면제한다.

② 작업·직업훈련 수형자 등도 독학으로 검정고시·학사고시 등에 응시하게 할 수 있다. 이 경우 자체 평가시험 성적 등을 고려해야 한다.

시행규칙 제108조 (검정고시반 설치 및 운영)

① 소장은 매년 초 다음 각호의 시험을 준비하는 수형자를 대상으로 검정고시반을 설치·운영할 수 있다.

　1. 초등학교 졸업학력 검정고시
　2. 중학교 졸업학력 검정고시
　3. 고등학교 졸업학력 검정고시

② 소장은 교육기간 중에 검정고시에 합격한 교육대상자에 대하여는 해당 교육과정을 조기 수료시키거나 상위 교육과정에 임시 편성시킬 수 있다.

③ 소장은 고등학교 졸업 또는 이와 동등한 수준 이상의 학력이 인정되는 수형자를 대상으로 대학입학시험 준비반을 편성·운영할 수 있다.

시행규칙 제109조 (방송통신고등학교과정 설치 및 운영)

① 소장은 수형자에게 고등학교 과정의 교육기회를 부여하기 위하여 「초·중등교육법」 제51조에 따른 방송통신고등학교 교육과정을 설치·운영할 수 있다.

② 소장은 중학교 졸업 또는 이와 동등한 수준 이상의 학력이 인정되는 수형자가 제1항의 방송통신고등학교 교육과정을 지원하여 합격한 경우에는 교육대상자로 선발할 수 있다.

③ 소장은 제1항의 방송통신고등학교 교육과정의 입학금, 수업료, 교과용 도서 구입비 등 교육에 필요한 비용을 예산의 범위에서 지원할 수 있다.

시행규칙 제110조 (독학에 의한 학위 취득과정 설치 및 운영)

① 소장은 수형자에게 학위취득 기회를 부여하기 위하여 독학에 의한 학사학위 취득과정을 설치·운영할 수 있다.

② 소장은 다음 각호의 요건을 갖춘 수형자가 제1항의 학사고시반 교육을 신청하는 경우에는 교육대상자로 선발할 수 있다. (학사고시반 교육은 경비 처우급의 제한이 없어 중경비 처우급 수형자도 선발될 수 있다.)

 1. 고등학교 졸업 또는 이와 동등한 수준 이상의 학력이 인정될 것
 2. 교육개시일을 기준으로 형기의 3분의 1(21년 이상의 유기형 또는 무기형의 경우에는 7년)이 지났을 것
 3. 집행할 형기가 2년 이상일 것

시행규칙 제111조 (방송통신대학과정 설치 및 운영)

① 소장은 대학 과정의 교육기회를 부여하기 위하여 「고등교육법」 제2조에 따른 방송통신대학 교육과정을 설치·운영할 수 있다.

② 소장은 제110조제2항 각호의 요건을 갖춘 개방처우급·완화경비처우급·일반경비처우급 수형자가 제1항의 방송통신대학 교육과정에 지원하여 합격한 경우에는 교육대상자로 선발할 수 있다.

시행규칙 제112조 (전문대학 위탁교육과정 설치 및 운영)

① 소장은 전문대학과정의 교육기회를 부여하기 위하여 「고등교육법」 제2조에 따른 전문대학 위탁교육과정을 설치·운영할 수 있다.

② 소장은 제110조제2항 각호의 요건을 갖춘 개방처우급·완화경비처우급·일반경비처우급 수형자가 제1항의 전문대학 위탁교육과정에 지원하여 합격한 경우에는 교육대상자로 선발할 수 있다.

③ 제1항의 전문대학 위탁교육과정의 교과과정, 시험응시 및 학위취득에 관한 세부사항은 위탁자와 수탁자 간의 협약에 따른다.

④ 소장은 제1항부터 제3항까지의 규정에 따른 교육을 위하여 필요한 경우 수형자를 중간처우를 위한 전담교정시설에 수용할 수 있다.

시행규칙 제113조 (정보화 및 외국어 교육과정 설치 및 운영 등)

① 소장은 수형자에게 지식정보사회에 적응할 수 있는 교육기회를 부여하기 위하여 정보화 교육과정을 설치·운영할 수 있다.

② 소장은 개방처우급·완화경비처우급·일반경비처우급 수형자에게 다문화 시대에 대처할 수 있는 교육기회를 부여하기 위하여 외국어 교육과정을 설치·운영할 수 있다.

③ 소장은 외국어 교육대상자가 교육실 외에서의 어학학습 장비를 이용한 외국어학습을 원하는 경우에는 계호 수준, 독거 여부, 교육 정도 등에 대한 교도관회의(「교도관 직무규칙」 제21조에 따른 교도관회의를 말한다. 이하 같다)의 심의를 거쳐 허가할 수 있다.

④ 소장은 이 규칙에서 정한 교육과정 외에도 법무부장관이 수형자로 하여금 건전한 사회복귀에 필요한 지식과 소양을 습득하게 하기 위하여 정하는 교육과정을 설치·운영할 수 있다.

제8절 교화프로그램

> **제64조(교화프로그램)** ① 소장은 수형자 교화를 위하여 상담·심리치료, 그 밖의 교화프로그램을 실시하여야 한다.
>
> ② 소장은 제1항에 따른 교화프로그램의 효과를 높이기 위하여 범죄원인별로 적절한 교화프로그램의 내용, 교육장소 및 전문인력의 확보 등 적합한 환경을 갖추도록 노력하여야 한다.
>
> ③ 교화프로그램의 종류·내용 등에 관하여 필요한 사항은 법무부령으로 정한다.

시행령 제83조 (정서교육)

소장은 수형자 정서 함양을 위하여 필요하다고 인정하면 연극·영화관람, 체육행사, 그 밖의 문화예술활동을 하게 할 수 있다.

시행규칙 제114조 (교화프로그램의 종류)
교화프로그램의 종류는 다음 각호와 같다.
　　1. 문화프로그램
　　2. 문제행동예방프로그램
　　3. 가족관계회복프로그램
　　4. 교화상담
　　5. 그 밖에 법무부장관이 정하는 교화프로그램

시행규칙 제115조 (문화프로그램)
소장은 수형자의 인성 함양, 자아존중감 회복 등을 위하여 음악, 미술, 독서 등 문화예술과 관련된 다양한 프로그램을 도입하거나 개발하여 운영할 수 있다.

시행규칙 제116조 (문제행동예방프로그램)
소장은 수형자의 죄명, 죄질 등을 구분하여 그에 따른 심리측정·평가·진단·치료 등의 문제행동예방프로그램을 도입하거나 개발하여 실시할 수 있다.

시행규칙 제117조 (가족관계회복프로그램)
① 소장은 수형자와 그 가족의 관계를 유지·회복하기 위하여 수형자의 가족이 참여하는 각종 프로그램을 운영할 수 있다. 다만, 가족이 없는 수형자의 경우 교화를 위하여 필요하면 결연을 맺었거나 그 밖에 가족에 준하는 사람의 참여를 허가할 수 있다.
② 제1항의 경우 대상 수형자는 교도관회의의 심의를 거쳐 선발하고, 참여인원은 5명 이내의 가족으로 한다. 다만, 특히 필요하다고 인정하는 경우에는 참여인원을 늘릴 수 있다.

시행규칙 제118조 (교화상담)
① 소장은 수형자의 건전한 가치관 형성, 정서안정, 고충해소 등을 위하여 교화상담을 실시할 수 있다.
② 소장은 제1항의 교화상담을 위하여 교도관이나 제33조의 교정참여인사를 교화상담자로 지정할 수 있으며, 수형자의 안정을 위하여 결연을 주선할 수 있다.

시행규칙 제119조 (교화프로그램 운영 방법)

① 소장은 교화프로그램을 운영하는 경우 약물중독·정신질환·신체장애·건강·성별·나이 등 수형자의 개별 특성을 고려하여야 하며, 프로그램의 성격 및 시설 규모와 인원을 고려하여 이송 등의 적절한 조치를 할 수 있다.

② 소장은 교화프로그램을 운영하기 위하여 수형자의 정서적인 안정이 보장될 수 있는 장소를 따로 정하거나 방송설비 및 방송기기를 이용할 수 있다.

③ 소장은 교정정보시스템에 교화프로그램의 주요 진행내용을 기록하여 수형자 처우에 활용하여야 하며, 상담내용 등 개인정보가 유출되지 아니하도록 하여야 한다.

④ 교화프로그램 운영에 관하여는 제101조부터 제107조까지의 규정을 준용한다.

제9절 작업과 직업훈련

제65조(작업의 부과) ① 수형자에게 부과하는 작업은 건전한 사회복귀를 위하여 기술을 습득하고 근로의욕을 고취하는 데에 적합한 것이어야 한다.

② 소장은 수형자에게 작업을 부과하려면 나이·형기·건강상태·기술·성격·취미·경력·장래생계, 그 밖의 수형자의 사정을 고려하여야 한다.

제66조(작업의무) 수형자는 자신에게 부과된 작업과 그 밖의 노역을 수행하여야 할 의무가 있다.

제67조(신청에 따른 작업) 소장은 금고형 또는 구류형의 집행 중에 있는 사람에 대하여는 신청에 따라 작업을 부과할 수 있다.

시행령 제89조 (작업의 종류) 소장은 법무부장관의 승인을 받아 수형자에게 부과하는 작업의 종류를 정한다.

시행령 제90조 (소년수형자의 작업 등)

소장은 19세 미만의 수형자에게 작업을 부과하는 경우에는 정신적·신체적 성숙 정도, 교육적 효과 등을 고려하여야 한다.

시행령 제91조 (작업의 고지 등)

① 소장은 수형자에게 작업을 부과하는 경우에는 작업의 종류 및 작업과정을 정하여 고지하여야 한다.

② 제1항의 작업과정은 작업성적, 작업시간, 작업의 난이도 및 숙련도를 고려하여 정한다. 작업과정을 정하기 어려운 경우에는 작업시간을 작업과정으로 본다.

시행령 제92조 (작업실적의 확인)

소장은 교도관에게 매일 수형자의 작업실적을 확인하게 하여야 한다.

시행령 제93조 (신청 작업의 취소)

소장은 법 제67조에 따라 작업이 부과된 수형자가 작업의 취소를 요청하는 경우에는 그 수형자의 의사, 건강 및 교도관의 의견 등을 고려하여 작업을 취소할 수 있다.

시행령 제94조 (직업능력개발훈련 설비 등의 구비)

소장은 법 제69조에 따른 직업능력개발훈련을 하는 경우에는 그에 필요한 설비 및 실습 자재를 갖추어야 한다.

시행규칙 제94조 (작업·교육 등의 지도보조)

소장은 수형자가 개방처우급 또는 완화경비처우급으로서 작업·교육 등의 성적이 우수하고 관련 기술이 있는 경우에는 교도관의 작업지도를 보조하게 할 수 있다.

시행규칙 제95조 (개인작업)

① 소장은 수형자가 개방처우급 또는 완화경비처우급으로서 작업기술이 탁월하고 작업성적이 우수한 경우에는 수형자 자신을 위한 개인작업을 하게 할 수 있다. 이 경우 개인작업 시간은 교도작업에 지장을 주지 아니하는 범위에서 1일 2시간 이내로 한다.

② 소장은 제1항에 따라 개인작업을 하는 수형자에게 개인작업 용구를 사용하게 할 수 있다. 이 경우 작업용구는 특정한 용기에 보관하도록 하여야 한다.

③ 제1항의 개인작업에 필요한 작업재료 등의 구입비용은 수형자가 부담한다. 다만, 처우상 필요

한 경우에는 예산의 범위에서 그 비용을 지원할 수 있다.

시행규칙 제96조 (외부 직업훈련)

① 소장은 수형자가 개방처우급 또는 완화경비처우급으로서 직업능력 향상을 위하여 특히 필요한 경우에는 교정시설 외부의 공공기관 또는 기업체 등에서 운영하는 직업훈련을 받게 할 수 있다.

② 제1항에 따른 직업훈련의 비용은 수형자가 부담한다. 다만, 처우상 특히 필요한 경우에는 예산의 범위에서 그 비용을 지원할 수 있다.

> **제68조(외부 통근 작업 등)** ① 소장은 수형자의 건전한 사회복귀와 기술습득을 촉진하기 위하여 필요하면 외부기업체 등에 통근 작업하게 하거나 교정시설의 안에 설치된 외부기업체의 작업장에서 작업하게 할 수 있다.
> ② 외부 통근 작업 대상자의 선정기준 등에 관하여 필요한 사항은 법무부령으로 정한다.

시행규칙 제120조 (선정기준)

① 외부기업체에 통근하며 작업하는 수형자는 다음 각호의 요건을 갖춘 수형자 중에서 선정한다.

  1. 18세 이상 65세 미만일 것
  2. 해당 작업 수행에 건강상 장애가 없을 것
  3. 개방처우급·완화경비처우급에 해당할 것
  4. 가족·친지 또는 법 제130조의 교정위원 등과 접견·편지수수·전화통화 등으로 연락하고 있을 것
  5. 집행할 형기가 7년 미만이고 가석방이 제한되지 아니할 것
  6. 삭제

② 교정시설 안에 설치된 외부기업체의 작업장에 통근하며 작업하는 수형자는 제1항 제1호부터 제4호까지의 요건(같은 항 제3호의 요건의 경우에는 일반경비처우급에 해당하는 수형자도 포함한다)을 갖춘 수형자로서 집행할 형기가 10년 미만이거나 형기기산일부터 10년 이상이 지난 수형자 중에서 선정한다.

③ 소장은 제1항 및 제2항에도 불구하고 작업 부과 또는 교화를 위하여 특히 필요하다고 인정하는 경우에는 제1항 및 제2항의 수형자 외의 수형자에 대하여도 외부통근자로 선정할 수 있다.

시행규칙 제121조 (선정 취소)

소장은 외부통근자가 법령에 위반되는 행위를 하거나 법무부장관 또는 소장이 정하는 지켜야 할 사항을 위반한 경우에는 외부통근자 선정을 취소할 수 있다.

시행규칙 제122조 (외부통근자 교육)

소장은 외부통근자로 선정된 수형자에 대하여는 자치활동·행동수칙·안전수칙·작업기술 및 현장적응훈련에 대한 교육을 하여야 한다.

시행규칙 제123조 (자치활동)

소장은 외부통근자의 사회적응능력을 기르고 원활한 사회복귀를 촉진하기 위하여 필요하다고 인정하는 경우에는 수형자 자치에 의한 활동을 허가할 수 있다.

시행규칙 제124조 (직업훈련 직종 선정 등)

① 직업훈련 직종 선정 및 훈련과정별 인원은 법무부장관의 승인을 받아 소장이 정한다.

② 직업훈련 대상자는 소속기관의 수형자 중에서 소장이 선정한다. 다만, 집체직업훈련(직업훈련 전담 교정시설이나 그 밖에 직업훈련을 실시하기에 적합한 교정시설에 수용하여 실시하는 훈련을 말한다) 대상자는 집체직업훈련을 실시하는 교정시설의 관할 지방교정청장이 선정한다.

> **제69조(직업능력개발훈련)** ① 소장은 수형자의 건전한 사회복귀를 위하여 기술습득 및 향상을 위한 직업능력개발훈련(이하 "직업훈련"이라 한다)을 실시할 수 있다.
>
> ② 소장은 수형자의 직업훈련을 위하여 필요하면 외부의 기관 또는 단체에서 훈련을 받게 할 수 있다.
>
> ③ 직업훈련 대상자의 선정기준 등에 관하여 필요한 사항은 법무부령으로 정한다.

◆ 이론정리 ◆

1. 직업훈련은 「수형자 직업능력개발훈련 운영지침」에 따라 분류하며 「근로자직업능력 개발법」 적용여부에 따라 공공직업훈련과 일반직업훈련으로 구분한다.

2. 공공직업훈련: 「근로자직업능력 개발법」등 관계규정에 따라 고용노동부 장관이 정한 훈련 기준 및 권고사항 등을 참고하여 실시하는 훈련
3. 일반직업훈련: 교정시설의 장이 교화상 필요한 경우 예산 및 그 밖의 사정을 고려하여 「근로자직업능력 개발법」의 훈련기준 외의 방법으로 실시하는 훈련
4. 집체직업훈련: 직업훈련 전담교정시설이나 그 밖에 훈련을 실시하기에 적합한 교정시설에 집합 수용하여 실시하는 직업훈련
5. 기타: 지원직업훈련(산업체 지원을 받아 훈련), 외부출장직업훈련, 작업병행직업훈련, 현장직업훈련, 단기실무직업훈련, 양성직업훈련(직업에 기초한 직무수행능력 습득), 향상직업훈련, 숙련직업훈련, 기술직업훈련 등

시행령 제94조 (직업능력개발훈련 설비 등의 구비)

소장은 법 제69조에 따른 직업능력개발훈련을 하는 경우에는 그에 필요한 설비 및 실습 자재를 갖추어야 한다.

시행규칙 제96조 (외부 직업훈련)

① 소장은 수형자가 개방처우급 또는 완화경비처우급으로서 직업능력 향상을 위하여 특히 필요한 경우에는 교정시설 외부의 공공기관 또는 기업체 등에서 운영하는 직업훈련을 받게 할 수 있다.

② 제1항에 따른 직업훈련의 비용은 수형자가 부담한다. 다만, 처우상 특히 필요한 경우에는 예산의 범위에서 그 비용을 지원할 수 있다.

관련판례

■ **경비처우급별 직업훈련 기준**(18헌마681)

직업훈련대상 선발은 수형자의 교정교화와 건전한 사회복귀 등의 목적에 따라 구체적인 사항을 참작하여 **교정시설의 장이 결정하는 것이고, 수형자에게 직업훈련교육을 신청할 권리가 있는 것은 아니다.** 그렇다면 심판대상조항이 중경비처우급에 해당하는 수형자를 직업훈련대상에서 제외하고 있다고 하더라도 청구인의 법적 지위에는 아무런 영향이 없으므로, 기본권 침해가능성을 인정할 수 없다.

시행규칙 제125조 (직업훈련 대상자 선정기준)

① 소장은 수형자가 다음 각호의 요건을 갖춘 경우에는 수형자의 의사, 적성, 나이, 학력 등을 고려하여 직업훈련 대상자로 선정할 수 있다.

1. 집행할 형기 중에 해당 훈련과정을 이수할 수 있을 것(기술숙련과정 집체직업훈련 대상자는 제외한다.)
2. 직업훈련에 필요한 기본소양을 갖추었다고 인정될 것
3. 해당 과정의 기술이 없거나 재훈련을 희망할 것
4. 석방 후 관련 직종에 취업할 의사가 있을 것

② 소장은 소년수형자의 선도를 위하여 필요한 경우에는 제1항의 요건을 갖추지 못한 경우에도 직업훈련 대상자로 선정하여 교육할 수 있다.

시행규칙 제126조 (직업훈련 대상자 선정의 제한)

소장은 제125조에도 불구하고 수형자가 다음 각호의 어느 하나에 해당하는 경우에는 직업훈련 대상자로 선정해서는 아니 된다.

1. 15세 미만인 경우
2. 교육과정을 수행할 문자해독능력 및 강의 이해능력이 부족한 경우
3. 징벌대상행위의 혐의가 있어 조사 중이거나 징벌집행 중인 경우
4. 작업, 교육·교화프로그램 시행으로 인하여 직업훈련의 실시가 곤란하다고 인정되는 경우
5. 질병·신체조건 등으로 인하여 직업훈련을 감당할 수 없다고 인정되는 경우

◆ 이론정리 ◆

1. 자체직업훈련

▶ **선발절차**: 교도관 심의 회의를 거쳐 선발

▶ **과정별 선발 시기**
- 1년 과정 : 12월까지 선발하고 1월 첫째 날에 시작
- 6개월 과정 : 반기 마지막 월까지 선발하여 1월, 7월 첫째 날 시작

2. 집체직업훈련

▶ 선발교정기관 추천 → 지방교정청 선발 → 법무부 보고

▶ 선발기준

① 훈련 시작일 기준 19세 이상인 수형자(소년집체직업 훈련 선발의 경우 15세 이상 23세 미만자)

② 기능사 과정 : 19세 이상인 수형자
   산업기사 이상 : 고등학교 졸업 이상, 기능사 이상 자격보유자

③ 제외자 : 성폭력사범 및 아동학대 치료프로그램을 이수하지 아니한 자
   (단, 미이수자 중 종료시점 잔형기 1년 이상자, 성폭력 사범 교육 중 심화과정(6개월, 300시간) 대상자는 종료시점 잔 형기 2년 이상자)

3. 기술숙련과정

▶ 잔형기 6월 이상 2년 6월 미만자 우선 선발하고 10년 이상 장기수의 경우 3년 미만자를 우선선발

4. 집체 단기실무과정

▶ 잔형기 1년 6월 이내 수형자 중 형기종료가 빠른 수형자를 우선 선발

시행규칙 제127조 (직업훈련 대상자 이송)

① 법무부장관은 직업훈련을 위하여 필요한 경우에는 수형자를 다른 교정시설로 이송할 수 있다.

② 소장은 제1항에 따라 이송된 수형자나 직업훈련 중인 수형자를 다른 교정시설로 이송해서는 아니 된다. 다만, 훈련취소 등 특별한 사유가 있는 경우에는 그러하지 아니하다.

시행규칙 제128조 (직업훈련의 보류 및 취소 등)

① 소장은 직업훈련 대상자가 다음 각호의 어느 하나에 해당하는 경우에는 직업훈련을 보류할 수 있다.

   1. 징벌대상행위의 혐의가 있어 조사를 받게 된 경우
   2. 심신이 허약하거나 질병 등으로 훈련을 감당할 수 없는 경우

3. 소질·적성·훈련성적 등을 종합적으로 고려한 결과 직업훈련을 계속할 수 없다고 인정되는 경우

4. 그 밖에 직업훈련을 계속할 수 없다고 인정되는 경우

② 소장은 제1항에 따라 직업훈련이 보류된 수형자가 그 사유가 소멸되면 본래의 과정에 복귀시켜 훈련하여야 한다. 다만, 본래 과정으로 복귀하는 것이 부적당하다고 인정하는 경우에는 해당 훈련을 취소할 수 있다.

> **제70조(집중근로에 따른 처우)** ① 소장은 수형자의 신청에 따라 제68조의 작업, 제69조제2항의 훈련, 그 밖에 집중적인 근로가 필요한 작업을 부과하는 경우에는 접견·전화통화·교육·공동행사 참가 등의 처우를 제한할 수 있다. 다만, 접견 또는 전화통화를 제한한 때에는 휴일이나 그 밖에 해당 수용자의 작업이 없는 날에 접견 또는 전화통화를 할 수 있게 하여야 한다.
>
> ② 소장은 제1항에 따라 작업을 부과하거나 훈련을 받게 하기 전에 수형자에게 제한되는 처우의 내용을 충분히 설명하여야 한다.

시행령 제95조 (집중근로)

법 제70조제1항에서 "집중적인 근로가 필요한 작업"이란 수형자의 신청에 따라 1일 작업시간 중 접견·전화통화·교육 및 공동행사 참가 등을 하지 아니하고 휴게시간을 제외한 작업시간 내내 하는 작업을 말한다.

> **제71조(휴일의 작업)** 공휴일·토요일과 그 밖의 휴일에는 작업을 부과하지 아니한다. 다만, 취사·청소·간호, 그 밖에 특히 필요한 작업은 예외로 한다.

시행령 제96조 (휴업일)

법 제71조에서 "그 밖의 휴일"이란 「각종 기념일 등에 관한 규정」에 따른 교정의 날 및 소장이 특히 지정하는 날을 말한다.

제72조(작업의 면제) ① 소장은 수형자의 가족 또는 배우자의 직계존속이 사망하면 2일간, 부모 또는 배우자의 제삿날에는 1일간 해당 수형자의 작업을 면제한다. 다만, 수형자가 작업을 계속하기를 원하는 경우는 예외로 한다.

② 소장은 수형자에게 부상·질병, 그 밖에 작업을 계속하기 어려운 특별한 사정이 있으면 그 사유가 해소될 때까지 작업을 면제할 수 있다.

제73조(작업수입 등) ① 작업수입은 국고수입으로 한다.

② 소장은 수형자의 근로의욕을 고취하고 건전한 사회복귀를 지원하기 위하여 법무부장관이 정하는 바에 따라 작업의 종류, 작업성적, 교정성적, 그 밖의 사정을 고려하여 수형자에게 작업장려금을 지급할 수 있다.

③ 제2항의 작업장려금은 석방할 때에 본인에게 지급한다. 다만, 본인의 가족생활 부조, 교화 또는 건전한 사회복귀를 위하여 특히 필요하면 석방 전이라도 그 전부 또는 일부를 지급할 수 있다.

제74조(위로금·조위금) ① 소장은 수형자가 다음 각호의 어느 하나에 해당하면 법무부장관이 정하는 바에 따라 위로금 또는 조위금을 지급한다.

  1. 작업 또는 직업훈련으로 인한 부상 또는 질병으로 신체에 장해가 발생한 때

  2. 작업 또는 직업훈련 중에 사망하거나 그로 인하여 사망한 때

② 위로금은 석방할 때에 본인에게 지급하고, 조위금은 그 상속인에게 지급한다.

◆ 이론정리 ◆

- 작업장려금은 임의적 지급사항이며, 위로금·조위금은 필요적 지급사항이다.
- 수형자 및 수형자의 가족에게 위로금·조위금은 복지적 차원에서 지급하는 것이며 청구권이 인정된다.
- 조위금은 상속인에게 지급하나, 작업장려금을 상속인에게 지급한다는 명문 규정은 없음.

제75조(다른 보상·배상과의 관계) 위로금 또는 조위금을 지급받을 사람이 국가로부터 동일한 사유로 「민법」이나 그 밖의 법령에 따라 제74조의 위로금 또는 조위금에 상당하는 금액을 지급받은 경우에는 그 금액을 위로금 또는 조위금으로 지급하지 아니한다.

제76조(위로금·조위금을 지급받을 권리의 보호) ① 제74조의 위로금 또는 조위금을 지급받을 권리는 다른 사람 또는 법인에게 양도하거나 담보로 제공할 수 없으며, 다른 사람 또는 법인은 이를 압류할 수 없다.
② 제74조에 따라 지급받은 금전을 표준으로 하여 조세와 그 밖의 공과금을 부과하여서는 아니 된다.

제10절 귀휴

제77조(귀휴) ① 소장은 6개월 이상 형을 집행받은 수형자로서 그 형기의 3분의 1(21년 이상의 유기형 또는 무기형의 경우에는 7년)이 지나고 교정성적이 우수한 사람이 다음 각호의 어느 하나에 해당하면 1년 중 20일 이내의 귀휴를 허가할 수 있다.
  1. 가족 또는 배우자의 직계존속이 위독한 때
  2. 질병이나 사고로 외부의료시설에의 입원이 필요한 때
  3. 천재지변이나 그 밖의 재해로 가족, 배우자의 직계존속 또는 수형자 본인에게 회복할 수 없는 중대한 재산상의 손해가 발생하였거나 발생할 우려가 있는 때
  4. 그 밖에 교화 또는 건전한 사회복귀를 위하여 법무부령으로 정하는 사유가 있는 때
② 소장은 다음 각호의 어느 하나에 해당하는 사유가 있는 수형자에 대하여는 제1항에도 불구하고 5일 이내의 특별귀휴를 허가할 수 있다.
  1. 가족 또는 배우자의 직계존속이 사망한 때
  2. 직계비속의 혼례가 있는 때
③ 소장은 귀휴를 허가하는 경우에 법무부령으로 정하는 바에 따라 거소의 제한이나 그 밖에 필요한 조건을 붙일 수 있다.
④ 제1항 및 제2항의 귀휴기간은 형 집행기간에 포함한다.

제78조(귀휴의 취소) 소장은 귀휴 중인 수형자가 다음 각호의 어느 하나에 해당하면 그 귀휴를 취소할 수 있다.

　　1. 귀휴의 허가사유가 존재하지 아니함이 밝혀진 때
　　2. 거소의 제한이나 그 밖에 귀휴허가에 붙인 조건을 위반한 때

시행령 제97조 (귀휴자에 대한 조치)

① 소장은 법 제77조에 따라 2일 이상의 귀휴를 허가한 경우에는 귀휴를 허가받은 사람의 귀휴지를 관할하는 경찰서의 장에게 그 사실을 통보하여야 한다.

② 귀휴자는 귀휴 중 천재지변이나 그 밖의 사유로 자신의 신상에 중대한 사고가 발생한 경우에는 가까운 교정시설이나 경찰서에 신고하여야 하고 필요한 보호를 요청할 수 있다.

③ 제2항의 보호 요청을 받은 교정시설이나 경찰서의 장은 귀휴를 허가한 소장에게 그 사실을 지체 없이 통보하고 적절한 보호조치를 하여야 한다.

시행규칙 제129조 (귀휴 허가)

① 소장은 법 제77조에 따른 귀휴를 허가하는 경우에는 제131조의 귀휴심사위원회의 심사를 거쳐야 한다.

② 소장은 개방처우급·완화경비처우급 수형자에게 법 제77조제1항에 따른 귀휴를 허가할 수 있다. 다만, 교화 또는 사회복귀 준비 등을 위하여 특히 필요한 경우에는 일반경비처우급 수형자에게도 이를 허가할 수 있다.

③ 법 제77조제1항제4호에 해당하는 귀휴사유는 다음 각호와 같다.

　　1. 직계존속, 배우자, 배우자의 직계존속 또는 본인의 회갑일이나 고희일인 때
　　2. 본인 또는 형제자매의 혼례가 있는 때
　　3. 직계비속이 입대하거나 해외유학을 위하여 출국하게 된 때
　　4. 직업훈련을 위하여 필요한 때
　　5. 「숙련기술장려법」 제20조제2항에 따른 국내기능경기대회의 준비 및 참가를 위하여 필요한 때
　　6. 출소 전 취업 또는 창업 등 사회복귀 준비를 위하여 필요한 때
　　7. 입학식·졸업식 또는 시상식에 참석하기 위하여 필요한 때
　　8. 출석 수업을 위하여 필요한 때

9. 각종 시험에 응시하기 위하여 필요한 때
10. 그 밖에 가족과의 유대강화 또는 사회적응능력 향상을 위하여 특히 필요한 때

시행규칙 제130조 (형기기준 등)
① 법 제77조제1항의 형기를 계산할 때 부정기형은 단기를 기준으로 하고, 2개 이상의 징역 또는 금고의 형을 선고받은 수형자의 경우에는 그 형기를 합산한다.
② 법 제77조제1항의 "1년 중 20일 이내의 귀휴" 중 "1년"이란 매년 1월 1일부터 12월 31일까지를 말한다.

제11절 귀휴심사위원회

시행규칙 제131조 (설치 및 구성)
① 법 제77조에 따른 수형자의 귀휴허가에 관한 심사를 하기 위하여 교정시설에 귀휴심사위원회를 둔다.
② 위원회는 위원장을 포함한 6명 이상 8명 이하의 위원으로 구성한다.
③ 위원장은 소장이 되며, 위원은 소장이 소속기관의 부소장·과장(지소의 경우에는 7급 이상의 교도관) 및 교정에 관한 학식과 경험이 풍부한 외부인사 중에서 임명 또는 위촉한다. 이 경우 외부위원은 2명 이상으로 한다.

시행규칙 제132조 (위원장의 직무)
① 위원장은 위원회를 소집하고 위원회의 업무를 총괄한다.
② 위원장이 부득이한 사유로 직무를 수행할 수 없을 때에는 부소장인 위원이 그 직무를 대행하고, 부소장이 없거나 부소장인 위원이 사고가 있는 경우에는 위원장이 미리 지정한 위원이 그 직무를 대행한다.

시행규칙 제133조 (회의)
① 위원회의 회의는 위원장이 수형자에게 법 제77조제1항 및 제2항에 따른 귀휴사유가 발생하여 귀휴심사가 필요하다고 인정하는 때에 개최한다.
② 위원회의 회의는 재적위원 과반수의 출석으로 개의하고, 출석위원 과반수의 찬성으로 의결한다.

시행규칙 제134조 (심사의 특례)

① 소장은 토요일, 공휴일, 그 밖에 위원회의 소집이 매우 곤란한 때에 법 제77조제2항제1호(가족 또는 배우자의 직계존속이 사망한 때)의 사유가 발생한 경우에는 제129조 제1항(귀휴위원회의 심사)에도 불구하고 위원회의 심사를 거치지 아니하고 귀휴를 허가할 수 있다. 다만, 이 경우 다음 각호에 해당하는 부서의 장의 의견을 들어야 한다.

1. 수용관리를 담당하고 있는 부서
2. 귀휴업무를 담당하고 있는 부서

② 제1항 각호에 해당하는 부서의 장은 제137조제3항의 서류를 검토하여 그 의견을 지체 없이 소장에게 보고하여야 한다.

주의 심사의 특례적용은 특별귀휴 전부에 적용되는 것은 아님(가족 또는 배우자의 직계존속이 사망한 때)

시행규칙 제135조 (심사사항)

위원회는 귀휴심사대상자에 대하여 다음 각호의 사항을 심사해야 한다.

1. 수용관계
   가. 건강상태
   나. 징벌유무 등 수용생활 태도
   다. 작업·교육의 근면·성실 정도
   라. 작업장려금 및 보관금
   마. 사회적 처우의 시행 현황
   바. 공범·동종범죄자 또는 심사대상자가 속한 범죄단체 구성원과의 교류 정도
2. 범죄관계
   가. 범행 시의 나이
   나. 범죄의 성질 및 동기
   다. 공범관계
   라. 피해의 회복 여부 및 피해자의 감정
   마. 피해자에 대한 보복범죄의 가능성
   바. 범죄에 대한 사회의 감정

3. 환경관계

　　가. 가족 또는 보호자

　　나. 가족과의 결속 정도

　　다. 보호자의 생활상태

　　라. 접견·전화통화의 내용 및 횟수*(개정 2014. 11. 17. 편지는 삭제됨)*

　　마. 귀휴예정지 및 교통·통신 관계

　　바. 공범·동종범죄자 또는 심사대상자가 속한 범죄단체의 활동상태 및 이와 연계한 재범 가능성

시행규칙 제136조 (외부위원)

① 외부위원의 임기는 2년으로 하며, 연임할 수 있다.

② 소장은 외부위원이 다음 각호의 어느 하나에 해당하는 경우에는 해당 위원을 해촉할 수 있다.

　　1. 심신장애로 직무수행이 불가능하거나 현저히 곤란하다고 인정되는 경우

　　2. 직무와 관련된 비위사실이 있는 경우

　　3. 직무태만, 품위손상, 그 밖의 사유로 인하여 위원으로 적합하지 아니하다고 인정되는 경우

　　4. 위원 스스로 직무를 수행하는 것이 곤란하다고 의사를 밝히는 경우

③ 외부위원에게는 예산의 범위에서 수당과 여비를 지급할 수 있다.

시행규칙 제137조 (간사)

① 위원회의 사무를 처리하기 위하여 귀휴업무를 담당하는 교도관 중에서 간사 1명을 둔다.

② 간사는 위원장의 명을 받아 위원회의 사무를 처리한다.

③ 간사는 다음 각호의 서류를 위원회에 제출하여야 한다.

　　1. 별지 제2호서식의 귀휴심사부

　　2. 수용기록부

　　3. 그 밖에 귀휴심사에 필요하다고 인정되는 서류

④ 간사는 별지 제3호서식에 따른 위원회 회의록을 작성하여 유지하여야 한다.

시행규칙 제138조 (사실조회 등)

① 소장은 수형자의 귀휴심사에 필요한 경우에는 법 제60조제1항에 따라 사실조회를 할 수 있다.

② 소장은 심사대상자의 보호관계 등을 알아보기 위하여 필요하다고 인정하는 경우에는 그의 가족 또는 보호관계에 있는 사람에게 위원회 회의의 참석을 요청할 수 있다.

시행규칙 제139조 (귀휴허가증 발급 등)

소장은 귀휴를 허가한 때에는 별지 제4호서식의 귀휴허가부에 기록하고 귀휴허가를 받은 수형자에게 별지 제5호서식의 귀휴허가증을 발급하여야 한다.

시행규칙 제140조 (귀휴조건)

귀휴를 허가하는 경우 귀휴조건은 다음 각호와 같다.

1. 귀휴지 외의 지역 여행 금지
2. 유흥업소, 도박장, 성매매업소 등 건전한 풍속을 해치거나 재범 우려가 있는 장소 출입 금지
3. 피해자 또는 공범·동종범죄자 등과의 접촉금지
4. 귀휴지에서 매일 1회 이상 소장에게 전화보고(동행귀휴는 제외한다)
5. 그 밖에 귀휴 중 탈선 방지 또는 귀휴 목적 달성을 위하여 필요한 사항

시행규칙 제141조 (동행귀휴 등)

① 소장은 수형자에게 귀휴를 허가한 경우 필요하다고 인정하면 교도관을 동행시킬 수 있다.

② 소장은 귀휴자의 가족 또는 보호관계에 있는 사람으로부터 별지 제6호 서식의 보호서약서를 제출받아야 한다.

③ 영 제97조제1항에 따라 경찰관서의 장에게 귀휴 사실을 통보하는 경우에는 별지 제7호 서식에 따른다.

시행규칙 제142조 (귀휴비용 등)

① 귀휴자의 여비와 귀휴 중 착용할 복장은 본인이 부담한다.

② 소장은 귀휴자가 신청할 경우 작업장려금의 전부 또는 일부를 귀휴비용으로 사용하게 할 수 있다.

> **관련규정**
>
> **형집행법**
>
> **제133조(출석의무 위반 등)** 다음 각호의 어느 하나에 해당하는 행위를 한 수용자는 1년 이하의 징역에 처한다.
>
> 1. 정당한 사유 없이 제102조제4항을 위반하여 일시석방 후 24시간 이내에 교정시설 또는 경찰관서에 출석하지 아니하는 행위
> 2. 귀휴·외부통근, 그 밖의 사유로 소장의 허가를 받아 교도관의 계호 없이 교정시설 밖으로 나간 후에 정당한 사유 없이 기한 내에 돌아오지 아니하는 행위

제9장 미결수용자의 처우

제1절 미결수용자 처우

> **제79조(미결수용자 처우의 원칙)** 미결수용자는 무죄의 추정을 받으며 그에 합당한 처우를 받는다.

◆ 이론정리 ◆

수형자의 선거권 관련 헌법소원

※ 헌법재판소는 2014. 1. 28. 2012헌마409 등 결정에서 모든 수형자의 선거권을 제한하는 구 공직선거법 제18조 제1항 제2호 중 관련 부분에 대하여 헌법불합치결정을 하였고, 이에 이 사건 법률조항은 1년 이상의 징역의 형의 선고를 받고 그 집행을 종료하지 아니한 수형자의 선거권을 제한하도록 개정되었다.

제18조(선거권이 없는 자) - 개정 전

2. 금고 이상의 형의 선고를 받고 그 집행이 종료되지 아니하거나 그 집행을 받지 아니하기로 확정되지 아니한 자

개정 후(2015. 8. 13)

2. 1년 이상의 징역 또는 금고의 형의 선고를 받고 그 집행이 종료되지 아니하거나 그 집행을 받지 아니하기로 확정되지 아니한 사람. 다만, 그 형의 집행유예를 선고받고 유예기간 중에 있는 사람은 제외한다.

주의 **심판대상조항은 집행유예자에 관한 부분은 단순위헌, 수형자에 관한 부분은 헌법불합치 결정**

이 사건과 관련 헌법소원 (2016헌마292, 2016헌마568(병합))에서 청구인들은 1년 이상의 징역의 형의 선고를 받고 복역 중이거나 **가석방된 사람으로 잔여형기를 마치지 아니하여 "1년 이상의 징역의 형의 선고를 받고 그 집행이 종료되지 아니한 사람"**에 해당한다는 이유로, 2016. 4. 13. 실시된 제20대 국회의원선거에서 선거권을 행사하지 못하여 자신들의 선거권을 침해한다는 취지의 헌법소원심판에서 선거권을 침해하지 아니하여 **합헌이라고 판단하였다.**

관련판례

■ **공직선거법 제18조 제1항 제2호 위헌확인 등**(2012헌마409, 2013헌마167(병합))

가. 집행유예기간 중인 자와 수형자의 선거권을 제한하고 있는 공직선거법 제18조 제1항 제2호 중 '유기징역 또는 유기금고의 선고를 받고 그 집행이 종료되지 아니한 자'에 관한 부분과 '유기징역 또는 유기금고의 선고를 받고 그 집행유예기간 중인 자'에 관한 부분 및 형법 제43조 제2항 중 수형자와 집행유예자의 '공법상의 선거권'에 관한 부분이 헌법 제37조 제2항에 위반하여 청구인들의 선거권을 침해하고, 보통선거원칙에 위반하여 평등원칙에도 어긋나는지 여부에 대하여 심판대상조항 중 수형자에 관한 부분에 대하여 헌법불합치결정

【결정요지】

가. 심판대상조항은 집행유예자와 수형자에 대하여 전면적, 획일적으로 선거권을 제한하여야 할 필요성이 있다고 보기는 어렵다. 범죄자가 저지른 범죄의 경중을 전혀 고려하지 않고 수형자와 집행유예자 모두의 선거권을 제한하는 것은 침해의 최소성원칙에 어긋난다.

나. 심판대상조항 중 수형자에 관한 부분의 위헌성은 지나치게 전면적, 획일적으로 수형자의 선거권을 제한한다는 데 있다. 그런데 그 위헌성을 제거하고 수형자에게 헌법합치적으로 선거권을 부여하는 것은 입법자의 형성재량에 속하므로 심판대상조항 중 수형자에 관한 부분에 대하여 헌법불합치 결정을 선고한다.

시행령 제98조 (미결수용시설의 설비 및 계호의 정도)

미결수용자를 수용하는 시설의 설비 및 계호의 정도는 법 제57조 제2항 제3호의 일반경비시설에 준한다.

주의 사형확정자를 수용하는 시설의 설비 및 계호의 정도는 일반경비시설 또는 중경비시설에 준한다.

■ 미결수용자와 사형확정자의 처우비교

	미결수용자	사형확정자
참관	할 수 없다.	할 수 없다.
접견횟수	매일 1회	월 4회
전화통화	소장허가 시	월 3회 이내
교육 또는 교화프로그램	신청에 따라	신청 없이도 가능
작업부과	신청에 따라	신청에 따라
시설의 설비 및 계호	일반경비시설에 준한다.	일반경비시설 또는 중경비시설에 준한다.

시행령 제99조 (법률구조 지원)

소장은 미결수용자가 빈곤하거나 무지하여 수사 및 재판 과정에서 권리를 충분히 행사하지 못한다고 인정하는 경우에는 법률구조에 필요한 지원을 할 수 있다.

제80조(참관금지) 미결수용자가 수용된 거실은 참관할 수 없다.

주의 사형확정자와 미결수용자 거실은 참관할 수 없다.

시행령 제100조 (공범 분리)

소장은 이송이나 출정, 그 밖의 사유로 미결수용자를 교정시설 밖으로 호송하는 경우에는 해당 사건에 관련된 사람과 호송 차량의 좌석을 분리하는 등의 방법으로 서로 접촉하지 못하게 하여야 한다.

제81조(분리수용) 소장은 미결수용자로서 사건에 서로 관련이 있는 사람은 분리수용하고 서로 간의 접촉을 금지하여야 한다.

제82조(사복착용) 미결수용자는 수사·재판·국정감사 또는 법률로 정하는 조사에 참석할 때에는 사복을 착용할 수 있다. 다만, 소장은 도주우려가 크거나 특히 부적당한 사유가 있다고 인정하면 교정시설에서 지급하는 의류를 입게 할 수 있다.

 관련판례

■ 재소자용 수의착용처분 위헌확인(97헌마137)

- 미결수용자에게 시설 안에서 재소자용 의류를 입게 하는 것은 구금 목적의 달성, 시설의 규율과 안전유지를 위한 필요최소한의 제한으로서 정당성·합리성을 갖춘 **재량의 범위 내의 조치이다.**

- 미결수용자가 수감되어 있는 동안 수사 또는 **재판을 받을 때에도 재소자용 의류를 입게 한 행위**는 헌법 제37조 제2항의 기본권 제한에서의 비례원칙에 위반되는 것으로서, 무죄추정의 원칙에 반하고 인간으로서의 존엄과 가치에서 유래하는 인격권과 행복추구권, 공정한 재판을 받을 **권리를 침해하는 것이다..**

■ 형의 집행 및 수용자의 처우에 관한 법률 제82조 위헌확인(가. 위헌 나. 합헌/2013헌마712)

가. 「형의 집행 및 수용자 처우에 관한 법률」 제88조가 **형사재판**의 피고인으로 출석하는 수형자에 대하여, 사복착용을 허용하는 동법 제82조를 준용하지 아니한 것이 공정한 재판을 받을 권리, 인격권, 행복추구권을 침해하는 **위헌**이다.

나. 「형의 집행 및 수용자 처우에 관한 법률」 제88조가 **민사재판**의 당사자로 출석하는 수형자에 대하여, 사복착용을 허용하는 동법 제82조를 준용하지 아니한 것이 공정한 재판을 받을 권리, 인격권, 행복추구권을 **침해하지 않는다.**

■ 출정수용자 공중노출에 따른 손해배상(대법12다200264)

교도관은 수용자를 호송하는 중 가급적 공중의 면전에 드러나지 않도록 하여 모욕, 호기심 또는 공포의 대상이 되지 않도록 적절한 보호조치를 취함으로써 수용자의 명예감정이 손상되지 않도록 유의할 의무가 있다. 다만, 위와 같은 주의의무를 위반하였는지 여부는 출정당일의 시간적, 인적 자원 확보 여건 및 제도적 여건, 피호송자에 대한 계호의 필요성 등을 종합하여 판단하여야 한다. (이 사건에서는 위 요소의 종합적 고려에 의하여 담당교도관의 위법행위가 없다고 봄)

■ 재판에 참석하는 미결수용자에게 사복이 가능함을 고지할 의무가 있는지 여부 (08헌마412)

재판에 참석하는 미결수용자에게 사복을 착용할 수 있다는 것을 반드시 고지하여야 할 헌법상의 작위의무가 있다고 보기 어렵다.

국가인권위원회 결정

■ 호송 중 수용자 얼굴 노출(07진인2098)

주요지: 호송시 수갑과 포승줄을 하고 기결 수용복을 입은 상태에서 법원청사 주변에 있던 일반 공중에게 수용자의 얼굴을 노출시켜 수치심을 느꼈다는 내용

판단요지: 호송시 시승·시갑하고 수용복을 입은 수용자의 얼굴이 민원인 등 일반 공중에게 그대로 노출되지 않도록 모자와 마스크 등 보호도구를 적절하게 사용해 수용자의 인권을 보호할 수 있는 호송업무 개선방안을 마련할 것과 관련 업무를 수행하는 직원들로 하여금 위와 같은 개선방안을 숙지해 업무에 임하도록 직무교육을 실시할 것을 권고

참조조문: 행형법 제1조의3, 형의집행 및 수용자의 처우에 관한 법률 제4조, 계호근무준칙 제270조 2항, 271조 4호, 피구금자 처우에 관한 최저기준규칙 제45조

제83조(이발) 미결수용자의 머리카락과 수염은 특히 필요한 경우가 아니면 본인의 의사에 반하여 짧게 깎지 못한다.

제2절 미결수용자의 접견

제84조(변호인과의 접견 및 편지수수) ① 제41조제4항에도 불구하고 미결수용자와 변호인(변호인이 되려고 하는 사람을 포함한다. 이하 같다)과의 접견에는 교도관이 참여하지 못하며 그 내용을 청취 또는 녹취하지 못한다. 다만, 보이는 거리에서 미결수용자를 관찰할 수 있다.

② 미결수용자와 변호인 간의 접견은 시간과 횟수를 제한하지 아니한다.

③ 제43조제4항 단서에도 불구하고 미결수용자와 변호인 간의 편지는 교정시설에서 상대방이 변호인임을 확인할 수 없는 경우를 제외하고는 검열할 수 없다.

관련판례

■ **피의자와의 접견교통 허가 여부의 결정주체**(2019. 2. 28. 15헌마1204)

'**변호인이 되려는 자**'가 피의자 신문 중에 형사소송법 제34조에 따라 접견신청을 한 경우 그 허가 여부를 결정할 주체는 검사 또는 사법경찰관이다.

■ **변호인 자신의 피구속자에 대한 접견교통권이 헌법상 권리인지 여부**(*89헌마181 → 2019년 판례 변경됨*)

헌법상의 변호인과의 접견교통권은 체포 또는 구속당한 **피의자·피고인 자신에만 한정되는 신체적 자유에 관한 기본권이고, 변호인 자신의 구속된 피의자·피고인과의 접견교통권은 헌법상의 권리라고는 말할 수 없으며 단지 형사소송법 제34조에 의하여 비로소 보장되는 권리임**이 그친다.

주의 이 판례는 폐기 내지 변경됨.

판례변경: '변호인이 되려는 자'의 접견교통권 역시 헌법상 기본권으로서 보장되어야 한다. (2019. 2. 28, 15헌마1204)

■ **미결수용자 변호인 접견불허 처분 위헌확인**(합헌/2009헌마341)

가. 헌법재판소가 91헌마111 결정에서 미결수용자와 변호인과의 접견에 대해 어떠한 명분으로도 제한할 수 없다고 한 것은 구속된 자와 변호인 간의 접견이 실제로 이루어지는 경우에 있어서의 '자유로운 접견', 즉 '대화내용에 대하여 비밀이 완전히 보장되고 어떠한 제한, 영향, 압력 또는 부당한 간섭 없이 자유롭게 대화할 수 있는 접견'을 제한할 수 없다는 것이지, 변호인과의 접견 자체에 대해 아무런 제한도 가할 수 없다는 것을 의미하는 것이 아니므로 **미결수용자의 변호인 접견권 역시 국가안전보장·질서유지 또는 공공복리를 위해 필요한 경우에는 법률로써 제한될 수 있음은 당연하다.**

나. 제84조 제2항에 의해 금지되는 **접견시간 제한의 의미는 접견에 관한 일체의 시간적 제한이 금지된다는 것으로 볼 수는 없고**, 수용자와 변호인의 접견이 현실적으로 실시되는 경우, 그 접견이 미결수용자와 변호인의 접견인 때에는 미결수용자의 방어권 행사로서의 중요성을 감안하여 자유롭고 충분한 변호인의 조력을 보장하기 위해 **접견 시간을 양적으로 제한하지 못한다는 의미로 이해하는 것이 타당**하므로, 제84조 제2항에도 불구하고 같은 법 제41조 제4항의 위임에 따라 수용자의 접견이 이루어지는 일반적인 시간대를 대통령령으로 규정하는 것은 가능하다.

다. 변호인의 조력을 받을 권리를 보장하는 목적은 피의자 또는 피고인의 방어권 행사를 보장하기 위한 것이므로, 미결수용자 또는 변호인이 원하는 특정한 시점에 접견이 이루어지지 못하였다 하더라도 그것만으로 곧바로 변호인의 조력을 받을 권리가 침해되었다고 단정할 수는 없는 것이고, 변호인의 조력을 받을 권리가 침해되었다고 하기 위해서는 접견이 불허된 특정한 시점을 전후한 수사 또는 재판의 진행 경과에 비추어 보아, 그 시점에 접견이 불허됨으로써 피의자 또는 피고인의 방어권 행사에 어느 정도는 불이익이 초래되었다고 인정할 수 있어야만 하며, 그 시점을 전후한 변호인 접견의 상황이나 수사 또는 재판의 진행 과정에 비추어 미결수용자가 방어권을 행사하기 위해 변호인의 조력을 받을 기회가 충분히 보장되었다고 인정될 수 있는 경우에는, 비록 미결수용자 또는 그 상대방인 변호인이 원하는 특정 시점에는 접견이 이루어지지 못하였다 하더라도 변호인의 조력을 받을 권리가 침해되었다고 할 수 없다.

시행령 제101조 (접견 횟수)

미결수용자의 접견 횟수는 매일 1회로 하되, 변호인과의 접견은 그 횟수에 포함시키지 않는다.

시행령 제102조 (접견의 예외)

소장은 미결수용자의 처우를 위하여 특히 필요하다고 인정하면 제58조제1항에도 불구하고 접견시간대 외에도 접견하게 할 수 있고, 변호인이 아닌 사람과 접견하는 경우에도 제58조제2항 및 제101조에도 불구하고 접견시간을 연장하거나 접견 횟수를 늘릴 수 있다.

제85조(조사 등에서의 특칙) 소장은 미결수용자가 징벌대상자로서 조사받고 있거나 징벌집행 중인 경우에도 소송서류의 작성, 변호인과의 접견·편지수수, 그 밖의 수사 및 재판 과정에서의 권리행사를 보장하여야 한다.

관련판례

■ **미결수용자의 접견교통권이 헌법상의 기본권인지 여부**(2002헌마193)

구속된 피의자 또는 피고인이 갖는 <u>변호인 아닌 자와의 접견교통권</u>은 가족 등 타인과 교류하는 인간으로서의 기본적인 생활관계가 인신의 구속으로 인하여 완전히 단절되어 파멸에 이르는 것을 방지하고, 또한 피의자 또는 피고인의 방어를 준비하기 위해서도 반드시 보장되지 않으면 안 되는 <u>인간으로서의 기본적인 권리에 해당하므로 이는 성질상 헌법상의 기본권에 속한다고 보아야 할 것이다.</u>

미결수용자의 접견교통권은 헌법재판소가 헌법 제10조의 행복추구권에 포함되는 기본권의 하나로 인정하고 있는 일반적 행동자유권으로부터 나온다고 보아야 할 것이고, 무죄추정의 원칙을 규정한 헌법 제27조 제4항도 그 보장의 한 근거가 될 것이다.

■ **미결수용자의 구금장소 변경이 법원의 사전허가를 받아야 하는지 여부**(대결 92두30)

법원 이외의 다른 기관의 일방적 처분에 기한 미결수용자의 구금장소의 변경은 법률상 명문의 규정이 있는 경우 외에는 이를 허용하지 아니하는 취지라거나 또는 법률상 명문의 규정이 없이도 구속된 피고인 또는 피의자의 구금장소를 변경함에 있어서는 **법원의 사전허가를 받아야 한다고는 볼 수 없다.**

■ **외부 재판에 출정할 때 운동화 착용을 불허한 행위**(2009헌마209)

외부 재판에 출정할 때 운동화를 착용하게 해달라는 청구인의 신청에 대하여 이를 불허한 행위가 기본권 제한에 관한 법률유보 원칙을 위반하여 청구인의 공정한 재판을 받을 권리 및 평등권을 침해한 것인지 여부에 대하여는 수용자의류 및 침구급여에 관한 규칙에 근거를 둔 처분으로 법률유보원칙에 위배되지 아니한다. 또한, 이 사건 **운동화착용불허 행위는** 도주를 예방하기 위한 적합한 수단이라 할 것이므로 **과잉금지원칙에 위반된다고 할 수 없으므로 청구인의 인격권과 행복추구권을 침해하지 아니한다.**

■ **미결수용자 사복 착용 고지의무 관련**(08헌마412)

재판에 참석하는 미결수용자에게 사복을 착용할 수 있다는 것을 반드시 고지하여야 할 헌법상 작위의무가 있다고 보기 어렵다.

■ **법정 옆 피고인 대기실에서 변호인 접견을 허용하지 않은 행위**(2007헌마992)

법정 옆 피고인 대기실에서 재판대기중인 피고인이 공판을 앞두고 호송교도관에게 변호인 접견을 신청하였으나, 교도관이 이를 허용하지 아니한 것이 피고인의 변호인의 조력을 받을 권리를 침해한 것인지 여부에 관하여 대기실은 시간적·장소적 상황을 고려할 때, 청구인의 면담 요구는 구속피고인의 변호인과의 면접·교섭권으로서 현실적으로 보장할 수 있는 한계 범위 밖이라고 아니할 수 없다. 따라서 청구인의 변호인 면담 요구를 받아들이지 아니한 교도관의 접견불허행위는 기본권을 침해하는 위헌적인 공권력의 행사라고 보기 어렵다.

■ **출정수용자 공중노출에 따른 손해배상**(대법12다200264)

수용자의 적극적인 의사로 행정소송을 제기하여 법정에 출석하면서 호송을 담당교도관이 도로에 차를 세우고 수용자를 공중에 노출시킨 경우 이는 어느 정도 감수하여야 한다는 점을 고려하여 교도관의 불법행위책임을 구성하는 고의 과실에 의한 위법행위가 있었다고 볼 수 없다.

■ **민사법정 내 보호장비 사용행위**(17헌마181)

민사법정 내 보호장비 착용행위는 청구인의 인격권과 신체의 자유를 침해하지 아니한다.

제3절 미결수용자의 작업과 교화

제86조(작업과 교화) ① 소장은 미결수용자에 대하여는 **신청**에 따라 교육 또는 교화프로그램을 실시하거나 작업을 부과할 수 있다.

② 제1항에 따라 미결수용자에게 교육 또는 교화프로그램을 실시하거나 작업을 부과하는 경우에는 제63조부터 제65조까지 및 제70조부터 제76조까지의 규정을 준용한다.

◆ 참고사항 ◆

▶ 미결수용자에게 교육 또는 교화프로그램을 실시하거나 작업을 부과하는 경우에는 제63조부터 제65조까지 및 제70조부터 제76조까지의 규정을 준용한다.

1. 미결수용자의 경우에도 그의 신청에 따라 집중근로가 필요한 작업을 부과하는 경우에 접견·전화통화·교육·공동행사 참가 등의 처우를 제한할 수 있다.
2. 제72조(작업면제), 제73조(작업수입), 제74조(위로금·조위금), 조항은 신청에 의한 작업을 하는 미결수용자에게도 준용된다.

시행령 제103조 (교육·교화와 작업)

① 법 제86조제1항의 미결수용자에 대한 교육·교화프로그램 또는 작업은 교정시설 밖에서 행하는 것은 포함하지 아니한다.

② 소장은 법 제86조제1항에 따라 작업이 부과된 미결수용자가 작업의 취소를 요청하는 경우에는 그 미결수용자의 의사, 건강 및 교도관의 의견 등을 고려하여 작업을 취소할 수 있다.

제87조(유치장) 경찰관서에 설치된 유치장은 교정시설의 미결수용실로 보아 이 법을 준용한다.

제88조(준용규정) 형사사건으로 수사 또는 재판을 받고 있는 수형자와 사형확정자에 대하여는 제82조, 제84조 및 제85조를 준용한다.

주의 [2016.12.2. 법률 제14281호에 의하여 '제82조' 부분 추가함, 2015.12.23. 헌법재판소에서 헌법 불합치 결정된 이 조를 개정함.] 형사재판의 피고인으로 출석하는 수형자에 대하여 제82조(사복착용)를 준용하지 않는 것은 헌법에 합치되지 아니한다. (2013헌마712)

시행령 제104조 (도주 등 통보)

소장은 미결수용자가 도주하거나 도주한 미결수용자를 체포한 경우에는 그 사실을 검사에게 통보하고, 기소된 상태인 경우에는 법원에도 지체 없이 통보하여야 한다.

시행령 제105조 (사망 등 통보)

소장은 미결수용자가 위독하거나 사망한 경우에는 그 사실을 검사에게 통보하고, 기소된 상태인 경우에는 법원에도 지체 없이 통보하여야 한다.

시행령 제106조 (외부의사의 진찰 등)

미결수용자가 「형사소송법」 제34조, 제89조 및 제209조에 따라 외부의사의 진료를 받는 경우에는 교도관이 참여하고 그 경과를 수용기록부에 기록하여야 한다.

시행령 제107조 (유치장 수용기간)

경찰관서에 설치된 유치장에는 수형자를 30일 이상 수용할 수 없다.

제10장 사형확정자

제89조(사형확정자의 수용) ① 사형확정자는 독거수용한다. 다만, **자살방지**, 교육·교화프로그램, 작업, 그 밖의 적절한 처우를 위하여 필요한 경우에는 법무부령으로 정하는 바에 따라 혼거수용할 수 있다.
② 사형확정자가 수용된 거실은 참관할 수 없다.

제90조(개인상담 등) ① 소장은 사형확정자의 심리적 안정 및 원만한 수용생활을 위하여 교육 또는 교화프로그램을 실시하거나 **신청에 따라** 작업을 부과할 수 있다.
② 사형확정자에 대한 교육·교화프로그램, 작업, 그 밖의 처우에 필요한 사항은 법무부령으로 정한다.

제91조(사형의 집행) ① 사형은 교정시설의 사형장에서 집행한다.
② 공휴일과 토요일에는 사형을 집행하지 아니한다.

시행령 제108조 (사형확정자 수용시설의 설비 및 계호의 정도)

사형확정자를 수용하는 시설의 설비 및 계호의 정도는 법 제57조 제2항 제3호의 일반경비시설 또는 같은 항 제4호의 중경비시설에 준한다.

시행령 제109조 (접견 횟수)

사형확정자의 접견 횟수는 매월 4회로 한다.

시행령 제110조 (접견의 예외)

소장은 제58조제1항·제2항 및 제109조에도 불구하고 사형확정자의 교화나 심리적 안정을 도모하기 위하여 특히 필요하다고 인정하면 접견 시간대 외에도 접견을 하게 할 수 있고 접견시간을 연장하거나 접견 횟수를 늘릴 수 있다.

시행령 제111조 (사형집행 후의 검시)

소장은 사형을 집행하였을 경우에는 시신을 검사한 후 5분이 지나지 아니하면 교수형에 사용한 줄을 풀지 못한다.

시행규칙 제150조 (구분수용 등)

① 사형확정자는 사형집행시설이 설치되어 있는 교정시설에 수용하되, 다음 각호와 같이 구분하여 수용한다.

1. 교도소: 교도소 수용 중 사형이 확정된 사람, 교도소에서 교육·교화프로그램 또는 신청에 따른 작업을 실시할 필요가 있다고 인정되는 사람
2. 구치소: 구치소 수용 중 사형이 확정된 사람, 교도소에서 교육·교화프로그램 또는 신청에 따른 작업을 실시할 필요가 없다고 인정되는 사람

② 사형확정자의 심리적 안정 도모 또는 교정시설의 안전과 질서유지를 위하여 특히 필요하다고 인정하는 경우에는 제1항 각호에도 불구하고 교도소에 수용할 사형확정자를 구치소에 수용할 수 있고, 구치소에 수용할 사형확정자를 교도소에 수용할 수 있다.

③ 소장은 사형확정자의 자살·도주 등의 사고를 방지하기 위하여 필요한 경우에는 사형확정자와 미결수용자를 혼거수용할 수 있고, 사형확정자의 교육·교화프로그램, 작업 등의 적절한 처우를 위하여 필요한 경우에는 사형확정자와 수형자를 혼거수용할 수 있다.

④ 사형확정자의 번호표 및 거실표의 색상은 붉은색으로 한다.

시행규칙 제151조 (이송)

소장은 사형확정자의 교육·교화프로그램, 작업 등을 위하여 필요하거나 교정시설의 안전과 질서유지를 위하여 특히 필요하다고 인정하는 경우에는 법무부장관의 승인을 받아 사형확정자를 다른 교정시설로 이송할 수 있다.

시행규칙 제152조 (상담)

① 소장은 사형확정자의 심리적 안정 및 원만한 수용생활을 위하여 소속 교도관으로 하여금 지속적인 상담을 하게 하여야 한다.

② 제1항의 사형확정자에 대한 상담시기, 상담책임자 지정, 상담결과 처리절차 등에 관하여는 제196조를 준용한다.

시행규칙 제153조 (작업)

① 소장은 사형확정자가 작업을 신청하면 교도관회의의 심의를 거쳐 교정시설 안에서 실시하는 작업을 부과할 수 있다. 이 경우 부과하는 작업은 심리적 안정과 원만한 수용생활을 도모하는 데 적합한 것이어야 한다.

② 소장은 작업이 부과된 사형확정자에 대하여 교도관회의의 심의를 거쳐 제150조제4항을 적용하지 아니할 수 있다.

③ 소장은 작업이 부과된 사형확정자가 작업의 취소를 요청하면 사형확정자의 의사·건강, 담당교도관의 의견 등을 고려하여 작업을 취소할 수 있다.

④ 사형확정자에게 작업을 부과하는 경우에는 법 제71조부터 제76조까지의 규정 및 이 규칙 제200조를 준용한다.

시행규칙 제154조 (교화프로그램)

소장은 사형확정자에 대하여 심리상담, 종교상담, 심리치료 등의 교화프로그램을 실시하는 경우에는 전문가에 의하여 집중적이고 지속적으로 이루어질 수 있도록 계획을 수립·시행하여야 한다.

시행규칙 제155조 (전담교정시설 수용)

사형확정자에 대한 교육·교화프로그램, 작업 등의 처우를 위하여 법무부장관이 정하는 전담교정시설에 수용할 수 있다.

시행규칙 제156조 (전화통화)

소장은 사형확정자의 심리적 안정과 원만한 수용생활을 위하여 필요하다고 인정하는 경우에는 월 3회 이내의 범위에서 전화통화를 허가할 수 있다.

(※ 사형 확정자의 접견: 월 4회 / 전화통화: 월 3회 이내)

제11장 안전과 질서

제1절 출입과 검사 등

제92조(금지물품) ① 수용자는 다음 각호의 물품을 지녀서는 아니 된다.
  1. 마약·총기·도검·폭발물·흉기·독극물, 그 밖에 범죄의 도구로 이용될 우려가 있는 물품
  2. 무인비행장치, 전자·통신기기, 그 밖에 도주나 다른 사람과의 연락에 이용될 우려가 있는 물품
  3. 주류·담배·화기·현금·수표, 그 밖에 시설의 안전 또는 질서를 해칠 우려가 있는 물품
  4. 음란물, 사행행위에 사용되는 물품, 그 밖에 수형자의 교화 또는 건전한 사회복귀를 해칠 우려가 있는 물품

② 제1항에도 불구하고 소장이 수용자의 처우를 위하여 허가하는 경우에는 제1항제2호의 물품을 지닐 수 있다.

제93조(신체검사 등) ① 교도관은 시설의 안전과 질서유지를 위하여 필요하면 수용자의 신체·의류·휴대품·거실 및 작업장 등을 검사할 수 있다.

② 수용자의 신체를 검사하는 경우에는 불필요한 고통이나 수치심을 느끼지 아니하도록 유의하여야 하며, 특히 신체를 면밀하게 검사할 필요가 있으면 다른 수용자가 볼 수 없는 차단된 장소에서 하여야 한다.

③ 교도관은 시설의 안전과 질서유지를 위하여 필요하면 교정시설을 출입하는 수용자 외의 사람에 대하여 의류와 휴대품을 검사할 수 있다. 이 경우 출입자가 제92조의 금지물품을 지니고 있으면 교정시설에 맡기도록 하여야 하며, 이에 따르지 아니하면 출입을 금지할 수 있다.

④ 여성의 신체·의류 및 휴대품에 대한 검사는 여성교도관이 하여야 한다.

⑤ 소장은 제1항에 따라 검사한 결과 제92조의 금지물품이 발견되면 형사 법령으로 정하는 절차에 따라 처리할 물품을 제외하고는 수용자에게 알린 후 폐기한다. 다만, 폐기하는 것이 부적당한 물품은 교정시설에 보관하거나 수용자로 하여금 자신이 지정하는 사람에게 보내게 할 수 있다.

관련판례

■ **신체 거실 등의 검사 - 유치장 수용자에 대한 신체검사의 허용범위**(대판 2001다51466)

유치장 수용자들의 옷을 전부 벗긴 상태에서 앉았다 일어서기를 반복하게 한 신체검사는 그 한계를 일탈한 위법한 것이다.

■ **정밀신체검사(항문검사) 위헌확인**(2000헌마327)

헌법재판소는 2002. 7. 18. 여자인 청구인들이 인쇄물을 배포하다 선거법위반 현행범으로 체포되어 경찰서유치장에서 수용되는 과정에서 하의를 속옷과 함께 무릎까지 내린 상태에서 3회에 걸쳐 앉았다 일어서기를 반복하게 한 방법으로 실시된 정밀신체검사에 사건에 대하여, 청구인들이 금지품을 은닉하였을 개연성이 극히 낮고, 외부관찰, 촉수검사 등 보다 수치심을 덜 느낄 수 있는 방법에 의한 신체검사도 가능하였음에도 하의속옷을 벗고 앉았다 일어서기를 반복하게 한 것은 그 수단과 방법에 있어서 필요 최소한의 범위를 명백하게 벗어난 조치로서 청구인들에게 심한 모욕감과 수치심만을 안겨주었다고 인정하기에 충분하다는 이유로, 그러한 신체검사는 위헌이라고 선고하였다.

■ **정밀신체검사(항문검사) 위헌확인**(2004헌마826, 기각)

마약류사범인 청구인이 구치소에 입소하면서, 교도관 앞에 돌아서서 하의 속옷을 내리고 상체를 숙인 다음 양손으로 둔부를 벌려 항문을 보이는 방법으로 실시된 정밀신체검사에 대하여, 수용시설 내의 안전과 질서유지를 위하여 수용자 등에 대한 신체검사가 불가피한데, 마약류사범인 청구인의 경우 신체의 은밀한 부위에 반입금지물품을 은닉하였다고 의심할 만한 합리적인 이유가 있었고, 위 검사가 청구인의 명예나 수치심 등을 충분히 배려하면서 그 침해의 여지를 최소화하는 수단과 방법으로 실시되었다는 이유로, 인격권, 신체의 자유를 보장한 헌법에 위반되지 않는다는 결정을 선고하였다.

■ **이송되는 수용자 대상으로 전자기기를 이용한 항문검사 위헌 여부**(2010헌마775)

영상검사기를 이용하여 항문부위를 보이도록 하고 전담교도관 1명만이 모니터를 통해 이를 볼 수 있도록 한 것은 수치심, 인격권 등의 침해를 최소화했다는 점에서 기본권을 침해했다고 볼 수 없다.

시행령 제112조 (거실 등에 대한 검사)

소장은 교도관에게 수용자의 거실, 작업장, 그 밖에 수용자가 생활하는 장소를 정기적으로 검사하게 하여야 한다. 다만, 법 제92조의 금지물품을 숨기고 있다고 의심되는 수용자와 법 제104조 제1항의 마약류사범·조직폭력사범 등 법무부령으로 정하는 수용자의 거실 등은 수시로 검사하게 할 수 있다.

관련판례

■ **수용자가 없는 상태에서 실시한 거실 및 작업장 검사행위 위헌확인**(2009헌마691)

교도소의 안전과 질서를 유지하고, 수형자의 교화·개선에 지장을 초래할 수 있는 물품을 차단하기 위한 것으로서 그 목적이 정당하고, 수단도 적절하며, 검사의 실효성을 확보하기 위한 최소한의 조치로 보이고, 달리 덜 제한적인 대체수단을 찾기 어려운 점 등에 비추어 보면 이 사건 검사행위가 과잉금지원칙에 위배하여 사생활의 비밀 및 자유를 침해하였다고 할 수 없다.

■ **교도소 내 화장실 창문 철망 설치행위 위헌확인**(2011헌마150)

교도소 독거실 내 화장실 창문과 철격자 사이에 안전 철망을 설치한 행위가 청구인의 환경권과, 인격권 등 기본권을 침해하는지 여부에 대하여 이는 수용자의 자살을 방지하여 생명권을 보호하고 교정시설 내의 안전과 질서를 보호하기 위한 것으로 청구인의 환경권 등 기본권을 침해하지 않는다.

시행령 제113조 (신체 등에 대한 검사)

소장은 교도관에게 작업장이나 실외에서 수용자거실로 돌아오는 수용자의 신체·의류 및 휴대품을 검사하게 하여야 한다. 다만, 교정성적 등을 고려하여 그 검사가 필요하지 아니하다고 인정되는 경우에는 예외로 할 수 있다.

시행령 제114조 (검사장비의 이용)

교도관은 법 제93조에 따른 검사를 위하여 탐지견, 금속탐지기, 그 밖의 장비를 이용할 수 있다.

시행령 제115조 (외부인의 출입)

① 교도관 외의 사람은 「국가공무원 복무규정」 제9조에 따른 근무시간 외에는 소장의 허가 없이 교정시설에 출입하지 못한다.

② 소장은 외부인의 교정시설 출입에 관한 사무를 수행하기 위하여 불가피한 경우「개인정보 보호법 시행령」제19조에 따른 주민등록번호, 여권번호, 운전면허의 면허번호 또는 외국인등록번호가 포함된 자료를 처리할 수 있다.

시행령 제116조 (외부와의 차단)

① 교정시설의 바깥문, 출입구, 거실, 작업장, 그 밖에 수용자를 수용하고 있는 장소는 외부와 차단하여야 한다. 다만, 필요에 따라 일시 개방하는 경우에는 그 장소를 경비하여야 한다.

② 교도관은 접견·상담·진료, 그 밖에 수용자의 처우를 위하여 필요한 경우가 아니면 수용자와 외부인이 접촉하게 해서는 아니 된다.

시행령 제117조 (거실 개문 등 제한)

교도관은 수사·재판·운동·접견·진료 등 수용자의 처우 또는 자살방지, 화재진압 등 교정시설의 안전과 질서유지를 위하여 필요한 경우가 아니면 수용자거실의 문을 열거나 수용자를 거실 밖으로 나오게 해서는 아니 된다.

시행령 제118조 (장애물 방치 금지)

교정시설의 구내에는 시야를 가리거나 그 밖에 계호상 장애가 되는 물건을 두어서는 아니 된다.

제94조(전자장비를 이용한 계호) ① 교도관은 자살·자해·도주·폭행·손괴, 그 밖에 수용자의 생명·신체를 해하거나 시설의 안전 또는 질서를 해하는 행위(이하 "자살등"이라 한다)를 방지하기 위하여 필요한 범위에서 전자장비를 이용하여 수용자 또는 시설을 계호할 수 있다. 다만, 전자영상장비로 거실에 있는 수용자를 계호하는 것은 자살 등의 우려가 큰 때에만 할 수 있다.

② 제1항 단서에 따라 거실에 있는 수용자를 전자영상장비로 계호하는 경우에는 계호직원·계호시간 및 계호대상 등을 기록하여야 한다. 이 경우 수용자가 여성이면 여성교도관이 계호하여야 한다.

③ 제1항 및 제2항에 따라 계호하는 경우에는 피계호자의 인권이 침해되지 아니하도록 유의하여야 한다.

④ 전자장비의 종류·설치장소·사용방법 및 녹화기록물의 관리 등에 관하여 필요한 사항은 법무부령으로 정한다.

제2절 전자장비

시행규칙 제160조 (전자장비의 종류)

교도관이 법 제94조에 따라 수용자 또는 시설을 계호하는 경우 사용할 수 있는 전자장비는 다음 각호와 같다.

1. 영상정보처리기기: 일정한 공간에 지속적으로 설치되어 사람 또는 사물의 영상 및 이에 따르는 음성·음향 등을 수신하거나 이를 유·무선망을 통하여 전송하는 장치
2. 전자감지기: 일정한 공간에 지속적으로 설치되어 사람 또는 사물의 움직임을 빛·온도·소리·압력 등을 이용하여 감지하고 전송하는 장치
3. 전자경보기: 전자파를 발신하고 추적하는 원리를 이용하여 사람의 위치를 확인하거나 이동경로를 탐지하는 일련의 기계적 장치
4. 물품검색기(고정식 물품검색기와 휴대식 금속탐지기로 구분한다)
5. 증거수집장비: 디지털카메라, 녹음기, 비디오카메라, 음주측정기 등 증거수집에 필요한 장비
6. 그 밖에 법무부장관이 정하는 전자장비

시행규칙 제161조 (중앙통제실의 운영)

① 소장은 전자장비의 효율적인 운용을 위하여 각종 전자장비를 통합적으로 관리할 수 있는 시스템이 설치된 중앙통제실을 설치하여 운영한다.

② 소장은 중앙통제실에 대한 외부인의 출입을 제한하여야 한다. 다만, 시찰, 참관, 그 밖에 소장이 특별히 허가한 경우에는 그러하지 아니하다.

③ 전자장비의 통합관리시스템, 중앙통제실의 운영·관리 등에 관하여 필요한 사항은 법무부장관이 정한다.

관련판례

■ 엄중관리대상자의 수용거실에 CCTV를 설치하여 24시간 감시하는 행위에 대한 위헌확인
(2007헌마187)

가. 법률유보의 원칙에 위배되는지 여부

계호활동 중 육안에 의한 시선계호를 CCTV 장비에 의한 시선계호로 대체한 것에 불과하므로, 이 사건 CCTV 설치행위에 대한 특별한 법적 근거가 없더라도 일반적인 계호활동을 허용하는 법률규정에 의하여 허용된다고 보아야 한다.

나. 사행활의 자유, 비밀을 침해하는 것인지의 여부

CCTV에 의해 감시되는 엄중관리대상자에 대하여는 자살·자해나 흉기의 제작 등의 위험성 등을 고려하면 제반사정을 종합하여 볼 때, 기본권 제한의 최소성 요건이나 법익균형성의 요건도 충족하고 있다.

시행규칙 제162조 (영상정보처리기기 설치)

① 영상정보처리기기 카메라는 교정시설의 주벽·감시대·울타리·운동장·거실·작업장·접견실·전화실·조사실·진료실·복도·중문, 그 밖에 법 제94조제1항에 따라 전자장비를 이용하여 계호하여야 할 필요가 있는 장소에 설치한다.

② 영상정보처리기기 모니터는 중앙통제실·관구실 그 밖에 교도관이 계호하기에 적정한 장소에 설치한다.

③ 거실에 영상정보처리기기 카메라를 설치하는 경우에는 용변을 보는 하반신의 모습이 촬영되지 아니하도록 카메라의 각도를 한정하거나 화장실 차폐시설을 설치하여야 한다.

시행규칙 제163조 (거실수용자 계호)

① 교도관이 법 제94조제1항에 따라 거실에 있는 수용자를 계호하는 경우에는 별지 제9호서식의 거실수용자 영상계호부에 피계호자의 인적사항 및 주요 계호내용을 개별적으로 기록하여야 한다. 다만, 중경비시설의 거실에 있는 수용자를 전자장비를 이용하여 계호하는 경우에는 중앙통제실 등에 비치된 현황표에 피계호인원 등 전체 현황만을 기록할 수 있다.

② 교도관이 법 제94조제1항에 따라 계호하는 과정에서 수용자의 처우 및 관리에 특히 참고할 만한 사항을 알게 된 경우에는 그 요지를 수용기록부에 기록하여 소장에게 지체 없이 보고하여야 한다.

시행규칙 제164조 (전자감지기의 설치)

전자감지기는 교정시설의 주벽·울타리, 그 밖에 수용자의 도주 및 외부로부터의 침입을 방지하기 위하여 필요한 장소에 설치한다.

시행규칙 제165조 (전자경보기의 사용)

교도관은 외부의료시설 입원, 이송·출정, 그 밖의 사유로 교정시설 밖에서 수용자를 계호하는 경우 보호장비나 수용자의 팔목 등에 전자경보기를 부착하여 사용할 수 있다.

관련판례

■ 관심대상수용자의 출정시 위치추적 전자장치 부착 위헌확인(16헌마191)

형집행법 시행규칙 제210조에 의해 관심대상수용자로 지정된 수용자에 대한 출정시 위치추적 전자장치(전자발찌)를 부착하는 행위는 법률유보원칙, 적법절차원칙, 청구인들의 인격권, 신체의 자유, 행복추구권, 사생활의 비밀과 자유, 재판청구권을 침해하는지에 대하여 도주방지와 국민의 안전보장이라는 목적의 정당성과 수단의 적합성을 인정하고, 부착행위가 장시간 이루어지지 않으며 교도관회의를 통한 관심대상수용자 지정 등 부착의 남용이 통제되고 있는 점에 비추어 침해의 최소성과 국민의 안전보장이라는 공익과의 균형성을 모두 인정하여 과잉금지원칙에도 위배되지 않는다고 판단하였다.

시행규칙 제166조 (물품검색기 설치 및 사용)

① 고정식 물품검색기는 정문, 수용동 입구, 작업장 입구, 그 밖에 수용자 또는 교정시설을 출입하는 수용자 외의 사람에 대한 신체·의류·휴대품의 검사가 필요한 장소에 설치한다.

② 교도관이 법 제93조제1항에 따라 수용자의 신체·의류·휴대품을 검사하는 경우에는 특별한 사정이 없으면 고정식 물품검색기를 통과하게 <u>한 후</u> 휴대식 금속탐지기 또는 손으로 이를 확인한다.

③ 교도관이 법 제93조제3항에 따라 교정시설을 출입하는 수용자 외의 사람의 의류와 휴대품을 검사하는 경우에는 고정식 물품검색기를 통과하게 <u>하거나</u> 휴대식 금속탐지기로 이를 확인한다.

	수용자	수용자 외의 사람
검사대상	신체·의류·휴대품	의류와 휴대품
검사방법	병렬적(한 후)	선택적(하거나)
손으로 확인하는 절차	있음(선택적)	없음

시행규칙 제167조 (증거수집장비의 사용)

교도관은 수용자가 사후에 증명이 필요하다고 인정되는 행위를 하거나 사후 증명이 필요한 상태에 있는 경우 수용자에 대하여 증거수집장비를 사용할 수 있다.

시행규칙 제168조 (녹음·녹화 기록물의 관리)

소장은 전자장비로 녹음·녹화된 기록물을 「공공기록물 관리에 관한 법률」에 따라 관리하여야 한다.

제3절 보호실과 진정실

제95조(보호실 수용) ① 소장은 수용자가 다음 각호의 어느 하나에 해당하면 의무관의 의견을 고려하여 보호실에 수용할 수 있다.

　1. 자살 또는 자해의 우려가 있는 때

　2. 신체적·정신적 질병으로 인하여 특별한 보호가 필요한 때

② 수용자의 보호실 수용기간은 15일 이내로 한다. 다만, 소장은 특히 계속하여 수용할 필요가 있으면 의무관의 의견을 고려하여 1회당 7일의 범위에서 기간을 연장할 수 있다.

③ 제2항에 따라 수용자를 보호실에 수용할 수 있는 기간은 계속하여 3개월을 초과할 수 없다.

④ 소장은 수용자를 보호실에 수용하거나 수용기간을 연장하는 경우에는 그 사유를 본인에게 알려 주어야 한다.

⑤ 의무관은 보호실 수용자의 건강상태를 수시로 확인하여야 한다.

⑥ 소장은 보호실 수용사유가 소멸한 경우에는 보호실 수용을 즉시 중단하여야 한다.

제96조(진정실 수용) ① 소장은 수용자가 다음 각호의 어느 하나에 해당하는 경우로서 강제력을 행사하거나 제98조의 보호장비를 사용하여도 그 목적을 달성할 수 없는 경우에만 진정실(일반 수용거실로부터 격리되어 있고 방음설비 등을 갖춘 거실을 말한다. 이하 같다)에 수용할 수 있다.

　1. 교정시설의 설비 또는 기구 등을 손괴하거나 손괴하려고 하는 때

　2. 교도관의 제지에도 불구하고 소란행위를 계속하여 다른 수용자의 평온한 수용생활을 방해하는 때

② 수용자의 진정실 수용기간은 24시간 이내로 한다. 다만, 소장은 특히 계속하여 수용할 필요가 있으면 의무관의 의견을 고려하여 1회당 12시간의 범위에서 기간을 연장할 수 있다.

③ 제2항에 따라 수용자를 진정실에 수용할 수 있는 기간은 계속하여 3일을 초과할 수 없다.

④ 진정실 수용자에 대하여는 제95조제4항부터 제6항까지의 규정을 준용한다.

	보호실	진정실
요건	• 자살 또는 자해의 우려 • 신체적·정신적 질병/특별한 보호가 필요	• 교정시설의 설비 또는 기구 등을 손괴 • 소란행위로 평온한 수용생활을 방해
수용기간	15일 이내	24시간 이내
기간연장	1회당 7일 이내 (3개월을 초과할 수 없다)	1회당 12시간 이내 (3일을 초과할 수 없다)
사용 시 의무관 고려	○	X
연장 시 의무관 고려	○	○
의무관 건강 수시확인	○	○

시행령 제119조 (보호실 등 수용중지)

① 법 제95조제5항 및 법 제96조제4항에 따라 의무관이 보호실이나 진정실 수용자의 건강을 확인한 결과 보호실 또는 진정실에 계속 수용하는 것이 부적당하다고 인정하는 경우에는 소장에게 즉시 보고하여야 한다. 이 경우 소장은 특별한 사유가 없으면 보호실 또는 진정실 수용을 즉시 중지하여야 한다.

② 소장은 의무관이 출장·휴가, 그 밖의 부득이한 사유로 법 제95조제5항 및 법 제96조제4항의 직무를 수행할 수 없을 때에는 그 교정시설에 근무하는 의료관계 직원에게 대행하게 할 수 있다.

제4절 보호장비

제97조(보호장비의 사용) ① 교도관은 수용자가 다음 각호의 어느 하나에 해당하면 보호장비를 사용할 수 있다.

1. 이송·출정, 그 밖에 교정시설 밖의 장소로 수용자를 호송하는 때
2. 도주·자살·자해 또는 다른 사람에 대한 위해의 우려가 큰 때
3. 위력으로(위계 - X) 교도관의 정당한 직무집행을 방해하는 때
4. 교정시설의 설비·기구 등을 손괴하거나 그 밖에 시설의 안전 또는 질서를 해칠 우려가 큰 때

② 보호장비를 사용하는 경우에는 수용자의 나이, 건강상태 및 수용생활 태도 등을 고려하여야 한다.

③ 교도관이 교정시설의 안에서 수용자에 대하여 보호장비를 사용한 경우 의무관은 그 수용자의 건강상태를 수시로 확인하여야 한다.

	보호장비	강제력(보안장비)	무기사용
사전고지(경고)	예외 없음	예외 있음	예외 없음
제3자 사용	안 됨	가능	가능
명령권자	소장 (여유 없을 시 사용 후 즉시보고)	소장 (여유 없을 시 사용 후 즉시보고)	소장 또는 직무대행자 (여유 없을 시 사용 후 즉시보고)
즉시보고	소장	소장	사용자 → 소장 소장 → 법무부장관
제한사항	징벌수단 사용 안 됨	최소한도	최소한도·최후수단

관련판례

■ **계구 사용의 요건과 한계**(대법, 96다18922)

교도소장이 교도관의 멱살을 잡는 등 소란행위를 하고 있는 수감자에 대하여 수갑과 포승 등 계구를 사용한 조치는 적법하나, 수감자가 소란행위를 종료하고 독거실에 수용된 이후 <u>별다른 소란행위 없이 단식하고 있는 상태에서 수감자에 대하여 계속하여 계구를 사용한 것은 위법한 행위로 손해배상의무가 있다고 판단</u>하였다.

■ **계구 사용의 요건과 한계**(대법, 98다17374)

미결수용자가 **별다른 소란행위 없이 조사에 응하고 식사를 하는 등의 상태에서는 더 이상 계구를 사용할 필요가 없다고 할 것임에도 그가 자살한 상태로 발견되기까지 무려 27시간 동안이나 계속하여 계구를 사용한 것**은 그 목적 달성에 필요한 한도를 넘은 것으로서 위법한 조치에 해당하며 위 미결수용자가 포승을 이용하여 자살한 경우, 위 계구 사용은 위법한 조치에 해당한다는 이유로 **국가배상책임을 인정**.

■ 계호근무준칙 제298조 등 위헌확인(2004헌마49)
검사실에서의 계구사용을 원칙으로 하면서 심지어는 검사의 계구해제 요청이 있더라도 이를 거절하도록 규정한 계호근무준칙의 이 사건 준칙조항은 원칙과 예외를 전도한 것으로서 신체의 자유를 침해하므로 헌법에 위반된다. 청구인이 도주를 하거나 소요, 폭행 또는 자해를 할 위험이 있었다고 인정하기 어려움에도 불구하고 여러 날, 장시간에 걸쳐 피의자 신문을 하는 동안 계속 계구를 사용한 것은 막연한 도주나 자해의 위험 정도에 비해 과도한 대응으로서 신체의 자유를 제한함에 있어 준수되어야 할 **피해의 최소성 요건을 충족하지 못하였고, 심리적 긴장과 위축으로 실질적으로 열등한 지위에서 신문에 응해야 하는 피의자의 방어권행사에도 지장을 주었다는 점에서 법익 균형성도 갖추지 못하였다.**

■ 검사조사 시 포승 및 수갑 사용의 적법 여부(대법, 16다260660)
원고가 자해, 도주, 폭행의 우려가 없음에도 특별한 사정없이 1, 2차 피의자 신문에서 계구를 사용하여 조사를 계속한 것은 국가배상법상의 위법행위에 해당한다.

■ 형의 집행 및 수용자의 처우에 관한 법률 제97조 제1항 등 위헌확인(2011헌마426)
보호장비 사용행위는 도주 등의 교정사고를 예방하기 위한 것으로서 그 목적이 정당하고, 상체승의 포승과 앞으로 사용한 수갑은 이송하는 경우의 보호장비로서 적절하다. **이송함에 있어 4시간 정도에 걸쳐 포승과 수갑 2개를 채운 행위**가 청구인의 신체의 자유 및 인격권을 침해하는지 여부에 대하여 이 사건 보호장비 사용행위로 인하여 제한되는 신체의 자유 등에 비하여 도주 등의 교정사고를 예방함으로써 수형자를 이송함에 있어 안전과 질서를 보호할 수 있는 공익이 더 크다 할 것이므로 법익의 균형성도 갖추었다.

■ 영치품반입제한 위헌확인 등(2013헌마280)
청구인에게 상체승의 포승과 수갑을 채우고 별도의 포승으로 다른 수용자와 **연승**하여 행하는 이 사건 호송행위는 청구인의 인격권 내지 **신체의 자유를 침해하지 아니한다.**

제98조(보호장비의 종류 및 사용요건) ① 보호장비의 종류는 다음 각호와 같다.

1. 수갑

2. 머리보호장비

3. 발목보호장비

4. 보호대(帶)

5. 보호의자

6. 보호침대

7. 보호복

8. 포승

② 보호장비의 종류별 사용요건은 다음 각호와 같다.

1. 수갑·포승 : 제97조제1항제1호부터 제4호까지의 어느 하나에 해당하는 때

2. 머리보호장비 : 머리 부분을 자해할 우려가 큰 때

3. 발목보호장비·보호대·보호의자 : 제97조제1항제2호부터 제4호까지의 어느 하나에 해당하는 때

4. 보호침대·보호복 : 자살·자해의 우려가 큰 때

③ 보호장비의 사용절차 등에 관하여 필요한 사항은 대통령령으로 정한다.

제99조(보호장비 남용 금지) ① 교도관은 필요한 최소한의 범위에서 보호장비를 사용하여야 하며, 그 사유가 없어지면 사용을 지체 없이 중단하여야 한다.

② 보호장비는 징벌의 수단으로 사용되어서는 아니 된다.

수갑	발목보호 장비	보호대	보호의자	보호침대	보호복
일회용 양손, 한손 (80cm)	↳ 양발목 35cm ↳ 한발목 80cm	금속 벨트	32kg	자살·자해의 우려가 큰 때	-
			다른 보호장비와 같이 사용할 수 없다.		
			8시간 사용 시간제한, 4시간 중지 후 재사용 가능		

관련판례

■ 계구사용행위 위헌확인(2001헌마163)

청구인에게 도주의 경력이나 정신적 불안과 갈등으로 인하여 자살, 자해의 위험이 있었다 하더라도 그러한 전력과 성향이 **1년 이상의 교도소 수용기간 동안 상시적으로 양팔을 몸통에 완전히 고정시켜둘 정도의 계구사용**을 정당화 할 만큼 분명하고 구체적인 사유가 된다고 할 수 없다. 따라서 이 사건 계구사용행위는 기본권제한의 한계를 넘어 필요 이상으로 장기간, 그리고 과도하게 청구인의 신체거동의 자유를 제한하고 최소한의 인간적인 생활을 불가능하도록 하여 청구인의 신체의 자유를 침해하고, 나아가 **인간의 존엄성을 침해한 것으로 판단**된다.

■ 수갑 및 포승사용 위헌확인(2001헌마728)

형사피고인뿐만 아니라 피의자에게도 무죄추정의 원칙과 방어권보장의 원칙이 적용되므로, 피의자에 대한 계구사용은 도주 또는 증거인멸의 우려가 있거나 검사조사실 내의 안전과 질서를 유지하기 위하여 꼭 필요한 목적을 위하여만 허용될 수 있다. 청구인은 도주·폭행·소요 또는 자해 등의 우려가 없었다고 판단되고, **수사검사도 이러한 사정 및 당시 검사조사실의 정황을 종합적으로 고려하여 청구인에 대한 계구의 해제를 요청**하였던 것으로 보인다. 그럼에도 불구하고 피청구인 소속 계호교도관이 이를 거절하고 **청구인으로 하여금 수갑 및 포승을 계속 사용한 채 피의자조사를 받도록 한 계구의 사용은 무죄추정원칙 및 방어권행사 보장원칙의 근본취지에도 반한다고 할 것이다.**

■ 엄중격리대상자 1인 운동장 사용 및 CCTV 계호(합헌/2005헌마137)

가. 청구인들은 교정사고의 위험성이 높은 엄중격리대상자들인바, 이들에 대한 계구사용행위, 동행계호행위 및 **1인 운동장을 사용하게 하는 처우**는 그 목적의 정당성 및 수단의 적정성이 인정되며, 필요한 경우에 한하여 부득이한 범위 내에서 실시되고 있다고 할 것이고, 이로 인하여 수형자가 입게 되는 자유 제한에 비하여 교정사고를 예방하고 교도소 내의 안전과 질서를 확보하는 공익이 더 크다고 할 것이다.

나. CCTV 설치행위는 행형법 및 교도관직무규칙 등에 규정된 교도관의 계호활동 중 육안에 의한 시선계호를 CCTV 장비에 의한 시선계호로 대체한 것에 불과하므로, 이 사건 CCTV 설치행위에 대한 특별한 법적 근거가 없더라도 일반적인 계호활동을 허용하는 법률규정에 의하여 허용된다고 보아야 한다. 한편 CCTV에 의하여 감시되는 엄중격리대상자에 대하여 지속적이고 부단한 감시가 필요하고 자살·자해나 흉기 제작 등의 위험성 등을 고려하면, 제반사정을 종합하여 볼 때 기본권 제한의 최소성 요건이나 법익균형성의 요건도 충족하고 있다.

시행령 제120조 (보호장비의 사용)

① 교도관은 소장의 명령 없이 수용자에게 보호장비를 사용하여서는 아니 된다. 다만, 소장의 명령을 받을 시간적 여유가 없는 경우에는 사용 후 소장에게 즉시 보고하여야 한다.

② 법 및 이 영에 규정된 사항 외에 보호장비의 규격과 사용방법 등에 관하여 필요한 사항은 법무부령으로 정한다.

시행령 제121조 (보호장비 사용중지 등)

① 의무관은 수용자에게 보호장비를 계속 사용하는 것이 건강상 부적당하다고 인정하는 경우에는 소장에게 즉시 보고하여야 한다. 이 경우 소장은 특별한 사유가 없으면 보호장비 사용을 즉시 중지하여야 한다.

② 의무관이 출장·휴가, 그 밖의 부득이한 사유로 법 제97조 제3항의 직무를 수행할 수 없을 때에는 제119조 제2항을 준용한다.

시행령 제122조 (보호장비 사용사유의 고지)

보호장비를 사용하는 경우에는 수용자에게 그 사유를 알려주어야 한다. (☞사전 고지의무는 아님)

시행령 제123조 (보호장비 착용 수용자의 거실 지정)

보호장비를 착용 중인 수용자는 특별한 사정이 없으면 계호상 독거수용한다.

시행령 제124조 (보호장비 사용의 감독)

① 소장은 보호장비의 사용을 명령한 경우에는 수시로 그 사용 실태를 확인·점검하여야 한다.

② 지방교정청장(법무부장관-X)은 소속 교정시설의 보호장비 사용 실태를 정기적으로 점검하여야 한다.

시행규칙 제169조 (보호장비의 종류)

교도관이 법 제98조제1항에 따라 사용할 수 있는 보호장비는 다음 각호로 구분한다.

1. 수갑: 양손수갑, 일회용수갑, 한손수갑
2. 머리보호장비
3. 발목보호장비: 양발목보호장비, 한발목보호장비

4. 보호대: 금속보호대, 벨트보호대

5. 보호의자

6. 보호침대

7. 보호복

8. 포승: 일반포승, 벨트형포승, 조끼형포승

보호장비의 종류	보안장비의 종류	무기의 종류
1. 수갑: 양손, 일회용, 한손수갑 2. 머리보호장비 3. 발목보호장비: 양발목보호장비, 한발목보호장비 4. 보호대: 금속보호대, 벨트보호대 5. 보호의자 6. 보호침대 7. 보호복 8. 포승: 일반포승, 벨트형포승, 조끼형	1. 교도봉 (접이식 포함) 2. 전기교도봉 3. 가스분사기 4. 가스총 (고무탄 발사겸용 포함) 5. 최루탄: 투척용, 발사용 6. 전자충격기 7. 기타 법무부장관이 정하는 보안장비	1. 권총 2. 소총 3. 기관총 4. 기타 법무부장관이 정하는 무기

시행규칙 제170조 (보호장비의 규격)

① 보호장비의 규격은 별표 5와 같다.

② 교도관은 제1항에 따른 보호장비 규격에 맞지 아니한 보호장비를 수용자에게 사용해서는 아니 된다.

시행규칙 제171조 (보호장비 사용 명령)

소장은 영 제120조제1항에 따라 보호장비 사용을 명령하거나 승인하는 경우에는 보호장비의 종류 및 사용방법을 구체적으로 지정하여야 하며, 이 규칙에서 정하지 아니한 방법으로 보호장비를 사용하게 해서는 아니 된다.

시행규칙 제172조 (수갑의 사용방법)

① 수갑의 사용방법은 다음 각호와 같다.

  1. 법 제97조제1항 각호의 어느 하나에 해당하는 경우에는 별표 6의 방법으로 할 것

2. 법 제97조제1항제2호부터 제4호까지의 규정의 어느 하나에 해당하는 경우 별표 6의 방법으로는 사용목적을 달성할 수 없다고 인정되면 별표 7의 방법으로 할 것

3. 진료를 받거나 입원 중인 수용자에 대하여 한손수갑을 사용하는 경우에는 별표 8의 방법으로 할 것

② 제1항제1호에 따라 수갑을 사용하는 경우에는 수갑보호기를 함께 사용할 수 있다.

③ 제1항제2호에 따라 별표 7의 방법으로 수갑을 사용하여 그 목적을 달성한 후에는 즉시 별표 6의 방법으로 전환하거나 사용을 중지하여야 한다.

④ 수갑은 구체적 상황에 적합한 종류를 선택하여 사용할 수 있다. 다만, 일회용수갑은 일시적으로 사용하여야 하며, 사용목적을 달성한 후에는 즉시 사용을 중단하거나 다른 보호장비로 교체하여야 한다.

시행규칙 제173조 (머리보호장비의 사용방법)

머리보호장비는 별표 9의 방법으로 사용하며, 수용자가 머리보호장비를 임의로 해제하지 못하도록 다른 보호장비를 함께 사용할 수 있다.

시행규칙 제176조 (보호의자의 사용방법)

① 보호의자는 별표 14의 방법으로 사용하며, 다른 보호장비로는 법 제97조제1항제2호부터 제4호까지의 규정의 어느 하나에 해당하는 행위를 방지하기 어려운 특별한 사정이 있는 경우에만 사용하여야 한다.

② 보호의자는 제184조제2항에 따라 그 사용을 일시 중지하거나 완화하는 경우를 포함하여 8시간을 초과하여 사용할 수 없으며, 사용 중지 후 4시간이 경과하지 아니하면 다시 사용할 수 없다.

시행규칙 제177조 (보호침대의 사용방법)

① 보호침대는 별표 15의 방법으로 사용하며, 다른 보호장비로는 자살·자해를 방지하기 어려운 특별한 사정이 있는 경우에만 사용하여야 한다.

② 보호침대의 사용에 관하여는 제176조제2항을 준용한다.

시행규칙 제178조 (보호복의 사용방법)

① 보호복은 별표 16의 방법으로 사용한다.

② 보호복의 사용에 관하여는 제176조제2항을 준용한다.

시행규칙 제179조 (포승의 사용방법)

① 포승의 사용방법은 다음 각호와 같다.

1. 고령자·환자 등 도주의 위험성이 크지 아니하다고 판단되는 수용자를 개별 호송하는 경우에는 별표 17의 방법으로 할 수 있다.
2. 제1호의 수용자 외의 수용자를 호송하는 경우 또는 법 제97조제1항제2호부터 제4호까지의 규정의 어느 하나에 해당하는 경우에는 별표 18(벨트형포승의 경우 별표 18의2, 조끼형포승의 경우 별표 18의3)의 방법으로 한다.
3. 법 제97조제1항제2호부터 제4호까지의 규정의 어느 하나에 해당하는 경우 제2호의 방법으로는 사용목적을 달성할 수 없다고 인정되면 별표 19의 방법으로 한다. 이 경우 2개의 포승을 연결하여 사용할 수 있다.

② 제1항제2호에 따라 포승을 사용하여 2명 이상의 수용자를 호송하는 경우에는 수용자 간에 포승을 다음 각호의 구분에 따른 방법으로 연결하여 사용할 수 있다.

1. 별표 18의 방법으로 포승하는 경우: 일반포승으로 연결
2. 별표 18의2의 방법으로 포승하는 경우: 별표 20에 따른 연승줄로 연결
3. 별표 18의3의 방법으로 포승하는 경우: 별표 20에 따른 연승줄로 연결

③ 삭제

시행규칙 제180조 (둘 이상의 보호장비 사용)

하나의 보호장비로 사용목적을 달성할 수 없는 경우에는 둘 이상의 보호장비를 사용할 수 있다. 다만, 다음 각호의 어느 하나에 해당하는 경우에는 다른 보호장비와 같이 사용할 수 없다.

1. 보호의자를 사용하는 경우
2. 보호침대를 사용하는 경우

시행규칙 제181조 (보호장비 사용의 기록)

교도관은 법 제97조제1항에 따라 보호장비를 사용(보호장비 사용)하는 경우에는 별지 제10호서식의 보호장비 사용 심사부에 기록하여야 한다. 다만, 법 제97조제1항제1호(이송·출정·호송 시 보호장비 사용)에 따라 보호장비를 사용하거나 중경비시설 안에서 수용자의 동행계호를 위하여 양손수갑을 사용하는 경우에는 호송계획서나 수용기록부의 내용 등으로 그 기록을 갈음할 수 있다.

시행규칙 제182조 (의무관의 건강확인)

의무관은 법 제97조제3항에 따라 보호장비 착용 수용자의 건강상태를 확인한 결과 특이사항을 발견한 경우에는 별지 제10호 서식의 보호장비 사용 심사부에 기록하여야 한다.

시행규칙 제183조 (보호장비의 계속사용)

① 소장은 보호장비를 착용 중인 수용자에 대하여 별지 제10호 서식의 보호장비 사용 심사부 및 별지 제11호 서식의 보호장비 착용자 관찰부 등의 기록과 관계직원의 의견 등을 토대로 보호장비의 계속사용 여부를 매일 심사하여야 한다.

② 소장은 영 제121조에 따라 의무관 또는 의료관계 직원으로부터 보호장비의 사용 중지 의견을 보고받았음에도 불구하고 해당 수용자에 대하여 보호장비를 계속하여 사용할 필요가 있는 경우에는 의무관 또는 의료관계 직원에게 건강유지에 필요한 조치를 취할 것을 명하고 보호장비를 사용할 수 있다. 이 경우 소장은 별지 제10호서식의 보호장비 사용 심사부에 보호장비를 계속 사용할 필요가 있다고 판단하는 근거를 기록하여야 한다.

시행규칙 제184조 (보호장비 사용의 중단)

① 교도관은 법 제97조제1항 각호에 따른 보호장비 사용 사유가 소멸한 경우에는 소장의 허가를 받아 지체 없이 보호장비 사용을 중단하여야 한다. 다만, 소장의 허가를 받을 시간적 여유가 없을 때에는 보호장비 사용을 중단한 후 지체 없이 소장의 승인을 받아야 한다.

② 교도관은 보호장비 착용 수용자의 목욕, 식사, 용변, 치료 등을 위하여 필요한 경우에는 보호장비 사용을 일시 중지하거나 완화할 수 있다.

시행규칙 제185조 (보호장비 착용 수용자의 관찰 등)

소장은 제169조 제5호부터 제7호까지 (5. 보호의자, 6. 보호침대, 7. 보호복)의 규정에 따른 보호장비를 사용하거나 같은 조 제8호의 보호장비를 별표 19의 방법(하체승)으로 사용하게 하는 경우에는 교도관으로 하여금 수시로 해당 수용자의 상태를 확인하고 매 시간마다 별지 제11호서식의 보호장비 착용자 관찰부에 기록하게 하여야 한다. 다만, 소장은 보호장비 착용자를 법 제94조에 따라 전자영상장비로 계호할 때에는 별지 제9호서식의 거실수용자 영상계호부에 기록하게 할 수 있다.

제5절 강제력의 행사 및 보안장비

제100조(강제력의 행사) ① 교도관은 수용자가 다음 각호의 어느 하나에 해당하면 강제력을 행사할 수 있다.

1. 도주하거나 도주하려고 하는 때
2. 자살하려고 하는 때
3. 자해하거나 자해하려고 하는 때
4. 다른 사람에게 위해를 끼치거나 끼치려고 하는 때
5. 위력으로 교도관의 정당한 직무집행을 방해하는 때
6. 교정시설의 설비·기구 등을 손괴하거나 손괴하려고 하는 때
7. 그 밖에 시설의 안전 또는 질서를 크게 해치는 행위를 하거나 하려고 하는 때

② 교도관은 수용자 외의 사람이 다음 각호의 어느 하나에 해당하면 강제력을 행사할 수 있다.

1. 수용자를 도주하게 하려고 하는 때
2. 교도관 또는 수용자에게 위해를 끼치거나 끼치려고 하는 때
3. 위력으로 교도관의 정당한 직무집행을 방해하는 때
4. 교정시설의 설비·기구 등을 손괴하거나 하려고 하는 때
5. 교정시설에 침입하거나 하려고 하는 때
6. 교정시설의 안(교도관이 교정시설의 밖에서 수용자를 계호하고 있는 경우 그 장소를 포함한다)에서 교도관의 퇴거요구를 받고도 이에 따르지 아니하는 때

③ 제1항 및 제2항에 따라 강제력을 행사하는 경우에는 보안장비를 사용할 수 있다.

④ 제3항에서 "보안장비"란 교도봉·가스분사기·가스총·최루탄 등 사람의 생명과 신체의 보호, 도주의 방지 및 시설의 안전과 질서유지를 위하여 교도관이 사용하는 장비와 기구를 말한다.

⑤ 제1항 및 제2항에 따라 강제력을 행사하려면 사전에 상대방에게 이를 경고하여야 한다. 다만, 상황이 급박하여 경고할 시간적인 여유가 없는 때에는 그러하지 아니하다.

⑥ 강제력의 행사는 필요한 최소한도에 그쳐야 한다.

⑦ 보안장비의 종류, 종류별 사용요건 및 사용절차 등에 관하여 필요한 사항은 법무부령으로 정한다.

시행령 제125조 (강제력의 행사)

교도관은 소장의 명령 없이 법 제100조에 따른 강제력을 행사해서는 아니 된다. 다만, 그 명령을 받을 시간적 여유가 없는 경우에는 강제력을 행사한 후 소장에게 즉시 보고하여야 한다.

시행규칙 제186조 (보안장비의 종류)

교도관이 법 제100조에 따라 강제력을 행사하는 경우 사용할 수 있는 보안장비는 다음 각호와 같다.

　1. 교도봉(접이식을 포함한다. 이하 같다)

　2. 전기교도봉

　3. 가스분사기

　4. 가스총(고무탄 발사겸용을 포함한다. 이하 같다)

　5. 최루탄: 투척용, 발사용(그 발사장치를 포함한다. 이하 같다)

　6. 전자충격기

　7. 그 밖에 법무부장관이 정하는 보안장비

시행규칙 제187조 (보안장비의 종류별 사용요건)

① 교도관이 수용자에 대하여 사용할 수 있는 보안장비의 종류별 사용요건은 다음 각호와 같다.

　1. 교도봉·가스분사기·가스총·최루탄: 법 제100조제1항 각호의 어느 하나에 해당하는 경우

　2. 전기교도봉·전자충격기: 법 제100조제1항 각호의 어느 하나에 해당하는 경우로서 상황이 긴급하여 제1호의 장비만으로는 그 목적을 달성할 수 없는 때

② 교도관이 수용자 외의 사람에 대하여 사용할 수 있는 보안장비의 종류별 사용요건은 다음 각호와 같다.

　1. 교도봉·가스분사기·가스총·최루탄: 법 제100조제2항 각호의 어느 하나에 해당하는 경우

　2. 전기교도봉·전자충격기: 법 제100조제2항 각호의 어느 하나에 해당하는 경우로서 상황이 긴급하여 제1호의 장비만으로는 그 목적을 달성할 수 없는 때

③ 제186조제7호에 해당하는 보안장비의 사용은 법무부장관이 정하는 바에 따른다.

시행규칙 제188조 (보안장비의 종류별 사용기준)

보안장비의 종류별 사용기준은 다음 각호와 같다.

1. 교도봉·전기교도봉: 얼굴이나 머리부분에 사용해서는 아니 되며, 전기교도봉은 타격 즉시 떼어야 함
2. 가스분사기·가스총: 1미터 이내의 거리에서는 상대방의 얼굴을 향하여 발사해서는 안 됨
3. 최루탄: 투척용 최루탄은 근거리용으로 사용하고, 발사용 최루탄은 50미터 이상의 원거리에서 사용하되, 30도 이상의 발사각을 유지하여야 함
4. 전자충격기: 전극침 발사장치가 있는 전자충격기를 사용할 경우 전극침을 상대방의 얼굴을 향해 발사해서는 안 됨

제6절 무기 사용

제101조(무기의 사용) ① 교도관은 다음 각호의 어느 하나에 해당하는 사유가 있으면 수용자에 대하여 무기를 사용할 수 있다.

1. 수용자가 다른 사람에게 중대한 위해를 끼치거나 끼치려고 하여 그 사태가 위급한 때
2. 수용자가 폭행 또는 협박에 사용할 위험물을 소지하여 교도관이 버릴 것을 명령하였음에도 이에 따르지 아니하는 때
3. 수용자가 폭동을 일으키거나 일으키려고 하여 신속하게 제지하지 아니하면 그 확산을 방지하기 어렵다고 인정되는 때
4. 도주하는 수용자에게 교도관이 정지할 것을 명령하였음에도 계속하여 도주하는 때
5. 수용자가 교도관의 무기를 탈취하거나 탈취하려고 하는 때
6. 그 밖에 사람의 생명·신체 및 설비에 대한 중대하고도 뚜렷한 위험을 방지하기 위하여 무기의 사용을 피할 수 없는 때

② 교도관은 교정시설의 안(교도관이 교정시설의 밖에서 수용자를 계호하고 있는 경우 그 장소를 포함한다)에서 자기 또는 타인의 생명·신체를 보호하거나 수용자의 탈취를 저지하거나 건물 또는 그 밖의 시설과 무기에 대한 위험을 방지하기 위하여 급박하다고 인정되는 상당한 이유가 있으면 수용자 외의 사람에 대하여도 무기를 사용할 수 있다.

③ 교도관은 소장 또는 그 직무를 대행하는 사람의 명령을 받아 무기를 사용한다. 다만, 그 명령을 받을 시간적 여유가 없으면 그러하지 아니하다.

④ 제1항 및 제2항에 따라 무기를 사용하려면 공포탄을 발사하거나 그 밖에 적당한 방법으로 사전에 상대방에 대하여 이를 경고하여야 한다.

⑤ 무기의 사용은 필요한 최소한도에 그쳐야 하며, 최후의 수단이어야 한다.

⑥ 사용할 수 있는 무기의 종류, 무기의 종류별 사용요건 및 사용절차 등에 관하여 필요한 사항은 법무부령으로 정한다.

◆ 참고사항 ◆

무기의 사용은 필요한 최소한도에 그쳐야 하며(**비례의 원칙**), 최후의 수단이어야 한다(**보충성의 원칙**).

시행령 제126조 (무기사용 보고)

교도관은 법 제101조에 따라 무기를 사용한 경우에는 소장에게 즉시 보고하고, 보고를 받은 소장은 그 사실을 법무부장관에게 즉시 보고하여야 한다.

시행규칙 제189조 (무기의 종류)

교도관이 법 제101조에 따라 사용할 수 있는 무기의 종류는 다음 각호와 같다.

1. 권총 2. 소총 3. 기관총 4. 그 밖에 법무부장관이 정하는 무기

시행규칙 제190조 (무기의 종류별 사용요건)

① 교도관이 수용자에 대하여 사용할 수 있는 무기의 종류별 사용요건은 다음 각호와 같다.

　1. 권총·소총: 법 제101조제1항 각호의 어느 하나에 해당하는 경우

　2. 기관총: 법 제101조제1항제3호(폭동)에 해당하는 경우

② 교도관이 수용자 외의 사람에 대하여 사용할 수 있는 무기의 종류별 사용요건은 다음 각호와 같다.

　1. 권총·소총: 법 제101조제2항에 해당하는 경우

　2. 기관총: 법 제101조제2항에 해당하는 경우로서 제1호의 무기만으로는 그 목적을 달성할 수 없다고 인정하는 경우

③ 제189조제4호에 해당하는 무기의 사용은 법무부장관이 정하는 바에 따른다.

시행규칙 제192조 (총기의 사용절차)

교도관이 총기를 사용하는 경우에는 구두경고, 공포탄 발사, 위협사격, 조준사격의 순서에 따라야 한다. 다만, 상황이 긴급하여 시간적 여유가 없을 때에는 예외로 한다.

시행규칙 제193조 (총기 교육 등)

① 소장은 소속 교도관에 대하여 연 1회 이상 총기의 조작·정비·사용에 관한 교육을 한다.

② 제1항의 교육을 받지 아니하였거나 총기 조작이 미숙한 사람, 그 밖에 총기휴대가 부적당하다고 인정되는 사람에 대하여는 총기휴대를 금지하고 별지 제12호서식의 총기휴대 금지자 명부에 그 명단을 기록한 후 총기를 지급할 때마다 대조·확인하여야 한다.

③ 제2항의 총기휴대 금지자에 대하여 금지사유가 소멸한 경우에는 그 사유를 제2항에 따른 총기휴대 금지자 명부에 기록하고 총기휴대금지를 해제하여야 한다.

제7절 재난 시의 조치

제102조(재난 시의 조치) ① 천재지변이나 그 밖의 재해가 발생하여 시설의 안전과 질서유지를 위하여 긴급한 조치가 필요하면 소장은 수용자로 하여금 피해의 복구나 그 밖의 응급용무를 보조하게 할 수 있다.

② 소장은 교정시설의 안에서 천재지변이나 그 밖의 사변에 대한 피난의 방법이 없는 경우에는 수용자를 다른 장소로 이송할 수 있다.

③ 소장은 제2항에 따른 이송이 불가능하면 수용자를 일시 석방할 수 있다.

④ 제3항에 따라 석방된 사람은 석방 후 24시간 이내에 교정시설 또는 경찰관서에 출석하여야 한다.

관련판례

■ **이송처분취소**(94헌마197)

법무부장관의 수형자 이송지휘처분은 행형법 제12조의 규정에 의한 교도소장의 수형자 이송 승인신청에 대하여 법무부장관이 같은 법조에 따라 당해 교도소장에 대하여 한 이송승인의 의사표시에 불과하여, 이것이 곧 기본권침해의 원인이 된 "공권력의 행사"에 해당한다고 볼 수 없다.

시행령 제127조 (재난 시의 조치)

① 소장은 법 제102조 제1항에 따른 응급용무의 보조를 위하여 교정성적이 우수한 수형자를 선정하여 필요한 훈련을 시킬 수 있다.

② 소장은 법 제102조 제3항에 따라 수용자를 일시석방하는 경우에는 같은 조 제4항의 출석 시한과 장소를 알려주어야 한다.

제103조(수용을 위한 체포) ① 교도관은 수용자가 도주 또는 제134조 각호의 어느 하나에 해당하는 행위(이하 "도주등"이라 한다)를 한 경우에는 도주 후 또는 출석기한이 지난 후 72시간 이내에만 그를 체포할 수 있다.

② 교도관은 제1항에 따른 체포를 위하여 긴급히 필요하면 도주등을 하였다고 의심할 만한 상당한 이유가 있는 사람 또는 도주등을 한 사람의 이동경로나 소재를 안다고 인정되는 사람을 정지시켜 질문할 수 있다.

③ 교도관은 제2항에 따라 질문을 할 때에는 그 신분을 표시하는 증표를 제시하고 질문의 목적과 이유를 설명하여야 한다.

④ 교도관은 제1항에 따른 체포를 위하여 영업시간 내에 공연장·여관·음식점·역, 그 밖에 다수인이 출입하는 장소의 관리자 또는 관계인에게 그 장소의 출입이나 그 밖에 특히 필요한 사항에 관하여 협조를 요구할 수 있다.

⑤ 교도관은 제4항에 따라 필요한 장소에 출입하는 경우에는 그 신분을 표시하는 증표를 제시하여야 하며, 그 장소의 관리자 또는 관계인의 정당한 업무를 방해하여서는 아니 된다.

시행령 제128조 (도주 등에 따른 조치) ① 소장은 수용자가 도주하거나 법 제134조 각호의 어느 하나에 해당하는 행위를 한 경우에는 교정시설의 소재지 및 인접지역 또는 도주등을 한 사람이 숨을 만한 지역의 경찰관서에 도주자의 사진이나 인상착의를 기록한 서면을 첨부하여 그 사실을 지체 없이 통보하여야 한다.

② 소장은 수용자가 도주등을 하거나 도주자를 체포한 경우에는 법무부장관에게 지체 없이 보고하여야 한다.

시행령 제128조의2 (포상금 지급) ① 법무부장관은 「형법」 제145조·제146조 또는 법 제134조 각호에 규정된 죄를 지은 수용자를 체포하거나 행정기관 또는 수사기관에 정보를 제공하여 체포하게 한 사람에게 예산의 범위에서 포상금을 지급할 수 있다.

② 포상금의 지급기준·지급방법, 그 밖에 필요한 사항은 법무부장관이 정한다.

시행령 제128조의3 (포상금의 지급 신청) ① 포상금을 받으려는 사람은 법무부장관이 정하는 바에 따라 포상금 지급 신청서를 지방교정청장에게 제출해야 한다.

② 제1항에 따른 신청서를 접수한 지방교정청장은 그 신청서에 법무부장관이 정하는 서류를 첨부하여 법무부장관에게 제출하여야 한다.

시행령 제128조의4 (포상금의 환수)

법무부장관은 제128조의2제1항에 따라 포상금을 지급한 후 다음 각호의 어느 하나에 해당하는 사실이 발견된 경우에는 해당 포상금을 환수할 수 있다.

1. 위법 또는 부당한 방법의 증거수집, 허위신고, 거짓진술, 증거위조 등 부정한 방법으로 포상금을 지급받은 경우
2. 동일한 원인으로 다른 법령에 따라 포상금 등을 지급받은 경우
3. 그 밖에 착오 등의 사유로 포상금이 잘못 지급된 경우

제8절 엄중관리대상자

> **제104조(마약류사범 등의 관리)** ① 소장은 마약류사범·조직폭력사범 등 법무부령으로 정하는 수용자에 대하여는 시설의 안전과 질서유지를 위하여 필요한 범위에서 다른 수용자와의 접촉을 차단하거나 계호를 엄중히 하는 등 법무부령으로 정하는 바에 따라 다른 수용자와 달리 관리할 수 있다.
> ② 소장은 제1항에 따라 관리하는 경우에도 기본적인 처우를 제한하여서는 아니 된다.

관련판례

■ **소변강제채취 위헌확인**(2005헌마277)

헌법 제12조 제3항의 영장주의는 법관이 발부한 영장에 의하지 아니하고는 수사에 필요한 강제처분을 하지 못한다는 원칙으로 소변을 받아 제출하도록 한 것은 교도소의 안전과 질서 유지를 위한 것으로 수사에 필요한 처분이 아닐 뿐만 아니라 검사대상자들의 협력이 필수적이어서 강제처분이라고 할 수도 없어 **영장주의의 원칙이 적용되지 않는다.**

■ **형의 집행 및 수용자의 처우에 관한 법률 제104조 등 위헌확인**(합헌 / 2012헌바63)

1. 포괄위임금지 원칙 위배
마약류사범에 대한 다른 처우는 마약류에 대한 중독성 및 높은 재범률 등 마약류사범의 특성에 대한 전문적 이해를 필요로 하므로 하위 법령에 위임할 필요성이 인정되고, 그 요건으로서 **'시설의 안전과 질서유지를 위하여 필요한 범위'**라 함은 마약류사범에 의한 교정시설 내 마약류 반입 및 이로 인한 교정사고의 발생을 차단하기 위한 범위를 의미하며, 그 방법으로서 '다른 수용자와의 접촉을 차단하거나 계호를 엄중히 하는 등'이란 다른 수용자와의 대면 또는 편지수수의 제한, 물품교부의 원칙적 금지 등 강화된 기본권 제한 조치는 물론 마약류사범의 특성을 고려한 재활교육, 치료 등의 조치를 의미함을 충분히 예측할 수 있으므로, **이 사건 법률조항은 포괄위임금지원칙에 위배되지 아니한다.**

2. 무죄추정원칙 위배여부
마약류 사범인 미결수용자에 대하여 마약류사범인 수형자와 마찬가지로 다른 수용자와 달리 처우할 수 있도록 한 것은 무죄추정원칙에 위배되지 아니한다.

3. 평등원칙 위배 여부
법무부령으로 정하는 바에 따라 마약류사범을 다른 수용자와 달리 관리할 수 있도록 한 법률조항은 평등원칙에 위배되지 아니한다.

시행규칙 제194조 (엄중관리대상자의 구분)

법 제104조에 따라 교정시설의 안전과 질서유지를 위하여 다른 수용자와의 접촉을 차단하거나 계호를 엄중히 하여야 하는 수용자는 다음 각호와 같이 구분한다.

1. 조직폭력수용자 2. 마약류수용자 3. 관심대상수용자

시행규칙 제195조 (번호표 등 표시)

① 엄중관리대상자의 번호표 및 거실표의 색상은 다음 각호와 같이 구분한다.

   1. 관심대상수용자: 노란색

   2. 조직폭력수용자: 노란색

   3. 마약류수용자: 파란색

② 제194조의 엄중관리대상자 구분이 중복되는 수용자의 경우 그 번호표 및 거실표의 색상은 제1항 각호의 순서에 따른다.

시행규칙 제196조 (상담)

① 소장은 엄중관리대상자 중 지속적인 상담이 필요하다고 인정되는 사람에 대하여는 상담책임자를 지정한다.

② 제1항의 상담책임자는 감독교도관 또는 상담 관련 전문교육을 이수한 교도관을 우선하여 지정하여야 하며, 상담대상자는 상담책임자 1명당 10명 이내로 하여야 한다.

③ 상담책임자는 해당 엄중관리대상자에 대하여 수시로 개별상담을 함으로써 신속한 고충처리와 원만한 수용생활 지도를 위하여 노력하여야 한다.

④ 제3항에 따라 상담책임자가 상담을 하였을 때에는 그 요지와 처리결과 등을 제119조제3항에 따른 교정정보시스템에 입력하여야 한다. 이 경우 엄중관리대상자의 처우를 위하여 필요하면 별지 제13호 서식의 엄중관리대상자 상담결과 보고서를 작성하여 소장에게 보고하여야 한다.

시행규칙 제197조 (작업 부과)

소장은 엄중관리대상자에게 작업을 부과할 때에는 법 제59조제3항(분류심사)에 따른 조사나 검사 등의 결과를 고려하여야 한다.

제9절 조직폭력수용자

시행규칙 제198조 (지정대상)

조직폭력수용자의 지정대상은 다음 각호와 같다.

1. 체포영장·구속영장·공소장 또는 재판서에 조직폭력사범으로 명시된 수용자
2. 공소장 또는 재판서에 조직폭력사범으로 명시되어 있지는 아니하나 「폭력행위 등 처벌에 관한 법률」 제4조·제5조 또는 「형법」 제114조가 적용된 수용자
3. 공범·피해자 등의 체포영장·구속영장·공소장 또는 재판서에 조직폭력사범으로 명시된 수용자
4. 삭제

조직폭력수용자 지정사유	마약류수용자 지정사유
체포영장, 구속영장, 공소장 또는 재판서에 조직폭력사범으로 명시된 수용자	체포영장·구속영장·공소장 또는 재판서에 마약류에 관한 형사 법률이 적용된 수용자
「폭력행위 등 처벌에 관한 법률」 제4조·제5조 또는 「형법」 제114조가 적용된 수용자	
공범·피해자 등의 체포·구속영장·공소장 또는 재판서에 조직폭력사범으로 명시된 수용자	형사 법률을 적용받은 집행유예 기간 중에 별건으로 수용된 수용자

시행규칙 제199조 (지정 및 해제)

① 소장은 제198조 각호의 어느 하나에 해당하는 수용자에 대하여는 조직폭력수용자로 지정한다. 현재의 수용생활 중 집행되었거나 집행할 형이 제198조제1호 또는 제2호에 해당하는 경우에도 또한 같다.

② 소장은 제1항에 따라 조직폭력수용자로 지정된 사람에 대하여는 석방할 때까지 지정을 해제할 수 없다. 다만, 공소장 변경 또는 재판 확정에 따라 지정사유가 해소되었다고 인정되는 경우에는 교도관회의의 심의 또는 분류처우위원회의 의결을 거쳐 지정을 해제한다.

시행규칙 제200조 (수용자를 대표하는 직책 부여 금지)

소장은 조직폭력수용자에게 거실 및 작업장 등의 봉사원, 반장, 조장, 분임장, 그 밖에 수용자를 대표하는 직책을 부여해서는 아니 된다. (**※ 엄중관리대상자 중 조직폭력 수용자에게만 적용**)

시행규칙 제201조 (수형자 간 연계활동 차단을 위한 이송)

소장은 조직폭력수형자가 작업장 등에서 다른 수형자와 음성적으로 세력을 형성하는 등 집단화할 우려가 있다고 인정하는 경우에는 법무부장관에게 해당 조직폭력수형자의 이송을 지체 없이 신청하여야 한다.

시행규칙 제202조 (처우상 유의사항)

소장은 조직폭력수용자가 다른 사람과 접견할 때에는 외부 폭력조직과의 연계가능성이 높은 점 등을 고려하여 접촉차단시설이 있는 장소에서 하게 하여야 하며, 귀휴나 그 밖의 특별한 이익이 되는 처우를 결정하는 경우에는 해당 처우의 허용 요건에 관한 규정을 엄격히 적용하여야 한다.

시행규칙 제203조 (특이사항의 통보)

소장은 조직폭력수용자의 편지 및 접견의 내용 중 특이사항이 있는 경우에는 검찰청, 경찰서 등 관계기관에 통보할 수 있다.

제10절 마약류수용자

시행규칙 제204조 (지정대상)

마약류수용자의 지정대상은 다음 각호와 같다.

1. 체포영장·구속영장·공소장 또는 재판서에 「마약류관리에 관한 법률」, 「마약류 불법거래방지에 관한 특례법」, 그 밖에 마약류에 관한 형사 법률이 적용된 수용자
2. 제1호에 해당하는 형사 법률을 적용받아 집행유예가 선고되어 그 집행유예 기간 중에 별건으로 수용된 수용자

조직폭력수용자의 지정대상	마약류수용자의 지정대상
1. 체포영장·구속영장·공소장 또는 재판서에 조직폭력사범으로 명시된 수용자 2. 공소장 또는 재판서에 조직폭력사범으로 명시되어 있지는 아니하나 「폭력행위 등 처벌에 관한 법률」 제4조·제5조 또는 「형법」 제114조가 적용된 수용자	1. 체포영장·구속영장·공소장 또는 재판서에 「마약류관리에 관한 법률」, 「마약류 불법거래방지에 관한 특례법」, 그 밖에 마약류에 관한 형사 법률이 적용된 수용자 2. 제1호에 해당하는 형사 법률을 적용받아 집행유예가 선고되어 그 집행유예 기간 중에 별건으로 수용된 수용자

3. 공범·피해자 등의 체포영장·구속영장·공소장 또는 재판서에 조직폭력사범으로 명시된 수용자

주의 조직폭력수용자로서 무죄 외의 사유로 출소한 후 5년 이내에 교정시설에 다시 수용된 사람 (X)

조직폭력수용자의 지정 해제사유	마약류수용자의 지정 해제사유
석방할 때까지 지정을 해제할 수 없다. 다만, 공소장 변경 또는 재판 확정에 따라 지정사유가 해소되었다고 인정되는 경우에는 교도관회의의 심의 또는 분류처우위원회의 의결을 거쳐 지정을 해제한다.	1. 공소장 변경 또는 재판 확정에 따라 지정사유가 해소되었다고 인정되는 경우 2. 지정 후 5년이 지난 마약류수용자로서 수용생활태도, 교정성적 등이 양호한 경우. 다만, 마약류에 관한 형사 법률 외의 법률이 같이 적용된 마약류수용자로 한정한다.

시행규칙 제205조 (지정 및 해제)

① 소장은 제204조 각호의 어느 하나에 해당하는 수용자에 대하여는 마약류수용자로 지정하여야 한다. 현재의 수용생활 중 집행되었거나 집행할 형이 제204조제1호에 해당하는 경우에도 또한 같다.

② 소장은 제1항에 따라 마약류수용자로 지정된 사람에 대하여는 석방할 때까지 지정을 해제할 수 없다. 다만, 다음 각호의 어느 하나에 해당하는 경우에는 교도관회의의 심의 또는 분류처우위원회의 의결을 거쳐 지정을 해제할 수 있다.

1. 공소장 변경 또는 재판 확정에 따라 지정사유가 해소되었다고 인정되는 경우
2. 지정 후 5년이 지난 마약류수용자로서 수용생활태도, 교정성적 등이 양호한 경우. 다만, 마약류에 관한 형사 법률 외의 법률이 같이 적용된 마약류수용자로 한정한다.

시행규칙 제206조 (마약반응검사)

① 마약류수용자에 대하여 다량 또는 장기간 복용할 경우 환각증세를 일으킬 수 있는 의약품을 투약할 때에는 특히 유의하여야 한다.

② 소장은 교정시설에 마약류를 반입하는 것을 방지하기 위하여 필요하면 강제에 의하지 아니하는 범위에서 수용자의 소변을 채취하여 마약반응검사를 할 수 있다.

③ 소장은 제2항의 검사 결과 양성반응이 나타난 수용자에 대하여는 관계기관에 혈청검사, 모발검사, 그 밖의 정밀검사를 의뢰하고 그 결과에 따라 적절한 조치를 하여야 한다.

시행규칙 제207조 (물품교부 제한)

소장은 수용자 외의 사람이 마약류수용자에게 물품을 건네줄 것을 신청하는 경우에는 마약류 반입 등을 차단하기 위하여 신청을 허가하지 않는다. 다만, 다음 각호의 어느 하나에 해당하는 물품을 건네줄 것을 신청한 경우에는 예외로 할 수 있다.

1. 법무부장관이 정하는 바에 따라 교정시설 안에서 판매되는 물품
2. 그 밖에 마약류 반입을 위한 도구로 이용될 가능성이 없다고 인정되는 물품

시행규칙 제208조 (보관품 등 수시점검)

담당교도관은 마약류수용자의 보관품 및 지니는 물건의 변동 상황을 수시로 점검하고, 특이사항이 있는 경우에는 감독교도관에게 보고해야 한다.

시행규칙 제209조 (재활교육)

① 소장은 마약류수용자가 마약류 근절 의지를 갖고 이를 실천할 수 있도록 해당 교정시설의 여건에 적합한 마약류수용자 재활교육계획을 수립하여 시행하여야 한다.

② 소장은 마약류수용자의 마약류 근절 의지를 북돋울 수 있도록 마약 퇴치 전문강사, 성직자 등과 자매결연을 주선할 수 있다.

제11절 관심대상수용자

시행규칙 제210조 (지정대상)

관심대상수용자의 지정대상은 다음 각호와 같다.

1. 다른 수용자에게 상습적으로 폭력을 행사하는 수용자
2. 교도관을 폭행하거나 협박하여 징벌을 받은 전력이 있는 사람으로서 같은 종류의 징벌대상 행위를 할 우려가 큰 수용자
3. 수용생활의 편의 등 자신의 요구를 관철할 목적으로 상습적으로 자해를 하거나 각종 이물질을 삼키는 수용자
4. 다른 수용자를 괴롭히거나 세력을 모으는 등 수용질서를 문란하게 하는 조직폭력수용자(조직폭력사범으로 행세하는 경우를 포함한다)

5. 조직폭력수용자로서 무죄 외의 사유로 출소한 후 5년 이내에 교정시설에 다시 수용된 사람
6. 상습적으로 교정시설의 설비·기구 등을 파손하거나 소란행위를 하여 공무집행을 방해하는 수용자
7. 도주(음모, 예비 또는 미수에 그친 경우를 포함한다)한 전력이 있는 사람으로서 도주의 우려가 있는 수용자
8. 중형선고 등에 따른 심적 불안으로 수용생활에 적응하기 곤란하다고 인정되는 수용자
9. 자살을 기도한 전력이 있는 사람으로서 자살할 우려가 있는 수용자
10. 사회적 물의를 일으킨 사람으로서 죄책감 등으로 인하여 자살 등 교정사고를 일으킬 우려가 큰 수용자
11. 징벌집행이 종료된 날부터 1년 이내에 다시 징벌을 받는 등 규율 위반의 상습성이 인정되는 수용자
12. 상습적으로 법령에 위반하여 연락을 하거나 금지물품을 반입하는 등의 방법으로 부조리를 기도하는 수용자
13. 그 밖에 교정시설의 안전과 질서유지를 위하여 엄중한 관리가 필요하다고 인정되는 수용자

시행규칙 제211조 (지정 및 해제)

① 소장은 제210조 각호의 어느 하나에 해당하는 수용자에 대하여는 분류처우위원회의 의결을 거쳐 관심대상수용자로 지정한다. 다만, 미결수용자 등 분류처우위원회의 의결 대상자가 아닌 경우에도 관심대상수용자로 지정할 필요가 있다고 인정되는 수용자에 대하여는 교도관회의의 심의를 거쳐 관심대상수용자로 지정할 수 있다.

② 소장은 관심대상수용자의 수용생활태도 등이 양호하고 지정사유가 해소되었다고 인정하는 경우에는 제1항의 절차에 따라 그 지정을 해제한다.

③ 제1항 및 제2항에 따라 관심대상수용자로 지정하거나 지정을 해제하는 경우에는 담당교도관 또는 감독교도관의 의견을 고려하여야 한다.

구분	지정절차	해제절차
조직폭력수용자	소장	분류처우위원회 의결 또는 교도관회의 심의
마약류수용자	소장	분류처우위원회 의결 또는 교도관회의 심의
관심대상수용자	분류처우위원회 의결 원칙 (예외- 교도관회의 심의)	

 관련판례

■ **제211조 제2항 (관심대상수용자 지정해제) 위헌확인**(2009헌마750)

관심대상자 지정해제는 행형기관의 교정정책 혹은 형사정책적 판단에 따라 수형자에게 적합한 처우를 선택하는 조치일 뿐이므로, 수형자가 지정해제를 요구할 주관적 권리를 가지는 것도 아니다. 그렇다면 「형의 집행 및 수용자 처우에 관한 법률」 제211조 제2항이 수형자인 청구인의 기본권을 침해하고 있다고 볼 수 없으므로 이 사건 이 심판 청구는 부적법하다.

제12장 규율과 징벌·조사

제1절 규율 및 포상

제105조(규율 등) ① 수용자는 교정시설의 안전과 질서유지를 위하여 법무부장관이 정하는 규율을 지켜야 한다.

② 수용자는 소장이 정하는 일과시간표를 지켜야 한다.

③ 수용자는 교도관의 직무상 지시에 따라야 한다.

제106조(포상) 소장은 수용자가 다음 각호의 어느 하나에 해당하면 법무부령으로 정하는 바에 따라 포상할 수 있다.

1. 사람의 생명을 구조하거나 도주를 방지한 때
2. 제102조제1항에 따른 응급용무에 공로가 있는 때
3. 시설의 안전과 질서유지에 뚜렷한 공이 인정되는 때
4. 수용생활에 모범을 보이거나 건설적이고 창의적인 제안을 하는 등 특히 포상할 필요가 있다고 인정되는 때

시행규칙 제214조의2 (포상)

법 제106조에 따른 포상기준은 다음 각호와 같다.

1. 법 제106조제1호 및 제2호에 해당하는 경우 소장표창 및 제89조에 따른 가족만남의 집 이용 대상자 선정
2. 법 제106조제3호 및 제4호에 해당하는 경우 소장표창 및 제89조에 따른 가족만남의 날 행사 참여 대상자 선정

포상내용	소장표창 및 가족만남의 집 이용	소장표창 및 가족만남의 날 행사 참여
포상사유	• 사람의 생명을 구조하거나 도주를 방지 • 응급용무에 공로가 있는 때	• 시설의 안전과 질서유지에 뚜렷한 공 • 수용생활에 모범을 보이거나 창의적인 제안

제2절 규율과 징벌

> **제107조(징벌)** 소장은 수용자가 다음 각호의 어느 하나에 해당하는 행위를 하면 제111조의 징벌위원회의 의결에 따라 징벌을 부과할 수 있다.
> 1. 「형법」, 「폭력행위 등 처벌에 관한 법률」, 그 밖의 형사 법률에 저촉되는 행위
> 2. 수용생활의 편의 등 자신의 요구를 관철할 목적으로 자해하는 행위
> 3. 정당한 사유 없이 작업·교육·교화프로그램 등을 거부하거나 태만히 하는 행위
> 4. 제92조의 금지물품을 지니거나 반입·제작·변조·교환 또는 주고받는 행위
> 5. 다른 사람을 처벌받게 하거나 교도관의 직무집행을 방해할 목적으로 거짓 사실을 신고하는 행위
> 6. 그 밖에 시설의 안전과 질서유지를 위하여 법무부령으로 정하는 규율을 위반하는 행위

시행령 제129조 (징벌위원회의 소집)

법 제111조에 따른 징벌위원회의 위원장은 소장의 징벌 요구에 따라 위원회를 소집한다.

시행령 제130조 (위원장의 직무대행)

위원회의 위원장이 불가피한 사정으로 그 직무를 수행하기 어려운 경우에는 위원장이 미리 지정한 위원이 그 직무를 대항한다.

시행령 제131조 (위원의 제척)

위원회의 위원이 해당 징벌대상 행위의 조사를 담당한 경우에는 해당 위원회에 참석할 수 없다.

시행령 제132조 (징벌의결 통고)

위원회가 징벌을 의결한 경우에는 이를 소장에게 즉시 통고하여야 한다.

시행규칙 제214조 (규율)

수용자는 다음 각호에 해당하는 행위를 하여서는 아니 된다.
1. 교정시설의 안전 또는 질서를 해칠 목적으로 다중을 선동하는 행위

2. 허가되지 아니한 단체를 조직하거나 그에 가입하는 행위

3. 교정장비, 도주방지시설, 그 밖의 보안시설의 기능을 훼손하는 행위

4. 음란한 행위를 하거나 다른 사람에게 성적 언동 등으로 성적 수치심 또는 혐오감을 느끼게 하는 행위

5. 다른 사람에게 부당한 금품을 요구하는 행위

5의2. 허가 없이 다른 수용자에게 금품을 교부하거나 수용자 외의 사람을 통하여 다른 수용자에게 금품을 교부하는 행위

6. 작업·교육·접견·집필·전화통화·운동, 그 밖에 교도관의 직무 또는 다른 수용자의 정상적인 일과 진행을 방해하는 행위

7. 문신을 하거나 이물질을 신체에 삽입하는 등 의료 외의 목적으로 신체를 변형시키는 행위

8. 허가 없이 지정된 장소를 벗어나거나 금지구역에 출입하는 행위

9. 허가 없이 다른 사람과 만나거나 연락하는 행위

10. 수용생활의 편의 등 자신의 요구를 관철할 목적으로 이물질을 삼키는 행위

11. 인원점검을 회피하거나 방해하는 행위

12. 교정시설의 설비나 물품을 고의로 훼손하거나 낭비하는 행위

13. 고의로 수용자의 번호표, 거실표 등을 지정된 위치에 붙이지 아니하거나 그 밖의 방법으로 현황파악을 방해하는 행위

14. 큰 소리를 내거나 시끄럽게 하여 다른 수용자의 평온한 수용생활을 현저히 방해하는 행위

15. 허가 없이 물품을 지니거나 반입·제작·변조·교환 또는 주고받는 행위

16. 도박이나 그 밖에 사행심을 조장하는 놀이나 내기를 하는 행위

17. 지정된 거실에 입실하기를 거부하는 등 정당한 사유 없이 교도관의 직무상 지시나 명령을 따르지 아니하는 행위

제3절 징벌의 종류

제108조(징벌의 종류) 징벌의 종류는 다음 각호와 같다. 〈개정 2020. 2. 4.〉

1. 경고
2. 50시간 이내의 근로봉사
3. 3개월 이내의 작업장려금 삭감
4. 30일 이내의 공동행사 참가 정지
5. 30일 이내의 신문열람 제한
6. 30일 이내의 텔레비전 시청 제한
7. 30일 이내의 자비구매물품(의사가 치료를 위하여 처방한 의약품을 제외한다) 사용 제한
8. 30일 이내의 작업 정지(신청에 따른 작업에 한정한다)
9. 30일 이내의 전화통화 제한
10. 30일 이내의 집필 제한
11. 30일 이내의 편지수수 제한
12. 30일 이내의 접견 제한
13. 30일 이내의 실외운동 정지
14. 30일 이내의 금치

시행규칙 제112조 (징벌의 집행)

① 징벌은 소장이 집행한다.

② 소장은 징벌집행을 위하여 필요하다고 인정하면 수용자를 분리하여 수용할 수 있다.

③ 제108조제14호의 처분을 받은 사람에게는 그 기간 중 같은 조 제4호부터 제12호까지의 처우 제한이 함께 부과된다. 다만, 소장은 수용자의 권리구제, 수형자의 교화 또는 건전한 사회복귀를 위하여 특히 필요하다고 인정하면 집필·편지수수 또는 접견을 허가할 수 있다.

> ◆ 참고사항 ◆
>
> - 도서열람제한은 학문의 자유에 대한 본질적인 침해에 해당하므로 구법의 징벌의 종류에는 삭제
> - 자비구매도서의 열람 제한은 가능 – 제108조 7호(자비물품구매 사용제한)
> - 5호 신문열람 제한이나 7호 자비구매도서의 열람을 제한하는 것은 수용시설 내 비치된 도서는 포함시키지 않고 있으므로 청구인의 알 권리를 과도하게 제한한다고 보기 어렵다.

제109조(징벌의 부과) ① 제108조 제4호부터 제13호까지의 처분은 함께 부과할 수 있다.

② 수용자가 다음 각호의 어느 하나에 해당하면 제108조 제2호부터 제14호까지의 규정에서 정한 징벌의 장기의 2분의 1까지 가중할 수 있다.

   1. 2 이상의 징벌사유가 경합하는 때

   2. 징벌이 집행 중에 있거나 징벌의 집행이 끝난 후 또는 집행이 면제된 후 6개월 내에 다시 징벌사유에 해당하는 행위를 한 때

③ 징벌은 동일한 행위에 관하여 거듭하여 부과할 수 없으며, 행위의 동기 및 경중, 행위 후의 정황, 그 밖의 사정을 고려하여 수용목적을 달성하는 데에 필요한 최소한도에 그쳐야 한다.

④ 징벌사유가 발생한 날부터 2년이 지나면 이를 이유로 징벌을 부과하지 못한다.

제4절 조사 및 징벌의 부과

제110조(징벌대상자의 조사) ① 소장은 징벌사유에 해당하는 행위를 하였다고 의심할 만한 상당한 이유가 있는 수용자(이하 "징벌대상자"라 한다)가 다음 각호의 어느 하나에 해당하면 조사기간 중 분리하여 수용할 수 있다.

   1. 증거를 인멸할 우려가 있는 때

   2. 다른 사람에게 위해를 끼칠 우려가 있거나 다른 수용자의 위해로부터 보호할 필요가 있는 때

② 소장은 징벌대상자가 제1항 각호의 어느 하나에 해당하면 접견·편지수수·전화통화·실외운동·작업·교육훈련, 공동행사 참가, 중간처우 등 다른 사람과의 접촉이 가능한 처우의 전부 또는 일부를 제한할 수 있다.

시행규칙 제215조 (징벌 부과기준)

수용자가 징벌대상행위를 한 경우 부과하는 징벌의 기준은 다음 각호의 구분에 따른다.

1. 법 제107조제1호·제4호 및 이 규칙 제214조제1호부터 제3호까지의 규정 중 어느 하나에 해당하는 행위는 21일 이상 30일 이하의 금치(禁置)에 처할 것. 다만, 위반의 정도가 경미한 경우 그 기간의 2분의 1의 범위에서 감경할 수 있다.

2. 법 제107조제5호, 이 규칙 제214조제4호·제5호·제5호의2 및 제6호부터 제8호까지의 규정 중 어느 하나에 해당하는 행위는 다음 각 목의 어느 하나에 처할 것

    가. 16일 이상 20일 이하의 금치. 다만, 위반의 정도가 경미한 경우 그 기간의 2분의 1의 범위에서 감경할 수 있다.

    나. 3개월의 작업장려금 삭감

3. 법 제107조제2호·제3호 및 이 규칙 제214조제9호부터 제14호까지의 규정 중 어느 하나에 해당하는 행위는 다음 각 목의 어느 하나에 처할 것

    가. 10일 이상 15일 이하의 금치

    나. 2개월의 작업장려금 삭감

4. 제214조제15호부터 제17호까지의 규정 중 어느 하나에 해당하는 행위는 다음 각 목의 어느 하나에 처할 것

    가. 9일 이하의 금치

    나. 30일 이내의 실외운동 및 공동행사참가 정지

    다. 30일 이내의 접견·편지수수·집필 및 전화통화 제한

    라. 30일 이내의 텔레비전시청 및 신문열람 제한

    마. 1개월의 작업장려금 삭감

5. 징벌대상행위를 하였으나 그 위반 정도가 경미한 경우에는 제1호부터 제4호까지의 규정에도 불구하고 다음 각 목의 어느 하나에 처할 것

    가. 30일 이내의 접견 제한

    나. 30일 이내의 편지수수 제한

    다. 30일 이내의 집필 제한

    라. 30일 이내의 전화통화 제한

    마. 30일 이내의 작업정지

    바. 30일 이내의 자비구매물품 사용 제한

사. 30일 이내의 텔레비전 시청 제한

아. 30일 이내의 신문 열람 제한

자. 30일 이내의 공동행사 참가 정지

차. 50시간 이내의 근로봉사

카. 경고

시행규칙 제215조의2 (금치 집행 중 실외운동의 제한)

법 제112조 제4항 제4호에서 "법무부령으로 정하는 경우"란 다음 각호와 같다.

1. 다른 사람으로부터 위해를 받을 우려가 있는 경우
2. 위력으로 교도관의 정당한 직무집행을 방해할 우려가 있는 경우
3. 소란행위를 계속하여 다른 수용자의 평온한 수용생활을 방해할 우려가 있는 경우
4. 교정시설의 설비·기구 등을 손괴할 우려가 있는 경우

관련판례

■ **운동의 금지**(헌재결 2002헌마478)

수형자에 대한 절대적 운동의 금지는 징벌의 목적을 고려하더라도 그 수단과 방법에 있어서 필요한 최소한도의 범위를 벗어난 것으로서, 수형자의 헌법 제10조의 인간의 존엄과 가치 및 신체의 안전성이 훼손당하지 아니할 자유를 포함하는 제12조의 신체의 자유를 침해하는 정도에 이르렀다고 판단된다.

시행규칙 제216조 (징벌부과 시 고려사항)

제215조의 기준에 따라 징벌을 부과하는 경우에는 다음 각호의 사항을 고려하여야 한다.

1. 징벌대상행위를 하였다고 의심할 만한 상당한 이유가 있는 수용자의 나이·성격·지능·성장환경 및 건강
2. 징벌대상행위의 동기·수단 및 결과
3. 자수 등 징벌대상행위 후의 정황
4. 교정성적 또는 그 밖의 수용생활태도

시행규칙 제217조 (교사와 방조)
① 다른 수용자를 교사하여 징벌대상행위를 하게 한 수용자에게는 그 징벌대상행위를 한 수용자에게 부과되는 징벌과 같은 징벌을 부과한다.
② 다른 수용자의 징벌대상행위를 방조한 수용자에게는 그 징벌대상행위를 한 수용자에게 부과되는 징벌과 같은 징벌을 부과하되, 그 정황을 고려하여 2분의 1까지 감경할 수 있다.

시행규칙 제218조 (징벌대상행위의 경합)
① 둘 이상의 징벌대상행위가 경합하는 경우에는 각각의 행위에 해당하는 징벌 중 가장 중한 징벌의 2분의 1까지 가중할 수 있다.
② 제1항의 경우 징벌의 경중은 제215조 각호의 순서에 따른다. 이 경우 같은 조 제2호부터 제5호까지의 경우에는 각 목의 순서에 따른다.

시행규칙 제219조 (조사 시 지켜야 할 사항)
징벌대상행위에 대하여 조사하는 교도관이 징벌대상자 또는 참고인 등을 조사할 때에는 다음 각 호의 사항을 지켜야 한다.
  1. 인권침해가 발생하지 아니하도록 유의할 것
  2. 조사의 이유를 설명하고, 충분한 진술의 기회를 제공할 것
  3. 공정한 절차와 객관적 증거에 따라 조사하고, 선입견이나 추측에 따라 처리하지 아니할 것
  4. 형사 법률에 저촉되는 행위에 대하여 징벌 부과 외에 형사입건조치가 요구되는 경우에는 형사소송절차에 따라 조사대상자에게 진술을 거부할 수 있다는 것과 변호인을 선임할 수 있다는 것을 알릴 것

시행규칙 제219조2 (징벌대상자에 대한 심리상담)
소장은 특별한 사유가 없으면 교도관으로 하여금 징벌대상자에 대한 심리상담을 하도록 해야 한다.

시행규칙 제220조 (조사기간)
① 수용자의 징벌대상행위에 대한 조사기간(조사를 시작한 날부터 법 제111조제1항의 징벌위원회의 의결이 있는 날까지를 말한다)은 10일 이내로 한다. 다만, 특히 필요하다고 인정하는 경우에는 1회에 한하여 7일을 초과하지 아니하는 범위에서 그 기간을 연장할 수 있다.
② 소장은 제1항의 조사기간 중 조사결과에 따라 다음 각호의 어느 하나에 해당하는 조치를 할

수 있다.

1. 법 제111조제1항의 징벌위원회로의 회부
2. 징벌대상자에 대한 무혐의 통고
3. 징벌대상자에 대한 훈계
4. 징벌위원회 회부 보류
5. 조사 종결

③ 제1항의 조사기간 중 법 제110조제2항에 따라 징벌대상자에 대하여 처우를 제한하는 경우에는 징벌위원회의 의결을 거쳐 처우를 제한한 기간의 전부 또는 일부를 징벌기간에 포함할 수 있다.

④ 소장은 징벌대상행위가 징벌대상자의 정신병적인 원인에 따른 것으로 의심할 만한 충분한 사유가 있는 경우에는 징벌절차를 진행하기 전에 의사의 진료, 전문가 상담 등 필요한 조치를 하여야 한다.

⑤ 소장은 징벌대상행위에 대한 조사 결과 그 행위가 징벌대상자의 정신병적인 원인에 따른 것이라고 인정하는 경우에는 그 행위를 이유로 징벌위원회에 징벌을 요구할 수 없다.

⑥ 제1항의 조사기간 중 징벌대상자의 생활용품 등의 보관에 대해서는 제232조를 준용한다.

관련판례

■ **징벌혐의 조사를 위한 조사실 분리수용 및 처우제한**(13헌마280)

분리수용과 처우제한은 징벌제도의 일부로서 징벌 혐의의 입증을 위한 과정이고, 그 과정을 거쳐 징벌처분을 내리기 위해서는 징벌위원회의 의결이라는 사전 통제절차를 거쳐야 하며, 내려진 징벌처분에 대해서는 행정소송을 통해 불복할 수 있다는 점, 조사단계에서의 분리수용이나 처우제한에까지 일일이 법원에 의한 사전 또는 사후통제를 요구한다면 징벌제도 시행에 있어서 비효율을 초래할 수 있다는 점, 조사단계에서 징벌혐의의 고지와 의견진술의 기회 부여가 이루어진다는 점 등을 종합하여 볼 때, 분리수용 및 처우제한에 대해 법원에 의한 개별적인 통제절차를 두고 있지 않다는 점만으로 이 사건 분리수용 및 이 사건 처우제한이 적법절차원칙에 위반된 것이라고 볼 수는 없다.

시행규칙 제221조 (조사의 일시정지)

① 소장은 징벌대상자의 질병이나 그 밖의 특별한 사정으로 인하여 조사를 계속하기 어려운 경우에는 조사를 일시 정지할 수 있다.

② 제1항에 따라 정지된 조사기간은 그 사유가 해소된 때부터 다시 진행한다. 이 경우 조사가 정지된 다음 날부터 정지사유가 소멸한 전날까지의 기간은 조사기간에 포함되지 아니한다.

시행규칙 제222조 (징벌대상자 처우제한의 알림)

소장은 법 제110조제2항에 따라 접견·편지수수 또는 전화통화를 제한하는 경우에는 징벌대상자의 가족 등에게 그 사실을 알려야 한다. 다만, 징벌대상자가 알리기를 원하지 않는 경우에는 그렇지 않다.

제111조(징벌위원회) ① 징벌대상자의 징벌을 결정하기 위하여 교정시설에 징벌위원회를 둔다.

② 위원회는 위원장을 포함한 5명 이상 7명 이하의 위원으로 구성하고, 위원장은 소장의 바로 다음 순위자가 되며, 위원은 소장이 소속 기관의 과장(지소의 경우에는 7급 이상의 교도관) 및 교정에 관한 학식과 경험이 풍부한 외부인사 중에서 임명 또는 위촉한다. 이 경우 외부위원은 3인 이상으로 한다. 〈개정 2020. 2. 4.〉

③ 위원회는 소장의 징벌요구에 따라 개회하며, 징벌은 그 의결로써 정한다.

④ 위원이 징벌대상자의 친족이거나 그 밖에 공정한 심의·의결을 기대할 수 없는 특별한 사유가 있는 경우에는 위원회에 참석할 수 없다.

⑤ 징벌대상자는 위원에 대하여 기피신청을 할 수 있다. 이 경우 위원회의 의결로 기피 여부를 결정하여야 한다.

⑥ 위원회는 징벌대상자가 위원회에 출석하여 충분한 진술을 할 수 있는 기회를 부여하여야 하며, 징벌대상자는 서면 또는 말로써 자기에게 유리한 사실을 진술하거나 증거를 제출할 수 있다.

⑦ 위원회의 위원 중 공무원이 아닌 사람은 「형법」 제127조(공무상비밀누설죄) 및 제129조부터 제132조까지(수뢰, 사전수뢰, 뇌물수수, 수뢰후 부정처사, 사후수뢰, 알선수뢰죄)의 규정을 적용할 때에는 공무원으로 본다.

시행규칙 제223조 (징벌위원회 외부위원)

① 소장은 법 제111조 제2항에 따른 징벌위원회의 외부위원을 다음 각호의 사람 중에서 위촉한다.

   1. 변호사

   2. 대학에서 법률학을 가르치는 조교수 이상의 직에 있는 사람

3. 교정협의회(교정위원 전원으로 구성된 협의체를 말한다)에서 추천한 사람

  4. 그 밖에 교정에 관한 학식과 경험이 풍부한 사람

② 제1항에 따라 위촉된 위원의 임기는 2년으로 하며, 연임할 수 있다.

③ 소장은 외부위원이 다음 각호의 어느 하나에 해당하는 경우에는 해당 위원을 해촉할 수 있다.

  1. 심신장애로 직무수행이 불가능하거나 현저히 곤란하다고 인정되는 경우

  2. 직무와 관련된 비위사실이 있는 경우

  3. 직무태만, 품위 손상, 그 밖의 사유로 인하여 위원으로서 직무를 수행하기 적합하지 아니하다고 인정되는 경우

  4. 위원 스스로 직무를 수행하는 것이 곤란하다고 의사를 밝히는 경우

  5. 특정 종파나 특정 사상에 편향되어 징벌의 공정성을 해칠 우려가 있는 경우

④ 제1항에 따라 위촉된 위원이 징벌위원회에 참석한 경우에는 예산의 범위에서 수당, 여비, 그 밖에 필요한 경비를 지급할 수 있다.

시행규칙 제225조 (징벌위원회 심의·의결대상)

징벌위원회는 다음 각호의 사항을 심의·의결한다.

  1. 징벌대상행위의 사실 여부

  2. 징벌의 종류와 내용

  3. 제220조제3항에 따른 징벌기간 산입

  4. 법 제111조제5항에 따른 징벌위원에 대한 기피신청의 심의·의결

  5. 법 제114조제1항에 따른 징벌집행의 유예여부와 그 기간

  6. 그 밖에 징벌내용과 관련된 중요 사항

시행규칙 제226조 (징벌의결의 요구)

① 소장이 징벌대상자에 대하여 징벌의결을 요구하는 경우에는 별지 제14호서식의 징벌의결 요구서를 작성하여 징벌위원회에 제출하여야 한다.

② 제1항에 따른 징벌의결 요구서에는 징벌대상행위의 입증에 필요한 관계서류를 첨부할 수 있다.

주의 형집행법에는 징벌대상자를 조사함에 있어 진술거부권을 고지하여야 한다는 규정이 없으므로 진술거부권을 고지하지 않고 진술조서를 받았다고 해서 위법은 아니다.

시행규칙 제227조 (징벌대상자에 대한 출석 통지)

① 징벌위원회가 제226조에 따른 징벌의결 요구서를 접수한 경우에는 지체 없이 징벌대상자에게 별지 제15호서식의 출석통지서를 전달하여야 한다.

② 제1항에 따른 출석통지서에는 다음 각호의 내용이 포함되어야 한다.

1. 혐의사실 요지
2. 출석 장소 및 일시
3. 징벌위원회에 출석하여 자기에게 이익이 되는 사실을 말이나 서면으로 진술할 수 있다는 사실
4. 서면으로 진술하려면 징벌위원회를 개최하기 전까지 진술서를 제출하여야 한다는 사실
5. 증인신청 또는 증거제출을 할 수 있다는 사실
6. 형사절차상 불리하게 적용될 수 있는 사실에 대하여 진술을 거부할 수 있다는 것과 진술하는 경우에는 형사절차상 불리하게 적용될 수 있다는 사실

③ 제1항에 따라 출석통지서를 전달받은 징벌대상자가 징벌위원회에 출석하기를 원하지 아니하는 경우에는 별지 제16호서식의 출석포기서를 징벌위원회에 제출하여야 한다.

관련판례

■ **출석통지서 미전달로 인한 징벌집행처분**(대법06두13312)

서면 출석통지서를 전달하지 않은 징벌처분은 적법한 징벌절차를 거치지 않은 것으로 위법하다.

출석통지서를 전달하는 것은 단순히 징벌위원회 개최사실을 알리는 것 이외에도 혐의 사실의 적시, 진술서 제출기한의 시기 등 징벌위원회 심의 절차에 있어서 방어권 행사에 필요한 사항을 고지하는 것까지 포함하는 것으로 구두통지로 그 효력을 갈음할 수 없다고 보아야 할 것이며, 비록 징벌위원회에 출석하여 진술하였다 하더라도 출석통지서 미전달의 하자가 치유된다고 볼 수 없으며 이를 거치지 않은 것은 징벌절차에 있어 위법하다.

시행규칙 제228조 (징벌위원회의 회의)

① 징벌위원회는 출석한 징벌대상자를 심문하고, 필요하다고 인정하는 경우에는 교도관이나 다른 수용자 등을 참고인으로 출석하게 하여 심문할 수 있다.

② 징벌위원회는 징벌대상자에게 제227조제1항에 따른 출석통지서를 전달하였음에도 불구하고 징벌대상자가 같은 조 제3항에 따른 출석포기서를 제출하거나 정당한 사유 없이 출석하지 아니한 경우에는 그 사실을 별지 제17호서식의 징벌위원회 회의록에 기록하고 서면심리만으로 징벌을 의결할 수 있다.

③ 징벌위원회는 재적위원 과반수의 출석으로 개의하고, 출석위원 과반수의 찬성으로 의결한다. 이 경우 외부위원 1명 이상이 출석한 경우에만 개의할 수 있다.

④ 징벌의 의결은 별지 제18호서식의 징벌의결서에 따른다.

⑤ 징벌위원회가 작업장려금 삭감을 의결하려면 사전에 수용자의 작업장려금을 확인하여야 한다.

⑥ 징벌위원회의 회의에 참여한 사람은 직무상 알게 된 비밀을 누설하여서는 아니 된다.

> **관련판례**
>
> ■ **징벌위원회 회의록의 분리공개**(대법09두12785, 09.12.10)
>
> 근무보고서는 비공개 대상정보에 해당한다고 볼 수 없고, 징벌위원회 회의록에서 원고 사이의 문답 등 징벌절차 진행부분은 이를 분리 공개가 허용된다고 봄.
>
> 재소자가 근무보고서와 징벌위원회 회의록 등의 정보공개를 요청하였으나 교도소장이 이를 거부한 사안에서 근무보고서는 비공개 대상정보에 해당한다고 볼 수 없고, 징벌위원회 회의록 중 비공개 심사·의결부분은 비공개 사유에 해당하지만 그에 앞서 원고 참석하에 이루어진 원고의 진술, 위원장과 위원들과 원고사이의 문답 등 징벌절차 진행부분은 이를 공개한다고 해서 개인의 인격이나 사생활을 침해하거나 교정업무 수행에 현저한 지장을 초래한다고 볼 수 없어 비공개 사유에 해당하지 않고 분리 공개가 허용된다고 봄

제111조의2(징벌대상행위에 관한 양형 참고자료 통보) 소장은 미결수용자에게 징벌을 부과한 경우에는 그 징벌대상행위를 양형(量刑) 참고자료로 작성하여 관할 검찰청 검사 또는 관할 법원에 통보할 수 있다.

제5절 징벌의 집행

제112조(징벌의 집행) ① 징벌은 소장이 집행한다.

② 소장은 징벌집행을 위하여 필요하다고 인정하면 수용자를 분리하여 수용할 수 있다.

③ 제108조 제14호의 처분을 받은 사람에게는 그 기간 중 같은 조 제4호부터 제12호까지의 처우제한이 함께 부과된다. 다만, 소장은 수용자의 권리구제, 수형자의 교화 또는 건전한 사회복귀를 위하여 특히 필요하다고 인정하면 집필·편지수수 또는 접견을 허가할 수 있다.

④ 소장은 제108조 제14호의 처분을 받은 사람에게 다음 각호의 어느 하나에 해당하는 사유가 있어 필요하다고 인정하는 경우에는 건강유지에 지장을 초래하지 아니하는 범위에서 실외운동을 제한할 수 있다.

  1. 도주의 우려가 있는 경우

  2. 자해의 우려가 있는 경우

  3. 다른 사람에게 위해를 끼칠 우려가 있는 경우

  4. 그 밖에 시설의 안전 또는 질서를 크게 해칠 우려가 있는 경우로서 법무부령으로 정하는 경우

⑤ 소장은 제108조제13호에 따른 실외운동 정지를 부과하는 경우 또는 제4항에 따라 실외운동을 제한하는 경우라도 수용자가 매주 1회 이상 실외운동을 할 수 있도록 하여야 한다.

⑥ 소장은 제108조제13호 또는 제14호의 처분을 집행하는 경우에는 의무관으로 하여금 사전에 수용자의 건강을 확인하도록 하여야 하며, 집행 중인 경우에도 수시로 건강상태를 확인하여야 한다.

관련판례

■ **형의 집행 및 수용자의 처우에 관한 법률 제108조 위헌확인** [2014헌마45]

가. **금치기간 중 공동행사 참가를 정지**하는 「형의 집행 및 수용자 처우에 관한 법률」 제112조 제3항 본문 중 제108조 제4호에 관한 부분은 청구인의 통신의 자유, 종교의 자유를 **침해하지 아니한다.**

결정요지: 금치기간 동안 공동행사 참가 정지라는 불이익을 가함으로써, 규율의 준수를 강제하여 수용시설 내의 안전과 질서를 유지하기 위한 것으로서, 목적의 정당성 및 수단의 적합성

이 인정된다. 금치처분을 받은 사람은 최장 30일 이내의 기간 동안 공동행사에 참가할 수 없으나, 편지수수, 접견을 통해 외부와 통신할 수 있고, 종교상담을 통해 종교활동을 할 수 있다. 또한, 위와 같은 불이익은 규율 준수를 통하여 수용질서를 유지한다는 공익에 비하여 크다고 할 수 없다.

나. **금치기간 중 텔레비전 시청을 제한**하는 「형의 집행 및 수용자 처우에 관한 법률」 제112조 제3항 본문 중 제108조 제6호에 관한 부분이 청구인의 알 권리를 **침해하지 아니한다.**

결정요지: 금치기간 동안 텔레비전 시청 제한이라는 불이익을 가함으로써, 규율의 준수를 강제하여 수용시설 내의 안전과 질서를 유지하기 위한 것으로서 목적의 정당성 및 수단의 적합성이 인정된다. 위와 같은 불이익은 규율 준수를 통하여 수용질서를 유지한다는 공익에 비하여 크다고 할 수 없다.

다. **금치기간 중 신문·도서·잡지 외 자비구매물품의 사용을 제한**하는 「형의 집행 및 수용자 처우에 관한 법률」 제112조 제3항 본문 중 제108조 제7호의 신문·도서·잡지 외 자비구매물품에 관한 부분이 청구인의 일반적 행동의 자유를 **침해하지 아니한다.**

결정요지: 금치기간 동안 자비로 구매한 음식물, 의약품 및 의료용품 등 자비구매물품을 사용할 수 없는 불이익을 가함으로써, 규율의 준수를 강제하여 수용시설 내의 안전과 질서를 유지하기 위한 것으로서 목적의 정당성 및 수단의 적합성이 인정된다. 금치처분을 받은 사람은 소장이 지급하는 음식물, 의류·침구, 그 밖의 생활용품을 통하여 건강을 유지하기 위한 필요 최소한의 생활을 영위할 수 있고, 의사가 치료를 위하여 처방한 의약품은 여전히 사용할 수 있다. 또한, 위와 같은 불이익은 규율 준수를 통하여 수용질서를 유지한다는 공익에 비하여 크다고 할 수 없다.

라. 금치기간 중 실외운동을 원칙적으로 제한하는 「형의 집행 및 수용자 처우에 관한 법률」 제112조 제3항 본문 중 제108조 제13호에 관한 부분은 침해 최소성 원칙에 위배되고 법익의 균형성 요건도 갖추지 못하여 청구인의 신체의 자유를 침해한다.

결정요지: 실외운동은 구금되어 있는 수용자의 신체적·정신적 건강을 유지하기 위한 최소한의 기본적 요청이고, 수용자의 건강 유지는 교정교화와 건전한 사회복귀라는 형 집행의 근본적 목표를 달성하는 데 필수적이다. 그런데 위 조항은 금치처분을 받은 사람에 대하여 실외운동을 원칙적으로 금지하고, 다만 소장의 재량에 의하여 이를 예외적으로 허용하고 있다. 그러나 소란, 난동을 피우거나 다른 사람을 해할 위험이 있어 실외운동을 허용할 경우 금치처분의

목적 달성이 어려운 예외적인 경우에 한하여 실외운동을 제한하는 덜 침해적인 수단이 있음에도 불구하고, 위 조항은 금치처분을 받은 사람에게 원칙적으로 실외운동을 금지한다. 나아가 위 조항은 예외적으로 실외운동을 허용하는 경우에도, 실외운동의 기회가 부여되어야 하는 최저기준을 법령에서 명시하고 있지 않으므로, 침해의 최소성 원칙에 위배된다. 위 조항은 수용자의 정신적·신체적 건강에 필요 이상의 불이익을 가하고 있고, 이는 공익에 비하여 큰 것이므로 위 조항은 법익의 균형성 요건도 갖추지 못하였다. 따라서 위 조항은 청구인의 신체의 자유를 침해한다.

시행령 제133조 (징벌의 집행)

① 소장은 제132조의 통고를 받은 경우에는 징벌을 지체 없이 집행하여야 한다.

② 소장은 수용자가 징벌처분을 받아 접견, 편지수수 또는 전화통화가 제한된 경우에는 그의 가족에게 그 사실을 알려야 한다. 다만, 수용자가 알리는 것을 원하지 않으면 알리지 않는다.

③ 삭제

④ 소장은 법 제108조제13호 및 제14호의 징벌집행을 마친 경우에는 의무관에게 해당 수용자의 건강을 지체 없이 확인하게 하여야 한다.

⑤ 의무관이 출장, 휴가, 그 밖의 부득이한 사유로 법 제112조제5항 및 이 조 제4항의 직무를 수행할 수 없는 경우에는 제119조제2항을 준용한다.

◆ 참고사항 ◆

제215조의2 (금치 집행 중 실외운동의 제한) ☞ **원칙적으로 허용, 예외적으로 제한 가능**

법 제112조제4항제4호에서 "법무부령으로 정하는 경우"란 다음 각호와 같다.

1. 다른 사람으로부터 위해를 받을 우려가 있는 경우
2. 위력으로 교도관의 정당한 직무집행을 방해할 우려가 있는 경우
3. 소란행위를 계속하여 다른 수용자의 평온한 수용생활을 방해할 우려가 있는 경우
4. 교정시설의 설비·기구 등을 손괴할 우려가 있는 경우

시행령 제134조 (징벌집행의 계속)

법 제108조 제4호부터 제14호까지의 징벌 집행 중인 수용자가 다른 교정시설로 이송되거나 법원 또는 검찰청 등에 출석하는 경우에는 징벌집행이 계속되는 것으로 본다.

시행규칙 제229조 (집행절차)

① 징벌위원회는 영 제132조에 따라 소장에게 징벌의결 내용을 통고하는 경우에는 징벌의결서 정본(正本)을 첨부하여야 한다.

② 소장은 징벌을 집행하려면 징벌의결의 내용과 징벌처분에 대한 불복방법 등을 기록한 별지 제19호서식의 징벌집행통지서에 징벌의결서 부본(副本)을 첨부하여 해당 수용자에게 전달하여야 한다.

③ 영 제137조에 따른 징벌집행부는 별지 제19호의2 서식에 따른다.

④ 소장은 영 제137조에 따라 수용자의 징벌에 관한 사항을 징벌집행부에 기록한 때에는 그 내용을 제119조제3항에 따른 교정정보시스템에 입력해야 한다.

시행규칙 제230조 (징벌의 집행순서)

① 금치와 그 밖의 징벌을 집행할 경우에는 금치를 우선하여 집행한다. 다만, 작업장려금의 삭감과 경고는 금치와 동시에 집행할 수 있다.

② 같은 종류의 징벌은 그 기간이 긴 것부터 집행한다.

③ 금치를 제외한 두 가지 이상의 징벌을 집행할 경우에는 함께 집행할 수 있다.

시행규칙 제231조 (징벌의 집행방법)

① 작업장려금의 삭감은 징벌위원회가 해당 징벌을 의결한 날이 속하는 달의 작업장려금부터 이미 지급된 작업장려금에 대하여 역순으로 집행한다.

② 소장은 금치를 집행하는 경우에는 징벌집행을 위하여 별도로 지정한 거실에 해당 수용자를 수용하여야 한다.

③ 소장은 금치 외의 징벌을 집행하는 경우 그 징벌의 목적을 달성하기 위하여 필요하다고 인정하면 해당 수용자를 징벌거실에 수용할 수 있다.

④ 소장은 징벌집행을 받고 있거나 집행을 앞둔 수용자가 같은 행위로 형사 법률에 따른 처벌이 확정되어 징벌을 집행할 필요가 없다고 인정하면 징벌집행을 감경하거나 면제할 수 있다.

시행규칙 제232조 (금치 집행 중 생활용품 등의 별도 보관)

소장은 금치 중인 수용자가 생활용품 등으로 자살·자해할 우려가 있거나 교정시설의 안전과 질서를 해칠 우려가 있는 경우에는 그 물품을 따로 보관하고 필요한 경우에만 이를 사용하게 할 수 있다.

시행규칙 제233조 (징벌집행 중인 수용자의 상담)

소장은 징벌집행 중인 수용자에 대하여 교도관, 교정위원, 자원봉사자 등 전문가로 하여금 상담을 하게 하여 징벌대상행위의 재발방지에 노력하여야 한다.

제6절 징벌집행의 정지·감경·면제·유예·실효

> **제113조(징벌집행의 정지·면제)** ① 소장은 질병이나 그 밖의 사유로 징벌집행이 곤란하면 그 사유가 해소될 때까지 그 집행을 일시 정지할 수 있다.
>
> ② 소장은 징벌집행 중인 사람이 뉘우치는 빛이 뚜렷한 경우에는 그 징벌을 감경하거나 남은 기간의 징벌집행을 면제할 수 있다.

시행령 제135조 (징벌기간의 계산)

소장은 법 제113조제1항에 따라 징벌집행을 일시 정지한 경우 그 정지사유가 해소되었을 때에는 지체 없이 징벌집행을 재개하여야 한다. 이 경우 집행을 정지한 다음 날부터 집행을 재개한 전날까지의 일수는 징벌기간으로 계산하지 아니한다.

시행령 제136조 (이송된 사람의 징벌)

수용자가 이송 중에 징벌대상 행위를 하거나 다른 교정시설에서 징벌대상 행위를 한 사실이 이송된 후에 발각된 경우에는 그 수용자를 인수한 소장이 징벌을 부과한다.

제114조(징벌집행의 유예) ① 징벌위원회는 징벌을 의결하는 때에 행위의 동기 및 정황, 교정성적, 뉘우치는 정도 등 그 사정을 고려할 만한 사유가 있는 수용자에 대하여 2개월 이상 6개월 이하의 기간 내에서 징벌의 집행을 유예할 것을 의결할 수 있다.

② 소장은 징벌집행의 유예기간 중에 있는 수용자가 다시 제107조의 징벌대상행위를 하여 징벌이 결정되면 그 유예한 징벌을 집행한다.

③ 수용자가 징벌집행을 유예받은 후 징벌을 받음이 없이 유예기간이 지나면 그 징벌의 집행은 종료된 것으로 본다.

제115조(징벌의 실효 등) ① 소장은 징벌의 집행이 종료되거나 집행이 면제된 수용자가 교정성적이 양호하고 법무부령으로 정하는 기간 동안 징벌을 받지 아니하면 법무부장관의 승인을 받아 징벌을 실효시킬 수 있다.

② 제1항에도 불구하고 소장은 수용자가 교정사고 방지에 뚜렷한 공로가 있다고 인정되면 분류처우위원회의 의결을 거친 후 법무부장관의 승인을 받아 징벌을 실효시킬 수 있다.

③ 이 법에 규정된 사항 외에 징벌에 관하여 필요한 사항은 법무부령으로 정한다.

징벌	집행 (재집행)	일시정지	감경·면제	집행의 유예	집행의 실효
의결 (집행)	징벌위원회 의결 소장이 집행	소장	소장	징벌위원회 의결	1. 소장 또는 2. 분류처우위원회 의결 후 소장신청 법무부장관의 승인
사유	-	질병이나 그 밖의 사유로 징벌집행이 곤란	뉘우치는 빛이 뚜렷한 경우 같은 행위로 형사 처분이 확정	행위의 동기 및 정황, 교정성적, 뉘우치는 정도 등	1. 교정성적이 양호하고 실 효기간 경과 2. 교정사고 방지에 뚜렷한 공로

관련판례

■ **행형법상 징벌을 받은 자에 대한 형사처벌의 일사부재리원칙에 위반여부**(대법 87도1463)

행형법상의 징벌은 수형자의 교도소내의 준수사항 위반에 대하여 과하는 행정상의 질서벌의 일종으로서 사회일반의 형벌법령에 위반한 행위에 대한 형사책임과는 그 목적, 성격을 달리하는 것이므로 징벌을 받은 뒤에 형사 처벌은 한다하여 일사부재리의 원칙에 반하는 것은 아니다.

■ **정보공개거부처분취소**(대법 2009두12785)

재소자가 교도관의 가혹행위를 이유로 형사고소 및 민사소송을 제기하면서 그 증명자료 확보를 위해 '근무보고서'와 '징벌위원회 회의록' 등의 정보공개를 요청하였으나 교도소장이 이를 거부한 사안에서, 근무보고서는 비공개대상정보에 해당한다고 볼 수 없고, 징벌위원회 회의록 중 비공개 심사·의결 부분은 비공개사유에 해당하지만 징벌절차 진행 부분은 비공개사유에 해당하지 않는다고 보아 분리 공개가 허용된다고 한 사례

시행규칙 제234조 (징벌의 실효)

① 법 제115조제1항에서 "법무부령으로 정하는 기간"이란 다음 각호와 같다.

1. 제215조제1호부터 제4호까지의 징벌 중 금치의 경우에는 다음 각 목의 기간

   가. 21일 이상 30일 이하의 금치: 2년 6개월

   나. 16일 이상 20일 이하의 금치: 2년

   다. 10일 이상 15일 이하의 금치: 1년 6개월

   라. 9일 이하의 금치: 1년

2. 제215조제2호에 해당하는 금치 외의 징벌: 2년

3. 제215조제3호에 해당하는 금치 외의 징벌: 1년 6개월

4. 제215조제4호에 해당하는 금치 외의 징벌: 1년

5. 제215조제5호에 해당하는 징벌: 6개월

② 소장은 법 제115조제1항·제2항에 따라 징벌을 실효시킬 필요가 있으면 징벌실효기간이 지나거나 분류처우위원회의 의결을 거친 후에 지체 없이 법무부장관에게 그 승인을 신청하여야 한다.

③ 소장은 법 제115조에 따라 실효된 징벌을 이유로 그 수용자에게 처우상 불이익을 주어서는 아니 된다.

제13장 권리구제

제1절 소장면담

제116조(소장 면담) ① 수용자는 그 처우에 관하여 소장에게 면담을 신청할 수 있다.

② 소장은 수용자의 면담신청이 있으면 다음 각호의 어느 하나에 해당하는 사유가 있는 경우를 제외하고는 면담을 하여야 한다.

1. 정당한 사유 없이 면담사유를 밝히지 아니하는 때
2. 면담목적이 법령에 명백히 위배되는 사항을 요구하는 것인 때
3. 동일한 사유로 면담한 사실이 있음에도 불구하고 정당한 사유 없이 반복하여 면담을 신청하는 때
4. 교도관의 직무집행을 방해할 목적이라고 인정되는 상당한 이유가 있는 때

③ 소장은 특별한 사정이 있으면 소속 교도관으로 하여금 그 면담을 대리하게 할 수 있다. 이 경우 면담을 대리한 사람은 그 결과를 소장에게 지체 없이 보고하여야 한다.

④ 소장은 면담한 결과 처리가 필요한 사항이 있으면 그 처리결과를 수용자에게 알려야 한다.

시행령 제138조 (소장 면담)

① 소장은 법 제116조제1항에 따라 수용자가 면담을 신청한 경우에는 그 인적사항을 면담부에 기록하고 특별한 사정이 없으면 신청한 순서에 따라 면담하여야 한다.

② 소장은 제1항에 따라 수용자를 면담한 경우에는 그 요지를 면담부에 기록하여야 한다.

③ 소장은 법 제116조제2항 각호의 어느 하나에 해당하여 수용자의 면담 신청을 받아들이지 아니하는 경우에는 그 사유를 해당 수용자에게 알려주어야 한다.

관련판례

■ **수용자 제기 민원의 소장면담처리**(창원지법14구합1909, 2015.4.21)

수용자 A가 'To 소장님'이라고 기재하여 보낸 서신에 대하여 소장면담으로 보아 민원처리법이 아닌 형집행법에 따라 처리하였다고 이를 위법하다고 볼 수는 없다.

※ 수용자를 민원인에 해당하는지 여부에 대하여 개별법을 우선한다는 민원처리법 제3조 1항에 따라 형집행법 우선 적용

제2절 청원

제117조(청원) ① 수용자는 그 처우에 관하여 불복하는 경우 법무부장관·순회점검공무원 또는 관할 지방교정청장에게 청원할 수 있다.
② 제1항에 따라 청원하려는 수용자는 청원서를 작성하여 봉한 후 소장에게 제출하여야 한다. 다만, 순회점검공무원에 대한 청원은 말로도 할 수 있다.
③ 소장은 청원서를 개봉하여서는 아니 되며, 이를 지체 없이 법무부장관·순회점검공무원 또는 관할 지방교정청장에게 보내거나 순회점검공무원에게 전달하여야 한다.
④ 제2항 단서에 따라 순회점검공무원이 청원을 청취하는 경우에는 해당 교정시설의 교도관이 참여하여서는 아니 된다.
⑤ 청원에 관한 결정은 문서로 하여야 한다.
⑥ 소장은 청원에 관한 결정서를 접수하면 청원인에게 지체 없이 전달하여야 한다.

관련판례

■ **교도소 진정실 내 화장실 차폐시설 미설치 위헌확인(2014헌마250)**

1. 행형법 제6조의 청원제도는 그 처리기관이나 절차 및 효력 면에서 권리구제절차로서는 불충분하고 우회적인 제도이므로 헌법소원에 앞서 반드시 거쳐야 하는 사전구제절차라고 보기는 어렵다.

주의 헌법소원의 보충성 요건 충족을 위한 사전구제절차에 청원은 포함하지 않는다는 취지의 판례

2. 이 사건 기록에 의하면, 진정실에 설치된 2대의 CCTV 카메라는 용변을 보는 수용자의 하반신이 촬영되지 않도록 그 각도가 한정되어 있는 사실을 인정할 수 있으므로, 이러한 경우 창원교도소장에게 청구인을 수용한 진정실에 별도로 화장실 차폐시설을 설치하여야 하는 법률상 의무가 발생한다고 할 수 없다.

시행령 제139조 (순회점검공무원에 대한 청원)

① 소장은 법 제117조제1항에 따라 수용자가 순회점검공무원에게 청원하는 경우에는 그 인적사항을 청원부에 기록하여야 한다.

② 순회점검공무원은 법 제117조제2항 단서에 따라 수용자가 말로 청원하는 경우에는 그 요지를 청원부에 기록하여야 한다.

③ 순회점검공무원은 법 제117조제1항의 청원에 관하여 결정을 한 경우에는 그 요지를 청원부에 기록하여야 한다.

④ 순회점검공무원은 법 제117조제1항의 청원을 스스로 결정하는 것이 부적당하다고 인정하는 경우에는 그 내용을 법무부장관에게 보고하여야 한다.

⑤ 수용자의 청원처리의 기준·절차 등에 관하여 필요한 사항은 법무부장관이 정한다.

제3절 정보공개청구

제117조의2(정보공개청구) ① 수용자는 「공공기관의 정보공개에 관한 법률」에 따라 법무부장관, 지방교정청장 또는 소장에게 정보의 공개를 청구할 수 있다.

② 현재의 수용기간 동안 법무부장관, 지방교정청장 또는 소장에게 제1항에 따른 정보공개청구를 한 후 정당한 사유 없이 그 청구를 취하하거나 「공공기관의 정보공개에 관한 법률」 제17조에 따른 비용을 납부하지 아니한 사실이 2회 이상 있는 수용자가 제1항에 따른 정보공개청구를 한 경우에 법무부장관, 지방교정청장 또는 소장은 그 수용자에게 정보의 공개 및 우송 등에 들 것으로 예상되는 비용을 미리 납부하게 할 수 있다.

③ 제2항에 따라 정보의 공개 및 우송 등에 들 것으로 예상되는 비용을 미리 납부하여야 하는 수용자가 비용을 납부하지 아니한 경우 법무부장관, 지방교정청장 또는 소장은 그 비용을 납부할 때까지 「공공기관의 정보공개에 관한 법률」 제11조에 따른 정보공개 여부의 결정을 유예할 수 있다.

④ 제2항에 따른 예상비용의 산정방법, 납부방법, 납부기간, 그 밖에 비용납부에 관하여 필요한 사항은 대통령령으로 정한다.

시행령 제139조의2 (정보공개의 예상비용 등)

① 법 제117조의2제2항에 따른 예상비용은 「공공기관의 정보공개에 관한 법률 시행령」 제17조에 따른 수수료와 우편요금(공개되는 정보의 사본·출력물·복제물 또는 인화물을 우편으로 송부하는 경우로 한정한다)을 기준으로 공개를 청구한 정보가 모두 공개되었을 경우에 예상되는 비용으로 한다.

② 법무부장관, 지방교정청장 또는 소장은 법 제117조의2제2항에 해당하는 수용자가 정보공개의 청구를 한 경우에는 청구를 한 날부터 7일 이내에 제1항에 따른 비용을 산정하여 해당 수용자에게 미리 납부할 것을 통지할 수 있다.

③ 제2항에 따라 비용납부의 통지를 받은 수용자는 그 통지를 받은 날부터 7일 이내에 현금 또는 수입인지로 법무부장관, 지방교정청장 또는 소장에게 납부하여야 한다.

④ 법무부장관, 지방교정청장 또는 소장은 수용자가 제1항에 따른 비용을 제3항에 따른 납부기한까지 납부하지 아니한 경우에는 해당 수용자에게 정보공개 여부 결정의 유예를 통지할 수 있다.

⑤ 법무부장관, 지방교정청장 또는 소장은 제1항에 따른 비용이 납부되면 신속하게 정보공개 여부의 결정을 하여야 한다.

⑥ 법무부장관, 지방교정청장 또는 소장은 비공개 결정을 한 경우에는 제3항에 따라 납부된 비용의 전부를 반환하고 부분공개 결정을 한 경우에는 공개 결정한 부분에 대하여 드는 비용을 제외한 금액을 반환하여야 한다.

⑦ 제2항부터 제5항까지의 규정에도 불구하고 법무부장관, 지방교정청장 또는 소장은 제1항에 따른 비용이 납부되기 전에 정보공개 여부의 결정을 할 수 있다.

⑧ 제1항에 따른 비용의 세부적인 납부방법 및 반환방법 등에 관하여 필요한 사항은 법무부장관이 정한다.

관련판례

■ **정보공개청구가 권리남용임이 명백한 경우, 정보공개 청구권 허용여부**(대법14두9349)

해당정보를 취득 또는 활용할 의사가 전혀 없이 정보공개 제도를 이용하여 부당한 이득을 얻으려 하거나, 오로지 공공기관의 담당공무원을 괴롭힐 목적으로 정보공개청구를 하는 경우처럼 권리남용에 해당하는 것이 명백한 경우에는 정보공개청구권의 행사를 허용하지 아니하는 것이 옳다.

■ **외국인 수용자의 정보공개 청구권 허용여부**(서울행정12구합35283)

외국인 수용자의 경우 교도소라는 일정한 장소에 계속하여 머무를 가능성이 큰 점 등을 들어 상당기간 거주하는 '거소'라고 봄이 타당하여 정보공개법상 정보공개청구권을 가지는 외국인에 포함하는 것이 타당

■ **보유·관리하고 있는 정보의 소재만 안내 허용여부**(전주지법11구합2214)

청구인이 다른 경로를 통하여 정보를 접할 수 있다고 하더라도 이와 같은 사정만으로 비공개 결정이 정당화될 수 없다. 전주교도소장이 원고에게 정보를 직접 공개하지 않고 '수용자 부식물 차림표'에 명시되어 있다고 소재를 안내하는 것으로 위 정보공개에 갈음하는 것은 위법하다.

◐ 정보공개청구 관련판례

공개대상	비공개 대상
• 보호장비 심사부 중 의무관의 의견부분 • 싸움행위, 소란행위에 대한 조사기록 • 분류처우 업무지침 • 교도관 근무보고서 • 행정심판위원회 위원장 및 위원들의 성명, 직업 • 업무추진비를 사용한 음식점 사용, 기재 내용 • 징벌위원회 회의록 중 재소자의 진술, 위원장 및 위원들과 재소자 사이의 문답 부분	• 교도소에 설치된 CCTV 영상 및 바디캠 영상 • 징벌위원회 회의록 중 심사·의결부분

제118조(불이익처우 금지) 수용자는 청원, 진정, 소장과의 면담, 그 밖의 권리구제를 위한 행위를 하였다는 이유로 불이익한 처우를 받지 아니한다.

제3편 수용의 종료

제1장 가석방

제1절 가석방 심사

제119조(가석방심사위원회) 「형법」 제72조에 따른 가석방의 적격 여부를 심사하기 위하여 법무부장관 소속으로 가석방심사위원회를 둔다.

제120조(위원회의 구성) ① 위원회는 위원장을 포함한 5명 이상 9명 이하의 위원으로 구성한다.
② 위원장은 법무부차관이 되고, 위원은 판사, 검사, 변호사, 법무부 소속 공무원, 교정에 관한 학식과 경험이 풍부한 사람 중에서 법무부장관이 임명 또는 위촉한다.
③ 위원회의 심사과정 및 심사내용의 공개범위와 공개시기는 다음 각호와 같다. 다만, 제2호 및 제3호의 내용 중 개인의 신상을 특정할 수 있는 부분은 삭제하고 공개하되, 국민의 알 권리를 충족할 필요가 있는 등의 사유가 있는 경우에는 위원회가 달리 의결할 수 있다.

  1. 위원의 명단과 경력사항은 임명 또는 위촉한 즉시
  2. 심의서는 해당 가석방 결정 등을 행한 후부터 즉시
  3. 회의록은 해당 가석방 결정 등을 행한 후 5년이 경과한 때부터

④ 위원회의 위원 중 공무원이 아닌 사람은 「형법」 제127조 및 제129조부터 제132조까지의 규정을 적용할 때에는 공무원으로 본다.
⑤ 그 밖에 위원회에 관하여 필요한 사항은 법무부령으로 정한다.

시행규칙 제236조 (심사대상)
법 제119조의 가석방심사위원회는 법 제121조에 따른 가석방 적격 여부 및 이 규칙 제262조에

따른 가석방 취소 등에 관한 사항을 심사한다.

시행규칙 제237조 (심사의 기본원칙)

① 가석방심사는 객관적 자료와 기준에 따라 공정하게 하여야 하며, 심사 과정에서 알게 된 비밀은 누설해서는 아니 된다.

② 삭제

시행규칙 제238조 (위원장의 직무)

① 위원장은 위원회를 소집하고 위원회의 업무를 총괄한다.

② 위원장이 부득이한 사정으로 직무를 수행할 수 없을 때에는 위원장이 미리 지정한 위원이 그 직무를 대행한다.

시행규칙 제239조 (위원의 임명 또는 위촉)

법무부장관은 다음 각호의 사람 중에서 위원회의 위원을 임명하거나 위촉한다.

1. 법무부 검찰국장·범죄예방정책국장 및 교정본부장
2. 고등법원 부장판사급 판사, 변호사, 대학에서 교정학·형사정책학·범죄학·심리학·교육학 등 교정에 관한 전문분야를 가르치는 부교수 이상의 직에 있는 사람
3. 그 밖에 교정에 관한 학식과 경험이 풍부한 사람

시행규칙 제239조의2 (위원의 해촉)

법무부장관은 위원회의 위원이 다음 각호의 어느 하나에 해당하는 경우에는 해당 위원을 해촉할 수 있다.

1. 심신장애로 직무수행이 불가능하거나 현저히 곤란하다고 인정되는 경우
2. 직무와 관련된 비위사실이 있는 경우
3. 직무태만, 품위손상, 그 밖의 사유로 인하여 위원으로 적합하지 아니하다고 인정되는 경우
4. 위원 스스로 직무를 수행하는 것이 곤란하다고 의사를 밝히는 경우

시행규칙 제240조 (위원의 임기)

제239조제2호 및 제3호의 위원의 임기는 2년으로 하며, 한 차례만 연임할 수 있다.

시행규칙 제241조 (간사와 서기)

① 위원장은 위원회의 사무를 처리하기 위하여 소속 공무원 중에서 간사 1명과 서기 약간 명을 임명한다.

② 간사는 위원장의 명을 받아 위원회의 사무를 처리하고 회의에 참석하여 발언할 수 있다.

③ 서기는 간사를 보조한다.

제2절 가석방 적격심사

제121조(가석방 적격심사) ① 소장은 「형법」 제72조제1항의 기간이 지난 수형자에 대하여는 법무부령으로 정하는 바에 따라 위원회에 가석방 적격심사를 신청하여야 한다.

② 위원회는 수형자의 나이, 범죄동기, 죄명, 형기, 교정성적, 건강상태, 가석방 후의 생계능력, 생활환경, 재범의 위험성, 그 밖에 필요한 사정을 고려하여 가석방의 적격 여부를 결정한다.

관련법률

형법

제72조 (가석방 요건)

① 징역 또는 금고의 집행 중에 있는 자가 그 행상이 양호하여 개전의 정이 현저한 때에는 무기에 있어서는 20년, 유기에 있어서는 형기의 3분의 1을 경과한 후 행정처분으로 가석방을 할 수 있다.

② 전항의 경우에 벌금 또는 과료의 병과가 있는 때에는 그 금액을 완납하여야 한다.

소년법

제65조 (가석방)

징역 또는 금고를 선고받은 소년에 대하여는 다음 각호의 기간이 지나면 가석방을 허가할 수 있다.

1. 무기형의 경우에는 5년
2. 15년 유기형의 경우에는 3년
3. 부정기형의 경우에는 단기의 3분의 1

제122조(가석방 허가) ① 위원회는 가석방 적격결정을 하였으면 5일 이내에 법무부장관에게 가석방 허가를 신청하여야 한다.

② 법무부장관은 제1항에 따른 위원회의 가석방 허가신청이 적정하다고 인정하면 허가할 수 있다.

관련판례

■ **사형집행대기기간의 가석방요건 기간으로서의 산입 여부**(대법90모59, 91. 3. 4)

사형이 무기형으로 특별 감형된 경우 사형의 판결확정일에 소급하여 무기징역형의 형기기산일을 사형의 판결 확정일로 인정할 수도 없고 사형집행대기기간을 처음부터 무기징역을 받은 경우와 동일하게 가석방 요건 중의 하나인 형의 집행기간에 다시 산입할 수는 없다.

시행령 제140조 (가석방자가 지켜야 할 사항의 알림 등)

소장은 법 제122조제2항의 가석방 허가에 따라 수형자를 가석방하는 경우에는 가석방자 교육을 하고, 지켜야 할 사항을 알려준 후 증서를 발급해야 한다.

관련법률

형법

제73조의2 (가석방의 기간 및 보호관찰)

① 가석방의 기간은 무기형에 있어서는 10년으로 하고, 유기형에 있어서는 남은 형기로 하되, 그 기간은 10년을 초과할 수 없다.

② 가석방된 자는 가석방기간 중 보호관찰을 받는다. 다만, 가석방을 허가한 행정관청이 필요가 없다고 인정한 때에는 그러하지 아니하다.

시행규칙 제242조 (회의)

① 위원회의 회의는 재적위원 과반수의 출석으로 개의하고, 출석위원 과반수의 찬성으로 의결한다.

② 간사는 위원회의 결정에 대하여 결정서를 작성하여야 한다.

시행규칙 제243조 (회의록의 작성)

① 간사는 별지 제20호서식의 가석방심사위원회 회의록을 작성하여 유지하여야 한다.

② 회의록에는 회의의 내용을 기록하고 위원장 및 간사가 기명날인 또는 서명하여야 한다.

시행규칙 제244조 (수당 등)

위원회의 회의에 출석한 위원에게는 예산의 범위에서 수당과 여비를 지급할 수 있다.

시행규칙 제245조 (적격심사신청 대상자 선정)

① 소장은 「형법」 제72조제1항의 기간을 경과한 수형자로서 교정성적이 우수하고 뉘우치는 빛이 뚜렷하여 재범의 위험성이 없다고 인정하는 경우에는 분류처우위원회의 의결을 거쳐 가석방 적격심사신청 대상자를 선정한다.

② 소장은 가석방 적격심사신청에 필요하다고 인정하면 분류처우위원회에 담당교도관을 출석하게 하여 수형자의 가석방 적격심사사항에 관한 의견을 들을 수 있다.

시행규칙 제246조 (사전조사)

소장은 수형자의 가석방 적격심사신청을 위하여 다음 각호의 사항을 사전에 조사해야 한다. 이 경우 특히 필요하다고 인정할 때에는 수형자, 가족, 그 밖의 사람과 면담 등을 할 수 있다.

1. 신원에 관한 사항

    가. 건강상태

    나. 정신 및 심리 상태

    다. 책임감 및 협동심

    라. 경력 및 교육 정도

    마. 노동 능력 및 의욕

    바. 교정성적

    사. 작업장려금 및 작업상태

    아. 그 밖의 참고사항

2. 범죄에 관한 사항

    가. 범행 시의 나이

    나. 형기

다. 범죄횟수

　　　라. 범죄의 성질·동기·수단 및 내용

　　　마. 범죄 후의 정황

　　　바. 공범관계

　　　사. 피해 회복 여부

　　　아. 범죄에 대한 사회의 감정

　　　자. 그 밖의 참고사항

　3. 보호에 관한 사항

　　　가. 동거할 친족·보호자 및 고용할 자의 성명·직장명·나이·직업·주소·생활 정도 및 수형자와의 관계

　　　나. 가정환경

　　　다. 접견 및 편지의 수신·발신 내역

　　　라. 가족의 수형자에 대한 태도·감정

　　　마. 석방 후 돌아갈 곳

　　　바. 석방 후의 생활계획

　　　사. 그 밖의 참고사항

시행규칙 제247조 (사전조사 유의사항)
제246조에 따른 사전조사 중 가석방 적격심사신청과 관련하여 특히 피해자의 감정 및 합의여부, 출소 시 피해자에 대한 보복성 범죄 가능성 등에 유의하여야 한다.

시행규칙 제248조 (사전조사 결과)
① 소장은 제246조에 따라 조사한 사항을 매월 분류처우위원회의 회의 개최일 전날까지 분류처우심사표에 기록하여야 한다.
② 제1항의 분류처우심사표는 법무부장관이 정한다.

시행규칙 제249조 (사전조사 시기 등)
① 제246조제1호의 사항(신원에 관한 사항)에 대한 조사는 수형자를 수용한 날부터 1개월 이내에 하고, 그 후 변경할 필요가 있는 사항이 발견되거나 가석방 적격심사신청을 위하여 필요한 경

우에 한다.

② 제246조제2호의 사항(범죄에 관한 사항)에 대한 조사는 수형자를 수용한 날부터 2개월 이내에 하고, 조사에 필요하다고 인정하는 경우에는 소송기록을 열람할 수 있다.

③ 제246조제3호의 사항(보호에 관한 사항)에 대한 조사는 형기의 3분의 1이 지나기 전에 하여야 하고, 그 후 변경된 사항이 있는 경우에는 지체 없이 그 내용을 변경하여야 한다.

시행규칙 제250조 (적격심사신청)

① 소장은 법 제121조제1항에 따라 가석방 적격심사를 신청할 때에는 별지 제21호서식의 가석방 적격심사신청서에 별지 제22호서식의 가석방 적격심사 및 신상조사표를 첨부하여야 한다.

② 소장은 가석방 적격심사신청 대상자를 선정한 경우 선정된 날부터 5일 이내에 위원회에 가석방 적격심사신청을 하여야 한다.

③ 소장은 위원회에 적격심사 신청한 사실을 수형자의 동의를 받아 보호자 등에게 알릴 수 있다.

관련판례

■ **마약류 사범 가석방 제외의 공권력행사 해당여부**(18헌마616)

마약류 사범이 가석방 대상에서 제외된다 하더라도 청구인에 대한 구체적이고 직접적인 법적 지위가 불리하게 변경되는 것이라 할 수 없으므로, 이 사건 심판대상은 헌법소원심판의 대상이 되는 공권력의 행사에 해당한다고 볼 수 없다.

시행규칙 제251조 (재신청)

소장은 가석방이 허가되지 아니한 수형자에 대하여 그 후에 가석방을 허가하는 것이 적당하다고 인정하는 경우에는 다시 가석방 적격심사신청을 할 수 있다.

시행규칙 제252조 (누범자에 대한 심사)

위원회가 동일하거나 유사한 죄로 2회 이상 징역형 또는 금고형의 집행을 받은 수형자에 대하여 적격심사할 때에는 뉘우치는 정도, 노동 능력 및 의욕, 근면성, 그 밖에 정상적인 업무에 취업할 수 있는 생활계획과 보호관계에 관하여 중점적으로 심사하여야 한다.

시행규칙 제253조 (범죄동기에 대한 심사)

① 위원회가 범죄의 동기에 관하여 심사할 때에는 사회의 통념 및 공익 등에 비추어 정상을 참작할 만한 사유가 있는지를 심사하여야 한다.

② 범죄의 동기가 군중의 암시 또는 도발, 감독관계에 의한 위협, 그 밖에 이와 유사한 사유로 인한 것일 때에는 특히 수형자의 성격 또는 환경의 변화에 유의하고 가석방 후의 환경이 가석방처분을 받은 사람(「보호관찰 등에 관한 법률」에 따른 보호관찰대상자는 제외한다. 이하 "가석방자"라 한다)에게 미칠 영향을 심사하여야 한다.

시행규칙 제254조 (사회의 감정에 대한 심사)

다음 각호에 해당하는 수형자에 대하여 적격심사할 때에는 특히 그 범죄에 대한 사회의 감정에 유의하여야 한다.

   1. 범죄의 수단이 참혹 또는 교활하거나 극심한 위해를 발생시킨 경우

   2. 해당 범죄로 무기형에 처해진 경우

   3. 그 밖에 사회적 물의를 일으킨 죄를 지은 경우

시행규칙 제255조 (재산범에 대한 심사)

① 재산에 관한 죄를 지은 수형자에 대하여는 특히 그 범행으로 인하여 발생한 손해의 배상 여부 또는 손해를 경감하기 위한 노력 여부를 심사하여야 한다.

② 수형자 외의 사람이 피해자의 손해를 배상한 경우에는 그 배상이 수형자 본인의 희망에 따른 것인지를 심사하여야 한다.

시행규칙 제256조 (관계기관 조회)

① 위원회는 가석방 적격심사에 필요하다고 인정하면 수형자의 주소지 또는 연고지 등을 관할하는 시·군·구·경찰서, 그 밖에 학교·직업알선기관·보호단체·종교단체 등 관계기관에 사실조회를 할 수 있다.

② 위원회는 가석방 적격심사를 위하여 필요하다고 인정하면 위원이 아닌 판사·검사 또는 군법무관에게 의견을 묻거나 위원회에 참여시킬 수 있다.

시행규칙 제257조 (감정의 촉탁)

① 위원회는 가석방 적격심사를 위하여 필요하다고 인정하면 심리학·정신의학·사회학 또는 교육

학을 전공한 전문가에게 수형자의 정신상태 등 특정 사항에 대한 감정을 촉탁할 수 있다.

② 제1항에 따른 촉탁을 받은 사람은 소장의 허가를 받아 수형자와 접견할 수 있다.

시행규칙 제258조 (가석방 결정)

위원회가 법 제121조제2항에 따라 가석방의 적격 여부에 대한 결정을 한 경우에는 별지 제23호서식의 결정서를 작성하여야 한다.

시행규칙 제259조 (가석방증)

소장은 수형자의 가석방이 허가된 경우에는 주거지, 관할 경찰서 또는 보호관찰소에 출석할 기한 등을 기록한 별지 제24호서식의 가석방증을 가석방자에게 발급하여야 한다.

제3절 가석방의 취소

시행규칙 제260조 (취소사유)

가석방자는 가석방 기간 중 「가석방자관리규정」 제5조부터 제7조까지, 제10조, 제13조제1항, 제15조 및 제16조에 따른 지켜야 할 사항 및 관할 경찰서장의 명령 또는 조치를 따라야 하며 이를 위반하는 경우에는 「형법」 제75조에 따라 가석방을 취소할 수 있다.

시행규칙 제261조 (취소신청)

① 수형자를 가석방한 소장 또는 가석방자를 수용하고 있는 소장은 가석방자가 제260조의 가석방 취소사유에 해당하는 사실이 있음을 알게 되거나 관할 경찰서장으로부터 그 사실을 통보받은 경우에는 지체 없이 별지 제25호서식의 가석방 취소심사신청서에 별지 제26호서식의 가석방 취소심사 및 조사표를 첨부하여 위원회에 가석방 취소심사를 신청하여야 한다.

② 위원회가 제1항의 신청을 받아 심사를 한 결과 가석방을 취소하는 것이 타당하다고 결정한 경우에는 별지 제23호서식의 결정서에 별지 제26호서식의 가석방 취소심사 및 조사표를 첨부하여 지체 없이 법무부장관에게 가석방의 취소를 신청하여야 한다.

③ 소장은 가석방을 취소하는 것이 타당하다고 인정하는 경우 긴급한 사유가 있을 때에는 위원회의 심사를 거치지 아니하고 전화, 전산망 또는 그 밖의 통신수단으로 법무부장관에게 가석방의 취소를 신청할 수 있다. 이 경우 소장은 지체 없이 별지 제26호서식의 가석방 취소심사 및 조사표를

송부하여야 한다.

시행규칙 제262조 (취소심사)

① 위원회가 가석방 취소를 심사하는 경우에는 가석방자가 「가석방자관리규정」 등의 법령을 위반하게 된 경위와 그 위반이 사회에 미치는 영향, 가석방 기간 동안의 생활 태도, 직업의 유무와 종류, 생활환경 및 친족과의 관계, 그 밖의 사정을 고려하여야 한다.

② 위원회는 제1항의 심사를 위하여 필요하다고 인정하면 가석방자를 위원회에 출석하게 하여 진술을 들을 수 있다.

시행규칙 제263조 (잔형의 집행)

① 소장은 가석방이 취소된 경우에는 지체 없이 잔형 집행에 필요한 조치를 취하고 법무부장관에게 별지 제27호서식의 가석방취소자 잔형집행보고서를 송부하여야 한다.

② 소장은 가석방자가 「형법」 제74조에 따라 가석방이 실효된 것을 알게 된 경우에는 지체 없이 잔형 집행에 필요한 조치를 취하고 법무부장관에게 별지 제28호서식의 가석방실효자 잔형집행보고서를 송부하여야 한다.

③ 소장은 가석방이 취소된 사람 또는 가석방이 실효된 사람이 교정시설에 수용되지 아니한 사실을 알게 된 때에는 관할 지방검찰청 검사 또는 관할 경찰서장에게 구인하도록 의뢰하여야 한다.

④ 제3항에 따라 구인 의뢰를 받은 검사 또는 경찰서장은 즉시 가석방취소자 또는 가석방실효자를 구인하여 소장에게 인계하여야 한다.

⑤ 가석방취소자 및 가석방실효자의 잔형 기간은 가석방을 실시한 다음 날부터 원래 형기의 종료일까지로 하고, 잔형집행 기산일은 가석방의 취소 또는 실효로 인하여 교정시설에 수용된 날부터 한다.

⑥ 가석방 기간 중 형사사건으로 구속되어 교정시설에 미결수용 중인 자의 가석방 취소 결정으로 잔형을 집행하게 된 경우에는 가석방된 형의 집행을 지휘하였던 검찰청 검사에게 잔형 집행지휘를 받아 우선 집행하여야 한다.

시행규칙 제263조의2 (석방예정자의 수용이력 등 통보)

영 제143조제3항에 따른 석방예정자의 수용이력 통보서의 양식은 별지 제28호의2서식에 따르고, 석방예정자의 사회복귀에 관한 의견 통보서의 양식은 별지 제28호의3서식에 따른다.

■ **가석방 적격심사 및 취소 심사기관**

소년		성인		
적격심사	취소심사 (소년에 대한 가석방 실효규정은 없음)	적격심사	실효·취소심사	
			보호관찰조건부	보호관찰 미시행
보호관찰심사 위원회	보호관찰심사 위원회	가석방심사위원회	보호관찰심사 위원회	가석방심사위원회

제2장 석방

제123조(석방) 소장은 사면·형기종료 또는 권한이 있는 사람의 명령에 따라 수용자를 석방한다.

제124조(석방시기) ① 사면, 가석방, 형의 집행면제, 감형에 따른 석방은 그 서류가 교정시설에 도달한 후 12시간 이내에 하여야 한다. 다만, 그 서류에서 석방일시를 지정하고 있으면 그 일시에 한다.
② 형기종료에 따른 석방은 형기종료일에 하여야 한다.
③ 권한이 있는 사람의 명령에 따른 석방은 서류가 도달한 후 5시간 이내에 하여야 한다.

■ 신분별 석방 사유 및 시기

구분	석방사유	석방시간
수형자	1. 형기(노역) 종료	형기종료일(05:00 이후 석방)
	2. 사면, 가석방, 형의 집행면제, 감형에 따른 석방	서류 도달 후 12시간 이내
	3. 권한이 있는 자의 명령에 따른 석방 (ex. 형의 집행정지 등)	서류 도달 후 5시간 이내
미결수용자	1. 무죄 등 판결에 의해 구속영장 효력이 상실	법정에서 즉시석방(본인 희망 시 보관금품 회수 위해 환소동행 가능)
	2. 구속취소, 불기소, 보석, 구속의 집행정지 등 권한 있는 자(법원)의 명령이 있는 때	5시간 이내(또는 석방일시 지정하는 해당일시)

⚖️ 형사소송법

제470조(자유형집행의 정지) - 필요적 형집행정지 사유
① 징역, 금고 또는 구류의 선고를 받은 자가 심신의 장애로 의사능력이 없는 상태에 있는 때에는 형을 선고한 법원에 대응한 검찰청검사 또는 형의 선고를 받은 자의 현재지를 관할하는 검찰청검사의 지휘에 의하여 심신장애가 회복될 때까지 형의 집행을 정지한다.

제471조(동전) – 임의적 형집행정지 사유

① 징역, 금고 또는 구류의 선고를 받은 자에 대하여 다음 각호의 1에 해당한 사유가 있는 때에는 형을 선고한 법원에 대응한 검찰청검사 또는 형의 선고를 받은 자의 현재지를 관할하는 검찰청검사의 지휘에 의하여 형의 집행을 정지할 수 있다.

1. 형의 집행으로 인하여 현저히 건강을 해하거나 생명을 보전할 수 없을 염려가 있는 때
2. 연령 70세 이상인 때
3. 잉태 후 6월 이상인 때
4. 출산 후 60일을 경과하지 아니한 때
5. 직계존속이 연령 70세 이상 또는 중병이나 장애인으로 보호할 다른 친족이 없는 때
6. 직계비속이 유년으로 보호할 다른 친족이 없는 때
7. 기타 중대한 사유가 있는 때

② 검사가 전항의 지휘를 함에는 소속 고등검찰청검사장 또는 지방검찰청검사장의 허가를 얻어야 한다.

◆ 이론정리 ◆

▶ **일반사면**

대통령이 소송법상의 절차에 의하지 아니하고 형선고의 효과 소멸시키거나 형의 선고를 받지 않는 사람에게는 공소권을 소멸시키는 것을 말한다.

▶ **특별사면**

특정범죄자에 대하여 형의집행을 면제하거나 유죄의 선고효력을 상실시키는 것으로 일반적으로는 형의 집행만을 면제하지만 특별한 경우에는 형의 선고효력도 상실하게 할 수 있다.

시행령 제141조 (석방예정자 상담 등)

소장은 수형자의 건전한 사회복귀를 위하여 필요하다고 인정하면 석방 전 3일 이내의 범위에서 석방예정자를 별도의 거실에 수용하여 장래에 관한 상담과 지도를 할 수 있다.

주의 소장은 신입자가 환자이거나 부득이한 사정이 있는 경우가 아니면 수용된 날부터 3일 동안 신입자거실에 수용하여야 한다.

시행령 제142조 (형기종료 석방예정자의 사전조사)

소장은 형기종료로 석방될 수형자에 대하여는 석방 10일 전까지 석방 후의 보호에 관한 사항을 조사하여야 한다.

시행령 제143조 (석방예정자의 수용이력 등 통보)

① 법 제126조의2제1항 본문에 따라 통보하는 수용이력에는 다음 각호의 사항이 포함되어야 한다.

  1. 성명
  2. 주민등록번호 또는 외국인등록번호
  3. 주민등록 상 주소 및 석방 후 거주지 주소
  4. 죄명
  5. 범죄횟수
  6. 형명
  7. 형기
  8. 석방종류
  9. 최초입소일
  10. 형기종료일
  11. 출소일
  12. 범죄개요
  13. 그 밖에 수용 중 특이사항으로서 석방될 수형자의 재범방지나 관련된 피해자 보호를 위해 특히 알릴 필요가 있는 사항

② 법 제126조의2제1항 본문에 따라 통보하는 사회복귀에 관한 의견에는 다음 각호의 사항이 포함되어야 한다.

  1. 성명
  2. 생년월일
  3. 주민등록 상 주소 및 석방 후 거주지 주소
  4. 수용기간 중 받은 직업훈련에 관한 사항
  5. 수용기간 중 수상이력
  6. 수용기간 중 학력변동사항

7. 수용기간 중 자격증 취득에 관한 사항

8. 그 밖에 석방될 수형자의 자립지원을 위해 특히 알릴 필요가 있는 사항

③ 법 제126조의2제1항 본문에 따른 통보를 위한 수용이력 통보서와 사회복귀에 관한 의견 통보서의 서식은 법무부령으로 정한다.

④ 법 제126조의2제1항 본문에 따라 석방될 수형자의 수용이력 또는 사회복귀에 관한 의견을 그의 거주지를 관할하는 경찰관서에 통보하는 경우에는 「형사사법절차 전자화 촉진법」 제2조제4호에 따른 형사사법정보시스템을 통해 통보할 수 있다.

시행령 제144조 (석방예정자의 보호조치)

소장은 수형자를 석방하는 경우 특히 필요하다고 인정하면 한국법무보호복지공단에 그에 대한 보호를 요청할 수 있다.

제125조(피석방자의 일시수용) 소장은 피석방자가 질병이나 그 밖에 피할 수 없는 사정으로 귀가하기 곤란한 경우에 본인의 신청이 있으면 일시적으로 교정시설에 수용할 수 있다.

제126조(귀가여비의 지급 등) 소장은 피석방자에게 귀가에 필요한 여비 또는 의류가 없으면 법무부장관이 정하는 범위에서 이를 지급하거나 빌려줄 수 있다.

제126조의2(석방예정자의 수용이력 등 통보) ① 소장은 석방될 수형자의 재범방지, 자립지원 및 피해자 보호를 위하여 필요하다고 인정하면 해당 수형자의 수용이력 또는 사회복귀에 관한 의견을 그의 거주지를 관할하는 경찰관서나 자립을 지원할 법인 또는 개인에게 통보할 수 있다. 다만, 법인 또는 개인에게 통보하는 경우에는 해당 수형자의 동의를 받아야 한다.

② 제1항에 따라 통보하는 수용이력 또는 사회복귀에 관한 의견의 구체적인 사항은 대통령령으로 정한다.

관련판례

■ 불법구금 위헌확인(95헌마247)

무죄 등 판결 선고 후 석방대상 피고인이 교도소에서 지급한 각종 지급품의 회수, 수용 시의 휴대금품 또는 수용 중 영치된 금품의 반환 내지 환급문제 때문에 임의로 교도소에 동행하는 것은 무방하나 피고인의 동의를 얻지 않고 의사에 반하여 교도소로 연행하는 것은 헌법 제12조의 규정에 비추어 도저히 허용될 수 없다.

시행령 제145조 (귀가여비 등의 회수)

소장은 법 제126조에 따라 피석방자에게 귀가 여비 또는 의류를 빌려준 경우에는 특별한 사유가 없으면 이를 회수한다.

시행령 제145조의2 (증명서의 발급)

소장은 다음 각호에 해당하는 사람의 신청에 따라 교정시설에 수용된 사실 또는 수용되었다가 석방된 사실에 관한 증명서를 발급할 수 있다.

1. 수용자
2. 수용자가 지정한 사람
3. 피석방자
4. 피석방자가 지정한 사람

시행령 제145조의3 (고유식별정보의 처리)

소장은 제145조의2에 따른 사무를 수행하기 위하여 불가피한 경우 「개인정보 보호법 시행령」 제19조에 따른 주민등록번호, 여권번호, 운전면허의 면허번호 또는 외국인등록번호가 포함된 자료를 처리할 수 있다.

제3장 사망

제127조(사망 알림) 소장은 수용자가 사망한 경우에는 그 사실을 즉시 그 가족(가족이 없는 경우에는 다른 친족)에게 알려야 한다.

제128조(시신의 인도 등) ① 소장은 사망한 수용자의 친족 또는 특별한 연고가 있는 사람이 그 시신 또는 유골의 인도를 청구하는 경우에는 인도하여야 한다. 다만, 제3항에 따라 자연장을 하거나 집단으로 매장을 한 후에는 그러하지 아니하다.
② 소장은 제127조에 따라 수용자가 사망한 사실을 알게 된 사람이 다음 각호의 어느 하나에 해당하는 기간 이내에 그 시신을 인수하지 아니하거나 시신을 인수할 사람이 없으면 임시로 매장하거나 화장(火葬) 후 봉안하여야 한다. 다만, 감염병 예방 등을 위하여 필요하면 즉시 화장하여야 하며, 그 밖에 필요한 조치를 할 수 있다.
  1. 임시로 매장하려는 경우: 사망한 사실을 알게 된 날부터 3일
  2. 화장하여 봉안하려는 경우: 사망한 사실을 알게 된 날부터 60일
③ 소장은 제2항에 따라 시신을 임시로 매장하거나 화장하여 봉안한 후 2년이 지나도록 시신의 인도를 청구하는 사람이 없을 때에는 다음 각호의 구분에 따른 방법으로 처리할 수 있다.
  1. 임시로 매장한 경우: 화장 후 자연장을 하거나 일정한 장소에 집단으로 매장
  2. 화장하여 봉안한 경우: 자연장
④ 소장은 병원이나 그 밖의 연구기관이 학술연구상의 필요에 따라 수용자의 시신인도를 신청하면 본인의 유언 또는 상속인의 승낙이 있는 경우에 한하여 인도할 수 있다.
⑤ 소장은 수용자가 사망하면 법무부장관이 정하는 범위에서 화장·시신인도 등에 필요한 비용을 인수자에게 지급할 수 있다.

주의 소장은 병원이나 그 밖의 연구기관이 학술연구상의 필요에 따라 수용자의 시신인도를 신청하면 본인의 유언과 상속인의 승낙이 있는 경우 인도할 수 있다.

시행령 제146조 (사망 알림)

소장은 법 제127조에 따라 수용자의 사망 사실을 알리는 경우에는 사망 일시·장소 및 사유도 같이 알려야 한다.

시행령 제147조 (검시)

소장은 수용자가 사망한 경우에는 그 시신을 검사하여야 한다.

시행령 제148조 (사망 등 기록)

① 의무관은 수용자가 질병으로 사망한 경우에는 사망장에 그 병명·병력·사인 및 사망일시를 기록하고 서명하여야 한다.

② 소장은 수용자가 자살이나 그 밖에 변사한 경우에는 그 사실을 검사에게 통보하고, 기소된 상태인 경우에는 법원에도 통보하여야 하며 검시가 끝난 후에는 검시자·참여자의 신분·성명과 검시 결과를 사망장에 기록하여야 한다.

③ 소장은 법 제128조에 따라 시신을 인도, 화장, 임시 매장, 집단 매장 또는 자연장을 한 경우에는 그 사실을 사망장에 기록하여야 한다.

시행령 제150조 (임시 매장지의 표지 등)

① 소장은 시신을 임시 매장하거나 봉안한 경우에는 그 장소에 사망자의 성명을 적은 표지를 비치하고, 별도의 장부에 가족관계 등록기준지, 성명, 사망일시를 기록하여 관리하여야 한다.

② 소장은 시신 또는 유골을 집단 매장한 경우에는 집단 매장된 사람의 가족관계 등록기준지, 성명, 사망일시를 집단 매장부에 기록하고 그 장소에 묘비를 세워야 한다.

제4편 교정자문위원회 등

제1장 교정자문위원회

> **제129조(교정자문위원회)** ① 교정시설의 운영과 수용자 처우 등에 관한 소장의 자문에 응하기 위하여 교정시설에 교정자문위원회를 둔다.
> ② 위원회는 5인 이상 7인 이하의 위원으로 구성하고, 위원장은 위원 중에서 호선하며, 위원은 교정에 관한 학식과 경험이 풍부한 외부인사 중에서 소장의 추천을 받아 법무부장관이 위촉한다.
> ③ 이 법에 규정된 사항 외에 위원회에 관하여 필요한 사항은 법무부령으로 정한다.

시행규칙 제264조 (기능)

법 제129조제1항의 교정자문위원회의 기능은 다음 각호와 같다.

1. 교정시설의 운영에 관한 자문에 대한 응답 및 조언
2. 수용자의 급양·의료·교육 등 처우에 관한 자문에 대한 응답 및 조언
3. 노인·장애인수용자 등의 보호, 성차별 및 성폭력 예방정책에 관한 자문에 대한 응답 및 조언
4. 그 밖에 지방교정청장이 자문하는 사항에 대한 응답 및 조언

시행규칙 제265조 (구성)

① 위원회에 부위원장을 두며, 위원 중에서 호선한다.

② 위원 중 4명 이상은 여성으로 한다.

③ 지방교정청장이 위원을 추천하는 경우에는 별지 제29호서식의 교정자문위원회 위원 추천서를 법무부장관에게 제출하여야 한다. 다만, 재위촉의 경우에는 지방교정청장의 의견서로 추천서를 갈음한다.

시행규칙 제266조 (임기)

① 위원의 임기는 2년으로 하며, 연임할 수 있다.

② 지방교정청장은 위원의 결원이 생긴 경우에는 결원이 생긴 날부터 30일 이내에 후임자를 법무부장관에게 추천해야 한다.

③ 결원이 된 위원의 후임으로 위촉된 위원의 임기는 전임자 임기의 남은 기간으로 한다.

시행규칙 제267조 (위원장의 직무)

① 위원장은 위원회를 소집하고 위원회의 업무를 총괄한다.

② 위원장이 부득이한 사유로 직무를 수행할 수 없을 때에는 부위원장이 그 직무를 대행하고, 부위원장도 부득이한 사유로 직무를 수행할 수 없을 때에는 위원장이 미리 지명한 위원이 그 직무를 대행한다.

시행규칙 제268조 (회의)

① 위원회의 회의는 위원 과반수의 요청이 있거나 지방교정청장이 필요하다고 인정하는 경우에 개최한다.

② 위원회는 재적위원 과반수의 출석으로 개의하고 출석위원 과반수의 찬성으로 의결한다.

③ 위원회의 회의는 공개하지 아니한다. 다만, 위원회의 의결을 거친 경우에는 공개할 수 있다

시행규칙 제269조 (지켜야 할 사항)

① 위원은 다음 사항을 지켜야 한다.

   1. 직위를 이용하여 영리 행위를 하거나 업무와 관련하여 금품·접대를 주고받지 아니할 것

   2. 자신의 권한을 특정인이나 특정 단체의 이익을 위하여 행사하지 아니할 것

   3. 업무수행 중 알게 된 사실이나 개인신상에 관한 정보를 누설하거나 개인의 이익을 위하여 이용하지 아니할 것

② 위원은 별지 제30호서식의 서약서에 규정된 바에 따라 제1항의 내용을 지키겠다는 서약을 해야 한다.

시행규칙 **제270조 (위원의 해촉)**

법무부장관은 외부위원이 다음 각호의 어느 하나에 해당하는 경우에는 지방교정청장의 건의를 받아 해당 위원을 해촉할 수 있다.

1. 심신장애로 직무수행이 불가능하거나 현저히 곤란하다고 인정되는 경우
2. 직무와 관련된 비위사실이 있는 경우
3. 제269조의 지켜야 할 사항을 위반하였을 경우
4. 직무태만, 품위 손상, 그 밖의 사유로 인하여 위원으로서 직무를 수행하기 적합하지 아니하다고 인정되는 경우
5. 위원 스스로 직무를 수행하는 것이 곤란하다고 의사를 밝히는 경우

시행규칙 **제271조 (간사)**

① 위원회의 사무를 처리하기 위하여 위원회에 간사 1명을 둔다. 간사는 해당 지방교정청의 총무과장 또는 6급 이상의 교도관으로 한다.

② 간사는 회의에 참석하여 위원회의 심의사항에 대한 설명을 하거나 필요한 발언을 할 수 있으며, 별지 제31호서식의 교정자문위원회 회의록을 작성하여 유지하여야 한다.

시행규칙 **제272조 (수당)**

지방교정청장은 위원회의 회의에 참석한 위원에게는 예산의 범위에서 수당을 지급할 수 있다.

제2장 교정위원

제130조(교정위원) ① 수용자의 교육·교화·의료, 그 밖에 수용자의 처우를 후원하기 위하여 교정시설에 교정위원을 둘 수 있다.

② 교정위원은 명예직으로 하며 소장의 추천을 받아 법무부장관이 위촉한다.

◆ 비교조문 ◆

제129조(교정자문위원회) ① 교정시설의 운영과 수용자 처우 등에 관한 소장의 자문에 응하기 위하여 교정시설에 교정자문위원회를 둔다.

제131조(기부금품의 접수) 소장은 기관·단체 또는 개인이 수용자의 교화 등을 위하여 교정시설에 자발적으로 기탁하는 금품을 받을 수 있다.

시행령 제151조 (교정위원)

① 소장은 법 제130조에 따라 교정위원을 두는 경우 수용자의 개선을 촉구하고 안정된 수용생활을 하게 하기 위하여 교정위원에게 수용자를 교화상담하게 할 수 있다.

② 교정위원은 수용자의 고충 해소 및 교정·교화를 위하여 필요한 의견을 소장에게 건의할 수 있다.

③ 교정위원의 임기, 위촉 및 해촉, 지켜야 할 사항 등에 관하여 필요한 사항은 법무부장관이 정한다.

시행령 제152조 (외부인사가 지켜야 할 사항)

교정위원, 교정자문위원, 그 밖에 교정시설에서 활동하는 외부인사는 활동 중에 알게 된 교정시설의 안전과 질서 및 수용자의 신상에 관한 사항을 외부에 누설하거나 공개해서는 안 된다.

시행령 제153조 (기부금품의 접수 등)

① 소장은 법 제131조의 기부금품을 접수하는 경우에는 기부한 기관·단체 또는 개인에게 영수증을 발급하여야 한다. 다만, 익명으로 기부하거나 기부자를 알 수 없는 경우에는 그러하지 아니하다.

② 소장은 기부자가 용도를 지정하여 금품을 기부한 경우에는 기부금품을 그 용도에 사용하여야 한다. 다만, 지정한 용도로 사용하기 어려운 특별한 사유가 있는 경우에는 기부자의 동의를 받아 다른 용도로 사용할 수 있다.

③ 교정시설의 기부금품 접수·사용 등에 관하여 필요한 사항은 법무부장관이 정한다.

제5편 벌칙

제132조(금지물품을 지닌 경우) ① 수용자가 제92조제2항을 위반하여 소장의 허가 없이 무인비행장치, 전자·통신기기를 지닌 경우 2년 이하의 징역 또는 2천만원 이하의 벌금에 처한다.

② 수용자가 제92조제1항제3호를 위반하여 주류·담배·화기·현금·수표를 지닌 경우 1년 이하의 징역 또는 1천만원 이하의 벌금에 처한다.

관련판례

■ **위계공무집행방해**(2005도1731)

수용자가 교도관의 감시·단속을 피하여 규율위반행위를 하는 것만으로는 단순히 금지규정에 위반되는 행위를 한 것에 지나지 아니할 뿐 위계에 의한 공무집행방해죄가 성립한다고 할 수 없고, 또 수용자가 아닌 자가 교도관의 검사 또는 감시를 피하여 금지물품을 반입하거나 허가 없이 전화 등의 방법으로 다른 사람과 연락하도록 하였더라도 **교도관에게 교도소 등의 출입자와 반출·입 물품을 단속·검사할 권한과 의무가 있는 이상, 수용자 아닌 자의 그러한 행위는 특별한 사정이 없는 한 위계에 의한 공무집행방해죄에 해당하는 것으로는 볼 수 없다 할 것이나**, 구체적이고 현실적으로 감시·단속업무를 수행하는 교도관에 대하여 **그가 충실히 직무를 수행한다고 하더라도 통상적인 업무처리과정하에서는 사실상 적발이 어려운 위계를 적극적으로 사용하여 그 업무집행을 하지 못하게 하였다면 이에 대하여 위계에 의한 공무집행방해죄가 성립한다.**

제133조(금지물품의 반입) ① 소장의 허가 없이 무인비행장치, 전자·통신기기를 교정시설에 반입한 사람은 3년 이하의 징역 또는 3천만원 이하의 벌금에 처한다.

② 주류·담배·화기·현금·수표·음란물·사행행위에 사용되는 물품을 수용자에게 전달할 목적으로 교정시설에 반입한 사람은 1년 이하의 징역 또는 1천만원 이하의 벌금에 처한다.

③ 상습적으로 제2항의 죄를 범한 사람은 2년 이하의 징역 또는 2천만원 이하의 벌금에 처한다.

제134조(출석의무 위반 등) 다음 각호의 어느 하나에 해당하는 행위를 한 수용자는 1년 이하의 징역에 처한다.
   1. 정당한 사유 없이 제102조제4항을 위반하여 일시석방 후 24시간 이내에 교정시설 또는 경찰관서에 출석하지 아니하는 행위
   2. 귀휴·외부통근, 그 밖의 사유로 소장의 허가를 받아 교도관의 계호 없이 교정시설 밖으로 나간 후에 정당한 사유 없이 기한까지 돌아오지 아니하는 행위

제135조(녹화 등의 금지) 소장의 허가 없이 교정시설 내부를 녹화·촬영한 사람은 1년 이하의 징역 또는 1천만원 이하의 벌금에 처한다.

제136조(미수범) 제133조 및 제135조의 미수범은 처벌한다.

제137조(몰수) 제132조 및 제133조에 해당하는 금지물품은 몰수한다.

부칙

이 법은 공포 후 6개월이 경과한 날부터 시행한다.

에필로그

법알못은 형사소송을 전문으로 하는 법무법인 청 형사범죄연구소에서 운영하는 네이버 카페입니다. 법무법인 청 형사범죄연구소는 의뢰인과 형사재판이라는 힘겨운 길을 동행하면서 수용생활에 대해서도 관심을 갖고 이 책의 집필을 지원하게 되었습니다. 재판을 잘 받아 좋은 결과를 내는 것도 중요하지만, 수용생활 중 건강을 잃지 않고 가족과의 유대관계를 잘 유지하면서 자신을 돌아보는 시간이 되도록 하는 것도 매우 중요한 일입니다. 전화위복이라는 말이 있듯이 수용생활이 당장은 어렵게 느껴지더라도 그 시간을 잘 극복하고 나면 가족의 소중함과 일상의 고마움을 일깨우는 경험이 되기도 합니다. 그리고 이전보다 더 행복한 삶을 살아가는 사람들도 많습니다.

이 책은 재판이라고 하는 지난한 여정을 지나가는 동안 그 여정에 안전을 책임지는 지킴이의 역할을 하게 될 것입니다. 그리고 교정시설이라는 낯선 환경 속에서 길을 몰라 불안해하는 사람들에게 똑똑한 길잡이가 되어 줄 것입니다.

또한, 사명감을 갖고 헌신을 다하는 교도관님들에게도 이 책의 해설이 항상 곁에 두고 볼 수 있는 인권매뉴얼이 되기를 희망합니다. 우리는 한두 사람만 건너면 모두가 친구이고 가족인 나라에 살고 있습니다. 형집행법이 지향하는 안전한 수용생활과 건강한 사회복귀를 위해 모두가 노력하는 가운데 작게나마 이 책이 기여했으면 하는 바람입니다.

안녕하세요, 곽준호 변호사입니다.

저희 사무실을 찾아 주시는 분들은 대부분 본인 또는 가족이 형사재판을 받고 계실 것입니다. 형사재판을 받는 것은 본인의 인생에서 가장 힘든 순간이라는 사실을 잘 알고 있습니다. 이렇게 인생에서 가장 힘들고 어려운 순간에 저를 찾아주신 점 깊이 감사드립니다.

저 역시 찾아 주시는 분들 한 분 한 분 모두를 소중하게 생각하며, 여러분의 편에 서서 제가 가진 능력과 노하우를 총동원하여 최선을 다하겠습니다.

저는 변호사라는 직업을 참 좋아하고, 의뢰인을 위해 법정에서 열정을 다한 변론을 할 때 살아 있음을 느낍니다. 저로 하여금 제 평생의 직업인 변호사로서 일할 수 있도록 하는 것은 바로 저를 믿고 인생을 맡겨 주시는 의뢰인 분들이라고 생각합니다. 그러므로 어떤 사건에서든 한 치의 소홀함이 있을 수 없습니다. 형사재판이라는 인생을 건 승부에 서신 의뢰인들과 함께 저 역시 인생을 걸고 최선을 다하겠습니다.

『형사사건에서 변호사의 역할이란 단지 한 사람의 죄를 변호하는 것이 아니라, 그 사람이 살아온 인생을 변호하는 것이라 생각합니다. 그러기 위해서 법무법인 청 변호사들은 의뢰인 한 분 한 분이 살아온 인생의 고뇌와 눈물을 들여다보기 위해 노력하고 있습니다. 의뢰인의 소망을 담아 진실하게 변호하겠습니다.』

법무법인 청 / 형사범죄연구소 대표변호사 **곽준호**

법무법인 청 / 형사범죄연구소

주소 (06644) 서울특별시 서초구 서초중앙로 125, 로이어즈타워 1006호
전화 02-3487-6415 / 010-5234-6415

에필로그

법알못